建构·融合·转型·培养
——视听文艺节目的进阶

石 丹 著

中国财经出版传媒集团

中国财政经济出版社

图书在版编目（CIP）数据

建构·融合·转型·培养——视听文艺节目的进阶/石丹著.—北京：中国财政经济出版社，2019.6

ISBN 978-7-5095-9073-7

Ⅰ.①建… Ⅱ.①石… Ⅲ.①文艺-节目制作-视听传播-研究 Ⅳ.①G222.3

中国版本图书馆 CIP 数据核字（2019）第 126148 号

责任编辑：田明晖　赵天天　　　　责任校对：胡永立
封面设计：孙俪铭

中国财政经济出版社 出版

URL：http：//www.cfeph.cn
E-mail：cfeph@cfeph.cn

（版权所有　翻印必究）

社址：北京市海淀区阜成路甲 28 号　邮政编码：100142
营销中心电话：010-88191537
北京富生印刷厂印刷　各地新华书店经销
787×1092 毫米　16 开　20.75 印张　312 000 字
2019 年 6 月第 1 版　2019 年 6 月北京第 1 次印刷
定价：45.00 元
ISBN 978-7-5095-9073-7
（图书出现印装问题，本社负责调换）
本社质量投诉电话：010-88190744
打击盗版举报热线：010-88191661　QQ：2242791300

绪 论

  1958年，中国第一座电视台——北京电视台（中央电视台的前身）开始试播。1958年9月2日，北京电视台宣告"正式播出"。中国的电视文艺伴随着北京电视台的建立而诞生，并经历了几个不同寻常的发展时期。1983年春节，中央电视台第一次举办大型春节联欢晚会（以下称春晚），从此春晚作为欢度春节的特定节目形式被确定下来。春晚为中国电视综艺文化的发展提供了最基本的模式和蓝本。中央电视台1984年起先后举办的"全国电视相声歌手大赛""全国戏剧小品电视大赛"等文艺竞赛，为电视文艺的发展拓宽了道路，同时也极大丰富了电视文艺的内容。

  1994年4月20日，中国通过一条64K的国际专线全功能接入国际互联网，中国的互联网时代从此开启。在很长一段时间里，电视与互联网并行不悖地向前发展着。直到最近10年，新媒体发展迅猛，互联网频频跨界，传媒业发生很大的变化，网络视听文艺节目对传统电视文艺产生了前所未有的冲击，整个视听文艺呈现媒体融合的趋势。从攻读硕士研究生阶段开始，我就把电视文艺作为我的一个研究重点。直到从事影视创作与理论研究及教学工作，我也一直在做视听文艺内容与形态变化发展的课题与教学课程。近年来，我对电视文艺节目与新兴媒体融合发展与传统电视文艺节目转型，做了大量广泛与深入地调研，撰写并发表了10余篇论文，并参与相关省级科研课题，如《山西网络视听文艺发展策略研究》《山西省媒体深度融合路径研究》等。同时，我还在不断的教学经验积累中，进行了产学结合的教学改革，带领学生参与视听文艺节目的内容生产与形态探索，参与了各类大学生创新创业大赛，取得不错成果。为了更好地把这些研究成果转化成生产力，我决定把这些研究成果整理出版，就是这本《建构·融合·转型——视听文艺节目的发展进阶》。

本书结合具体媒体融合的实践，深入剖析视听文艺节目在不同阶段发展过程中的问题与困境，探究其成因，并分析电视与新兴媒体的优势与劣势，媒体融合不可逆趋势与转型升级的必然性。从电视文艺节目在民族性与文化性的建构获取其"韵"；到"互联网＋"背景下网络视听文艺节目获取其"器"；延展到媒体深度融合及县级融媒体中心的建设获取其"境"；再到媒体深度融合下视听文艺节目转型获取其"神"；最后到文艺编导及青少年媒介素养培养取其"精"。

本书是笔者在多年从事视听文艺理论与创作研究中所发表的论文基础上，将相关论文归纳梳理，并用合理的理论背景与阐述相结合，把理论阐述与案例分析相串联，使得本书更系统化与科学化。并且结合具体的教学与指导创作实践，把实践案例与文本进行分享，相信会对从事文艺编导工作或者对视听文艺节目感兴趣的读者有所裨益。

目　录

第一篇　电视文艺在全媒体语境下的发展进阶

第一章　建构民族性方面的进阶 …………………………………（ 3 ）
　第一节　研究背景、研究意义与研究方法 …………………………（ 4 ）
　第二节　电视综艺晚会民族性评价体系的建构 ……………………（ 9 ）
　第三节　"中华情"中秋晚会民族性分析 …………………………（ 14 ）
　第四节　电视综艺晚会民族性评价体系的评价指标 ………………（ 47 ）

第二章　融合文化价值方面的进阶 ………………………………（ 53 ）
　第一节　媒体融合视角下电视综艺节目的文化转向 ………………（ 54 ）
　第二节　《朗读者》：主流文化、精英文化、大众文化的传播
　　　　　与认同 ……………………………………………………（ 59 ）
　第三节　从哲学角度看戏曲文艺的创作研究 ………………………（ 66 ）
　第四节　引进型旅游综艺节目的中国化研究
　　　　　——以《旅行的花样》为例 …………………………………（ 70 ）

第三章　转型升级方面的进阶 ……………………………………（ 81 ）
　第一节　研究背景、研究现状与研究方法 …………………………（ 82 ）
　第二节　山西省媒体深度融合转型发展情况的分析 ………………（ 86 ）
　第三节　县级融媒体中心建设的价值意义与生态系统建构 ………（119）
　第四节　受众视域下《女神新装》的创新性研究 …………………（125）

第二篇 网络视听文艺节目在全媒体语境下的发展策略

第四章 新媒体建构中的发展现状 ……………………………（133）
 第一节 研究背景、研究意义与研究方法 ……………………（133）
 第二节 网络视听文艺节目的本体研究 ………………………（136）
 第三节 国内网络视听文艺节目在视频网站的特征分析 ……（140）
 第四节 山西省网络视听文艺节目的发展现状与问题 ………（145）

第五章 媒体融合环境下的发展策略 ………………………（149）
 第一节 媒体融合环境下国内素人真人秀的发展策略研究
   ——以《完美假期》为例 ………………………………（149）
 第二节 网络综艺节目的传播策略与发展
   ——以《奇葩说》为例 …………………………………（158）
 第三节 《明星大侦探》中植入式广告的受众分析 …………（167）

第六章 转型升级中的发展策略 ……………………………（179）
 第一节 短视频节目的传播策略分析
   ——以《透明人》为例 …………………………………（179）
 第二节 山西省网络视听文艺节目建设的策略分析 …………（188）

第三篇 文艺编导专业人才媒介素养培养实践

第七章 文艺编导专业"电视写作"教学方法探析 …………（197）
 第一节 研究现状及意义 …………………………………………（197）
 第二节 "电视写作"课程在文艺编导专业设置中的地位 ……（198）
 第三节 文艺编导专业"电视写作"课程的教学现状 ………（200）
 第四节 文艺编导专业学生学习的特点 ………………………（202）
 第五节 文艺编导专业"电视写作"课程的教学方法和教学
   模式亟待创新 ……………………………………………（203）

第六节　创新文艺编导专业"电视写作"教学方法，提升
　　　　　　教学水平 …………………………………………………（206）

第八章　文艺编导的媒介素养 ……………………………………（215）
　　第一节　文艺编导的职业特征与基本素质 ……………………（215）
　　第二节　案例：山西传媒学院导演系2018年新年晚会策划
　　　　　　方案 ………………………………………………………（221）
　　第三节　案例：烈火正青春——某消防支队11·9颁奖晚会
　　　　　　策划方案 …………………………………………………（227）

第九章　大学生联合创业实例 ……………………………………（233）
　　第一节　"匠人印记"在线直播体验平台项目策划书 …………（234）
　　第二节　"兵兵帮"退伍军人就业平台 …………………………（256）

第十章　改革开放40周年中国中小学影视教育发展研究综述 ……（288）
　　第一节　中国中小学影视教育40年走过的发展阶段 …………（288）
　　第二节　40年中国中小学影视教育理论研究的脉络……………（292）
　　第三节　40年中国中小学影视教育理论研究存在的问题………（293）

附录一　编导专业"电视写作"课程课堂教学问卷调查 …………（296）

附录二　关于山西省媒体深度融合转型发展研究的调查问卷 ……（298）

参考文献 ……………………………………………………………（314）

第一篇

电视文艺在全媒体语境下的发展进阶

  当代中国电视文艺的发展走到今天，电视文艺节目可以认为是反映了当代中国社会生活、人文理念和审美取向的变迁。作为电视艺术中非常重要的一部分，电视文艺节目仍然需要不断地完善自身。新媒体时代下，科学技术迅速发展，信息传播平台更加多样化，观众需求不断变化，电视文艺节目需要与时俱进，不断发展与创新，满足广大消费者的需求，并引导主流意识形态。

  但是值得重视的是电视文艺在全媒体语境下的发展中经历了从建构民族性到融合文化价值再到转型升级的过程，在这过程中，电视文艺经历了什么？哪些特性在稳固、哪些特性在变化？本篇将结合电视文艺的不同形态，如电视综艺晚会、戏曲文艺、电视节目等进行理论分析与案例解析，并结合中央《关于推动传统媒体和新兴媒体融合发展的指导意见》及习近平总书记在2018年8月21日全国宣传思想工作会议上："要扎实抓好县级融媒体中心建设，更好引导群众、服务群众"的讲话，分析解构电视文艺的生存之"境"。进而全面探讨电视文艺在新时代下的发展进阶过程。

第一章

建构民族性方面的进阶

"文学民族化""文艺民族化""电影民族化"多年来成为学界讨论热点话题,其基本根源在于"文化全球化"进程中民族文化与外来文化的碰撞、冲突、对立而引发的对民族文化发展的危机意识。以文学与戏剧、电影、美术、音乐、绘画、摄影、舞蹈等传统文艺形式为母体的中国电视文艺节目,伴随"文艺全球化"风潮中对中国传统文艺形式的影响,呈现出民族性的衰减和弱化民族文化的倾向。

本章以"电视综艺晚会的民族性"作为研究的对象,运用电视艺术学、电视艺术美学等理论,对传统节日综艺晚会的民族性进行研究。正视如今众口难调的春节联欢晚会在电视艺术文化转型中的尴尬境地,及综艺晚会民族性整体创作缺乏动力的现状。以"中华情"中秋晚会为例,分析其在表现民族性,弘扬传统文化,激发民族情感方面的可圈可点之处。旨在恢复电视作为媒介传播手段,对国人在审美形态、伦理道德、价值观念等方面应有的作用。

民族性是某一民族在特定的历史、地理、人文环境中不断沉淀和积聚下来的一种特性,是一个民族内在的本质特征。其基本要素是民族精神与民族意识,这是综艺晚会的核心与灵魂。而这种基本要素在综艺晚会中,则是通过能表现其表象特征与人文内涵的元素——艺术化的民族元素来呈现的。具体表现在视觉、听觉、视听综合的元素及时间、地域的元素等方面。研究民族元素的视听表达方式,探究电视综艺晚会民族性评价体系的评价指标,是在文化转型的社会大背景下,从新的视角对我国电视综艺晚会的审视,是电视综艺晚会高水平健康发展的必然要求。本书运用典型分析与定量分析的研究方法，构建出电视综艺晚会民族性的评价体系，为今后如何制作出一台融思想性、艺术性、观赏性为一体的传统节日综艺晚会提供可借鉴的参照体系，从而进一步彰显在影视文化传播视域中，通过表现民族元素以弘扬民族精神、构建民族性的重要意义。

第一节 研究背景、研究意义与研究方法

作为20世纪最大的文化创举，电视的发明的确为人类开拓了全新的视听时空。美国著名的传播学家托尼·施瓦茨把电视比喻为"第二个上帝"，他认为，无所不在的电视电波就像上帝一样，向它的信徒布施感情、知识、情趣和道德观念，从而使人与人之间，人与社会之间的关系发生微妙的变化。西方学者通过多年的实证研究，概括了电视传播的四大功能即认知功能、教育功能、娱乐功能以及审美功能。但随着消费社会的成型，"娱乐至上"成为一股世界性的风潮，使得电视传播，变成了没有文化的传播，那就是"死"传播。"如果一个民族分心于繁杂琐事，如果文化生活被重新定义为娱乐的周而复始，如果严肃的公众对话变成了幼稚的婴儿语言，总而言之，如果人民蜕化为被动的受众，而一切公共事务形同杂耍，那么这个民族会发现自己危在旦夕，文化灭亡的命运就在劫难逃了。"[①]

在电视传播文化过程中，如何保持本国文化的个性化和多样性呢？保持电视文化深厚的民族性是我们唯一的选择。我们的电视文化应坚持自己的特色，保持最大的民族性，以实现世界性。过度依赖"舶来品"，这无疑会缺失原创性。可见对电视艺术的民族性研究是非常有必要而且十分重要的。但是，电视艺术门类划分细致多样，艺术形式繁多，本书选取的民族性研究对象，是电视艺术门类中最具中国特色的或最中国化的电视艺术形式——电视综艺晚会。

---

① 尼尔·波兹曼. 娱乐至死 [M]. 广西：广西师范大学出版社，2004：202.

一、问题的提出和研究的意义

法国艺术理论家丹纳曾说:"要了解一件艺术品,一个艺术家,一群艺术家,必须正确地设想他们所属的时代的精神和风俗概况,这是艺术品最后的解释,也是决定一切的基本原因。"① 综艺节目这种艺术形式起源于西方国家,但当这种电视艺术表现形式进入中国以后,由于所处的时代和历史文化背景的差异,我们的电视文艺工作者便把它中国化了,在张凤铸老师编著的《中国当代广播电视文艺学》一书中,将电视综艺节目大体分为了两大类型:"一类是节庆、周年纪念性的综艺节目,如'春节联欢晚会''元旦晚会''国庆晚会''五一晚会''纪念反法西斯胜利 50 周年晚会'等;一类就是有固定播出时间的常规栏目,如《正大综艺》《综艺大观》等"② 电视综艺晚会作为综艺节目的一种,是一个很有中国特色的词汇,在英文字典里似乎找不到对应的英文单词,这种艺术形式也很难找到国外同类节目进行比较。"每种艺术作品都属于它的时代和它的民族,各有特殊的环境,依存于特殊的、历史的和其他的观念和目的。"③ 可以说,电视综艺晚会是从中华民族文化母体中孕育出来的,自它诞生的那一刻起,就凭借着电视传播特有的视听优势,在国际经济一体化,交流日益频繁的情况下,在保持本民族优秀的传统文化,弘扬民族精神方面,发挥着先天的优势。究其根本原因则源于中国传统文化中,儒家思想推崇的"中和之道"。但是近年来,电视综艺晚会失去了它往日的风采,传承传统文化,弘扬民族精神的大旗,在它肩膀上随风摇曳。面对如此尴尬的境地,如何通过电视艺术具象化的视听语言形式,在娱乐大众的同时,形成社会的群体归属感、传承中国传统文化、传播精神权威即民族精神与时代精神、保证档次、再创经典综艺节目是我们迫切需要解决的问题。

成为新民俗的春节联欢晚会已经很难从中体会出春节的节日文化内涵,不能代表传统文化中民族节日的丰富寓意,进入了"只为演出而演

---

① [法] 丹纳著,博雷译. 艺术哲学 [M]. 北京:人民文学出版社,1983:77.
② 张凤铸等. 中国当代广播电视文艺学 [M]. 北京:中国传媒大学出版社,2004:84.
③ 黑格尔. 美学 [M]. 北京:商务印书馆,1979:19.

出"的怪圈，没有深入挖掘体现民族性与时代性的东西，丢掉了春节晚会之所以举办的初衷，在文化转型中彷徨。甚至评判春晚成败的标志，只在于赵本山的小品演出是否成功。只靠"本山大叔"一个人扛起春晚成败的大旗，深究这种现象产生的原因，其问题并不在于赵本山所代表的二人转这种民间艺术能不能在春晚中表现，而在于晚会编创人员对传统节日文化内涵和民族性的理解不能深刻把握所致。

本章选取了近几年来获得国内外普遍好评，两次获得美国休斯顿国际电影节最高奖项的《中华情·中秋晚会》作为典型案例进行深度剖析。该晚会成功的原因就在于导演深刻地理解了传统中秋节的文化内涵以及对于中华民族的意义，挖掘出可以展现这一节日民族性的东西，以民族元素作为桥梁，展现民族元素与电视综艺晚会艺术要素之间的关联，从而分析得出《中华情·中秋晚会》是如何把民族性这种抽象的意识形态通过电视艺术视听手段具象化的表现形式完美呈现的，重新发挥电视综艺晚会在伦理道德教育、传统文化传承、民族精神培养上的重要功能。并通过对《中华情·中秋晚会》各要素的定量分析研究，量化出传统节日综艺晚会各要素在表现民族性方面应占的最佳比例，也就是分析电视综艺晚会民族性的方法论，力图为电视综艺晚会研究提供一种新的研究视角，为今后如何举办一台融思想性、艺术性、观赏性为一体的综艺晚会提供参考系。这也是本文追求的理论价值与现实意义。

二、关于电视综艺晚会民族性的研究概况

电视综艺晚会不同于单纯的某一文艺样式，而是以"现场直播的技术手段，文艺晚会的艺术样式，通过电子技术手段的制作，对各种文艺节目进行再创作，经过节目主持人的组织与串联，将文艺与娱乐融为一体，给观众以综合审美享受的电视节目形态。"[①]从它闪亮登场的那一天起，就以其无所不包的巨大综合能力，紧随时尚潮流的纪实传真性，以及独特的艺术魅力深受观众的喜爱并陪伴着他们走过了30多个春夏秋冬，在这30多

---

① 高鑫. 电视艺术学［M］. 北京：北京师范大学出版社，1998：395.

年间，综艺晚会从各方面都有了很大的发展，对于它的研究也日渐成熟和全面。

"民族性是一个比较概念，即相对于其他民族而言，民族性划出了该民族和其他民族的界限。一个民族具有什么样的基本属性才能够与其他民族相区别，标示出一个民族文化的'疆界'。民族性是一个民族精神、生活、文化及思维方式等所标举出来的共通性和本质，对于历史与现实均有很强的说明与论证功能；它在民族及其文化的历史长河中有牢不可破的根基；它不仅体现了民族的生活形态，而且体现了民族的文化学术形态，对民族的生活与文化的现实形态具有决定性影响力。"①

电视综艺晚会的诉求对象是中华民族，综艺晚会时代性追求也就是在民族性视野下的中华民族的现代性追求。以1983年中央电视台第一届春节联欢晚会为发端，综艺晚会中蕴含的民族性是自在的、原生的、深厚的，所以并没有引起研究者的关注，当电视综艺晚会进入工业化发展期之后，在"标准化、机械化、批量化"的影响下，综艺晚会的民族性开始逐渐自然弱化，淡化，甚至一度消失。电视综艺晚会似乎完全沦为大众通俗文化的集散地。娱乐之风日盛的结果使得电视艺术"以直接诉诸于人的感官和感性经验为特点，注重感官享受、视听感官的刺激甚至震撼。"② 学者们突然意识到对于电视综艺晚会民族性研究至关重要，并引起学界极大的重视。所以在中国电视全面走向世界时，综艺晚会的民族性研究在"触底"之后开始"反弹"，呈现出人为化和逐渐强化的趋势，这是在全球文化不断碰撞、交流、融合的大背景下出现的必然现象。学界主要从美学与文化学的角度对于"民族性"进行研究，并指出电视综艺晚会的内涵，应体现我们民族的精神和时代精神。民族性在综艺晚会是否雅俗共赏的话语中成为不能缺少的一个重要维度，并成为一股重要的支柱性的话语建构力量。在这样的大的文化背景之中，"电视综艺晚会民族性"的研究肯定不会转瞬即逝，甚至"民族性"的话题已经延伸到整个电视业，因为"它是电视

---

① 谭好哲，任传霞，韩书堂. 现代性与民族性——中国文学理论建设的双重追求 [M]. 北京：社会科学文献出版社，2005：79.

② 陈旭光. 世纪之交的文化艺术转型：趋势与表征 [M]. 北京：北京广播学院出版社，2003：120.

事业现代化的主体诉求和主体定位，它确保了中国媒体身份的合法性，同时也以自己日益增长的开放性，整合各种力量和资源，促成中国现代电视业向现代化目标前进。"①

三、关于电视综艺晚会研究的局限与不足

笔者就2000—2010年在重要期刊发表的有关电视综艺晚会的文章进行定量统计，并制作数据分布图（如图1-1所示）。

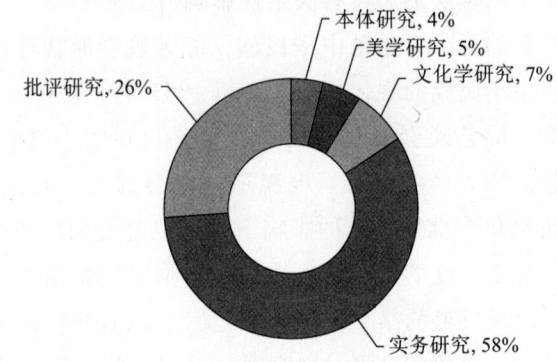

图1-1　2000—2010年在期刊发表关于电视综艺晚会研究论文篇数统计表②

在2000—2010年10年间，在重要期刊发表的关于电视综艺晚会研究的文章合计121篇，其中关于实务研究的文章就有72篇，而美学研究与文化学研究则各占6篇与8篇。从以上研究动态及数据分析中不难看出在电视综艺晚会研究中存在的局限与不足：

1. 研究对象与研究方法过于单一

长期以来，对于电视综艺晚会在研究对象上主要集中在春节联欢晚会上，视角狭窄而单调，研究方法机械而呆板。在借鉴国外电视理论时往往生搬硬套，忽视了中国电视自身的语境，结论也大致相近。

---

① 王宁. 全球化时代的文化论争与文化对话 [J]. 东方文化, 1999 (4): 56.
② 关于电视综艺晚会的研究并没有特别明确的划分界限，各角度也许会在一篇文章中都有所提及，所以在做数据统计时，笔者尽量权衡了文章的论题重点，从宏观的角度进行分类，但数据的参考价值是非常值得肯定的。

2. 突破创新的理论成果还较少

从整体情况看，电视综艺晚会研究观点上有所创新，并推动综艺晚会建设和完善的理论著作、文章还很有限。有不少作品还是新瓶装老酒，指出了问题，但没有从新的实践出发，提出切实可行的解决办法。

3. 在电视综艺晚会研究中从美学与文化学角度的研究微乎其微

综艺晚会实践的经验式总结较多，而真正上升到美学层次的思考和研究还很少。一味追求高科技运用和视觉上的冲击，忽略了中国传统节日对观众的文化渗透教育作用，淡化了中华民族文化特色，可能削弱民族精神。

四、研究方法

本书的研究主要运用定性分析和定量研究相结合的研究方法，通过对10年来国内有关电视综艺晚会研究的专著、编著、期刊论文的梳理，描述当今中国电视综艺晚会研究的概况，并对研究数据进行列表和制图，从数据分析出电视综艺晚会研究的走向与缺失。运用文献阅读法，通过对理论专著的查阅和分析理解，把理论作为支撑文章观点的论据，并运用到文章的分析研究当中。

第二节　电视综艺晚会民族性评价体系的建构

中央电视台节目评价的基本方法是：确立以客观评价、主观评价和成本评价，三项指标作为栏目评价的基本指标；通过对三项评价指标分别进行科学的权重修改，最终形成栏目的综合评价指标，简称："三项指标、一把尺子"。节目评价的基本公式：

综合评价分值 = 50% × 客观指标 + 30% × 主观指标 + 20% × 成本指标

其中：客观指标是以收视率为基础，兼顾频道、时段、节目类别等因素之后获得的栏目收视表现的量化值；主观指标是综合专家、领导对栏目评议的量化值；成本指标是栏目投入产出的量化值。①

但是，电视综艺晚会有别于电视节目，它不像频道电视节目播出的频率高，节目播出的形式内容以及多项操作也大不相同，而且具有更多政策、道德、伦理的约束，和背负着更多的民族意识与传统文化传承的内涵。通过节目评价的基本公式，可以对电视台内部的节目进行"先评价、再警示、后淘汰"的操作规程，但电视综艺晚会，尤其是代表中国传统节日庆典的晚会则不可能遵循以上的评价和操作流程，所以一台电视综艺晚会是否雅俗共赏，被整个民族所接受，成功地完成文化传播的使命，目前并没有确立全面、科学的评价体系。当前，电视综艺晚会面临模式死板、内容与形式无法相辅相成，发展停滞不前，没有充分表现和传承中华民族的精髓等诸多问题。在一一解决这些问题之前，有一个科学的、全面的评价体系作为参照，则尤为必要。可面对一台大型的电视综艺晚会，参与人员之多、涉及内容之广、各个环节及要素繁杂交织在一起，如何可以既全面覆盖晚会各个方面，又科学地评估每个构成要素，提出一个切实可行的评价体系呢？抓住最为本质的东西是关键。

韦勒克·沃伦在他所著的《文学理论》中这样说道："在每一个国家之中，都有一种中心精神在对外放射。这种'中心精神'就是法国学者洛里哀所说的民族的'先天的倾向'，普列切夫所说的'民族的精神本质'，就是我们所说的以文化——心理模式为主的民族性。"② 这便是评价我们民族一切优秀艺术作品标准中最为本质的东西。因此我们可以确切地说，一台优秀的电视综艺晚会，只要它表现了炎黄子孙普遍本性的民族性特征，那么它也必定会为中华民族所欣赏。

可见，建构一个以民族性为标准的电视综艺晚会评价体系是非常重要和极其必要的。

---

① 中央电视台总编室节目评估工作组. 中央电视台节目综合评价综述 [J]. 电视研究，2010（7）：20.

② 彭吉象. 影视美学 [M]. 北京：北京大学出版社，2002：207.

一、民族性：抽象性与具象性

对于任何一个民族来说，无论其社会和政治制度如何，都存在一种集体情感和集体意识，即民族性。它是某一民族在特定的历史、地理和人文环境中不断沉淀和积聚下来的一种特性；是一个民族多数成员所共有的、反复起作用的文化精神、心理特质和性格特点的集合体；是维系一个民族统一而不破灭的内在纽带，是植根于民族成员内心、体现民族特点的一种文化模式。① 民族性是一个民族内在的本质特点，它是一种相对稳定的、历史性的存在状态。它还具有较强的感染性，一旦一个民族形成一定的民族性，就会对该民族的行为模式产生影响。但与此同时也应明确，民族性是一种抽象的概念，而纯概念的露骨的表述，在科学或道德层面上当然可以，在综艺晚会中却不可，它需要通过艺术形式加以表现，才会在人们的情感世界中，使人动容，感染人心。

电视综艺晚会中对于自然环境、民族文化、民族精神等民族性的处理，须是具象的，不该是抽象的。导演的任务，在于从复杂的自然人生中选取出富于意义的一部分，暗示世人以种种的民族性意义。导演当着眼的是具象的实世间，当取材的也是具象的实世间。能在具象的事物之中提炼出某种抽象意识，仍用这个事物的具象形态来表现，把其中包裹着的抽象意识暗示世人，才是综艺晚会导演的手腕。

按照辩证唯物主义的基本原理，任何事物都有自己具体的内容和形式。内容是构成事物的一切内在要素的总和，形式是这些要素的结构或存在方式。因此，综艺晚会的民族性也必然具有内容和形式两个层面。民族性的具体内容自然会由于民族生活的千差万别而不尽相同，一般表现为特定性的民族心理、民族信仰、思维模式、习俗制度、行为准则、道德规范等。但其共同的、共通的基本要素则应是本民族的民族精神和民族意识，从这个意义上说，民族精神和民族意识才是综艺晚会的核心和灵魂。民族精神是一个民族在历史发展的长河中，在内外文化环境的影响下，通过总

---

① 梁漱溟. 中国文化要义 [M]. 北京：学林出版社，1987：78.

结、继承、建构与发展，最终沉淀出的维系民族生生不息的核心精神因素，是本民族进步与发展的强大的精神支柱，并有利于全人类的利益。民族性的表现，主要是通过反映民族的时代生活内容，并要求一定的民族形式与之相适应，具体表现形式会由于具体的媒介形式而有所不同。

电视综艺晚会民族性表现的艺术形式就是通过视听手段把民族精神和民族意识这种抽象的事物具象化，经过导演把要表达的抽象事物通过视听手段具象化呈现在观众面前，再由观众通过感受器官接受这些具象化的事物再经过大脑接纳、感受、回味后再次把具象化的事物抽象化的过程。

如图 1-2 所示：

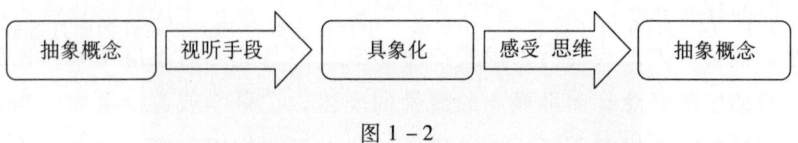

图 1-2

二、民族元素：电视媒介与民族性展示的桥梁

一场成功的电视综艺晚会，都应该有着对民族性的自觉追求，而综艺晚会的民族性，就是要体现本民族的审美理想与审美需求，尤其是本民族的文化心理结构，其实任何艺术作品都包含一种世代相传的信息，这往往是一种无意识而又能够触及我们的灵魂深处的东西。瑞士心理学家荣格提出了原型的概念，他认为："人生中有多少典型情境就有多少原型，经验由于不断重复而被深深地镂刻在我们的心理结构之中。"① 因此，对于一场晚会来说，它所体现的不仅仅是导演的个人心理，而是一个民族的心理，艺术正是集体无意识的表现，当我们为之感到震撼的那一瞬间，是由于原型情境的发生触动了沉积在内心深处的"集体无意识"，唤醒和激起受众身上积蓄的所有力量。符号美学家苏珊·朗格说："艺术是将情感呈现出来供人欣赏的，是由感情化成可视的或可听的形式。它是运用符号的方式把感情转变成诉诸人的知觉的东西"②

---

① 梁漱溟. 中国文化要义 [M]. 北京：学林出版社，1987：78.
② [美] 苏珊·朗格. 情感与形式 [M]. 北京：中国社会科学出版社，1986：34.

那么电视媒介如何展示民族性，触动沉积在我们内心深处的"集体无意识"，继而发扬中华民族的民族精神与传统文化呢？链接抽象与具象的视听手段具体在反应民族性方面，我们找到了能够更生动、更贴切地把抽象的民族性通过电视媒介具象化的视听手段展现的桥梁即原型，把民族精神与民族情感诉诸于我们感官的符号：那就是民族元素。

民族元素最能直接地表现出民族文化气质和相应的文化身份。它有广义与狭义之分，广义的民族元素则主要是指在中国传统文化的视域里，受儒、释、道影响而形成的"中庸和谐""天人合一""宁静致远"等审美规范及其具象的表现形式。狭义上的民族元素，其"民族"并非文化层面具有广博含义的"民族"，它泛指少数民族地方。由于我国幅员辽阔，少数民族众多，在我国文化发展历史的过程中，许多少数民族传承着自己悠久而丰富的艺术传统，创造出独具特色的民族文化，加之地区环境各异、风土人情生活习性及人物个性等诸多的不同，因此形成了迥异的民族风格和浓郁的地方特色。

电视综艺晚会的民族元素作为传承民族文化精神和表现文化身份的载体，需运用民族文化符号进行继承与创新，以此保障晚会的民族性。

三、构建电视综艺晚会民族性评价体系

民族性的基本要素即民族精神与民族意识。任何一个民族其文化精神的传播，都必须借助相应的媒介形式并运用这种媒介相应的艺术思维方式，才能得以实现，而符号则是传播过程的核心因素。电视艺术就是用自己独特的思维方式去表现民族精神与民族意识的。正是通过这些思维方式，抽象的民族性内容通过民族元素符号被具象化地展现在观众面前。

民族元素既然是电视媒介与民族性的桥梁，那么在综艺晚会民族性评价中，民族元素则就成为了重要的衡量砝码。如果把一台晚会比作是一场饕餮盛宴的话，那么民族性则是这顿饭菜的营养指标，而民族元素就是绿色食材，视听手段便是烹饪手法和调味剂了。民族元素既然是电视媒介与民族性的桥梁，那么在综艺晚会民族性评价中，民族元素则就成为了重要的衡量砝码。笔者尝试以视觉、听觉、视听综合为三大板块，加入时间、

地域因素介入分析以民族元素作为衡量标准的综艺晚会民族性评价体系架构图（见图1-3）。

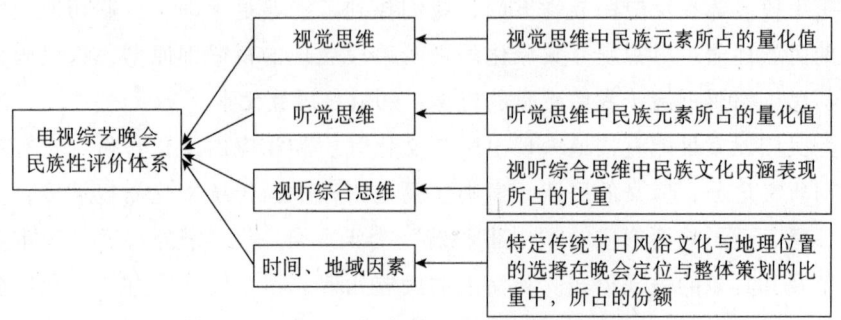

图1-3 电视综艺晚会民族性评价体系架构图

电视综艺晚会作为我们中华民族在当代具有浓郁的民族特色，同时又具有强烈的现代感的审美活动样式。只有抓住了民族性，以民族元素作为具象化展现的桥梁，才能使节日文化与电视文化精彩的融合，发挥电视综艺晚会在伦理道德教育、传统文化传承、民族精神培养上的重要功能。我们在影视文化传播中应坚持自己的特色，保持最大的民族性，以实现世界性。

第三节 "中华情"中秋晚会民族性分析

一谈到电视综艺晚会，首先想到的便是农历新年的春节联欢晚会，它象征着团圆和兴旺，寄托着希望和祝福，人们包饺子、放爆竹、贴春联，民俗的味道很浓，若是分析春晚的民族性，应该是首当其冲的。但是传统春节晚会这种杂志型的综艺晚会越做越难，其中一个重要原因就在于它依然沿袭了传统百货商店式的做法，企图包罗万象，占领所有市场，但在中国电视媒体激烈竞争的今天，电视节目早已成为过剩资源，供大于求的电视节目市场中，杂志型、粗放型的组合之类的电视综艺晚会，已经被日益细分化、专业化的市场所淘汰。另一方面，西方节日大量引进中国，使得节日庆典迅速膨胀，"两天一小节，五天一大节"的现象，使得人们对于过节的意识淡薄，甚至排斥。随着生活水平的提高、生活节奏的加快、消费理念的变革，工作繁忙的人们没有过多的时间去置办年货，越来越多的家庭不在家里吃年夜饭，民俗活动越来越少，年味不够。加之作为一种新民俗的春节晚会负载了太多的政治、历史文化使命，各方面都要对这台晚会提出要求与限制，导致春节晚会在运作的过程中，过于沉重、没有重点，甚至有积重难返的趋势。

在中国的传统佳节中，除了春节，人们最看重的便是中秋节了。中秋恰逢一年的收获旺季，人们赏月、吃月饼、放孔明灯、寄托情怀、赋予月亮永恒的乡愁情思。中秋之夜，月色皎洁，古人把圆月视为团圆的象征，因此，又称农历八月十五为"团圆节"。古往今来，人们常用"月圆、月缺"来形容"悲欢离合"，客居他乡的游子，更是以"月"来寄托深情。历史上无数文人骚客都曾举杯邀月，咏物抒怀。李白的"举头望明月，低头思故乡"，杜甫的"露从今夜白，月是故乡明"，宋代王安石的"春风又绿江南岸，明月何时照我还"，苏轼的"人有悲欢离合，月有阴晴圆缺……但愿人长久，千里共婵娟"这些诗词佳句奠定了月亮在中国人心目中的曼妙动人，述说不尽的美好形象，承载了海内外华人的团圆情节。

从1997年起，由央视海外中心主办的中秋晚会在中国各地轮流举办，由于延续传统晚会制作模式，其影响力都没有达到预期的效果，与春节联欢晚会无法相提并论，直到2004年《中华情》栏目具体承揽起中秋晚会制作策划大旗，主要诉求对象设定为海外观众和全球华人，摆脱了常规模式，经过近几年的创新发展，既定了一套独具风格特色的晚会模式，成为中央电视台综艺类晚会的后起之秀，能与春节晚会平分秋色的电视综艺晚会。特别是短短的几年中在国外屡获大奖，表明其在交流文化产品的同时，不但成功地提高了全球华人的文化认同度和文化吸引力，而且在跨文化传播中，成功地传播、辐射了民族文化观念和民族精神。

作为华人世界一年一度最值得期待的文化艺术交流盛事。中秋晚会的导演郭霁红挖掘出了一直潜藏在中国人本质里阴柔的月亮情结，作为具有浓重的"团圆"内涵的中秋节，与春节晚会一样，也强调一种血浓于水的亲情；但另一方面，它又不像春节晚会那样，承载了那么多的政治、社会意义。与其相比，中秋晚会表现的文化内涵更为单纯与纯粹。远在他乡的游子、戍守边关的将士、坚守在自己的工作岗位无法在中秋之夜与家人团聚的人们，都会在这样一个的夜晚，请皎洁的明月带去自己对家人、对朋友的问候，使亲情、友情在温柔的月光中凝固，这是人性的本能，也是中华传统美德的体现。所以，以"中华情"中秋晚会的民族性作为研究对象，更有针对性和典型性。2004年中央电视台中秋晚会"浦江月·中华情"，获2004年度对外电视文艺节目一等奖，"江城月·中华情"2005年中央电视台中秋双语晚会荣获第39届美国休斯顿国际电影节电视文艺类最高奖——白金奖。"海峡月·中华情"2006年中央电视台中秋双语晚会荣获第40届美国休斯顿国际电影节——评审团电视导演奖。在国内外获得如此高评价与肯定的中国电视节目与中国电视导演，在中国电视史上可谓首次。因此把"中华情"中秋晚会作为民族性研究的对象，分析评价其民族元素在晚会中具象化的显现方式，极具有典型性与指导意义。

那么，我们就根据综艺晚会民族性的评价架构图中的视觉思维、听觉思维、视听综合思维、加入时间与地理因素，这四个方面分析民族元素在"中华情"中秋晚会的展现和应用。

一、"中华情"中秋晚会的民族元素分析之视觉思维表现

视觉文化时代的到来，使人们的传统阅读行为发生了根本性的转变，到处是流光溢彩的图像，满眼是生动直观的画面，光和影的交织笼罩了一切。观众打开电视机不是希望从起点开始慢慢等待高潮，这就需要节目有一种高潮迭起的效果，要求节目在各个制作环节中都能够精致，每个细节中都有足够的魅力，其中包括舞美设计与造型、灯光、特效设计、道具、服装、化妆、主持、歌手、等方面。而"中华情"中秋晚会同样也是通过光影艺术的各个环节植入民族元素，进而通过这些环节激起受众血液里的民族细胞。

（一）视觉思维之舞台美术设计

1. 视觉思维之舞台设计与造型

作为外景题材的景观晚会,中秋晚会与春节晚会有很大的区别:一个在室内,一个在室外。所以它比春节晚会有更大的伸展空间,特别在舞台设计与造型方面,可以巧妙地借景、移景。下面主要就秋晚中舞台设计与造型表现出的主要民族元素来一一分析:

民族元素中的船:2004年"浦江月·中华情"中秋晚会的舞台就像一艘豪华巨轮,扬起的风帆,结实的铁锚,直径十几米的大舵轮里还镶嵌着一个LED屏,观众席高低错落有致,走廊的扶手栏杆上挂着一个个救生圈,俨如长长的船身。那艘借景东方明珠塔作为桅杆的巨轮造型舞台,成功地载着凝聚游子心结的海外赤子。当年,他们就是从上海这个国际码头,登上轮船,远渡重洋的,是轮船载着他们驶向梦想,也是轮船载着他们返航回家。2005年中秋晚会与2006年中秋晚会中设立的一个分会场都是在轮船上,2006年中秋晚会舞台设计中也有风帆的意象,巨轮张开风帆迎接海外游子归来,让他们难抑"低头思故乡"的情感(见图1-4)。

图1-4 2004年"浦江月·中华情"中秋晚会舞台设计为豪华巨轮造型

民族元素中的亭台楼阁:亭台楼阁属于中国传统建筑,它们或面对巍峨群山,或俯视浩荡江湖,或融于园林之中,或踞于市井之上;有的高大壮观,有的小巧玲珑,有的华美辉煌,有的简易朴实。但无论形式如何,位置怎样、都显示出民族的人文特征和风土人情。它高耸挺立,攀登时会产生"欲穷千里目,更上一层楼"的心理;一旦登临极目,则可以"望尽天涯路"。这时,青山碧水、蓝天白云,莺歌燕转,风啸猿啼,无不入目入耳,如见如闻。它进入了人的精神活动领域,起着引发思维的积极作用,催化了蕴积于胸的意绪心态,提供了抒情写志的恰当媒介。

2005年"江城月·中华情"中秋晚会的舞台设计围绕黄鹤楼主体展开,巍巍黄鹤楼,矗立长江边,千百年迎来送往,留下许多文人墨客不朽的诗篇,黄鹤楼就是中华文化中非常具有代表性的民族元素,舞台还原了黄鹤楼在李白等文豪笔下那"黄鹤楼中吹玉笛,江城五月落梅花","孤帆远影碧空尽,唯见长江天际流"的壮观景色,让黄鹤楼灯火清亮,在月色映衬下妩媚动人。水景舞台与阁楼实景交相辉映,使人们仿佛听见了大江东去时的激荡诉说,历史赋予了阁楼深远的中华意蕴。2007年"山庄月·中华情"中秋晚会同样借助承德避暑山庄与分会场的西安大唐芙蓉园,展现我们悠久的历史文化建筑,让身处海外的游子感受中华文化几千年的源远流长,隽永苍劲(见图1-5)。

图1-5　2005年《江城月·中华情》中秋晚会的舞台设计

2009年"荣成月·中华情"中秋晚会与2010年"芜湖月·中华情"中秋晚会的舞台也有亭台楼阁的造型,在古时离别的人们都在楼阁相聚、相送。琼楼玉宇与古典气质相融合,使得晚会表现得大气而不张扬,浓郁而充满韵味,诗情画意和文化品位都得到了很好的呈现。

民族元素中的贝壳、明珠:2008年"荣成月·中华情"中秋晚会的舞台犹如海面上贝壳开合中的明珠。在海边大家最常见的动作，莫过于俯下身子拾起脚边那美丽的贝壳了，人们通过对着贝壳诉说，寄托对家人的祝福与思念，拾起贝壳聆听也希望可以听到海峡那边家人的声音（见图1-6）。

图1-6　2008年"荣成月·中华情"中秋晚会舞台设计为贝壳、明珠造型

民族元素中的荷叶、荷花："清水出芙蓉，天然去雕饰"，亭亭玉立的荷花，碧绿如盖的荷叶，中通外直的荷柄，完全一派东方文化的风尚、宁静、愉悦、超俗。荷花的审美思想也是脱俗于灿烂悠久的荷文化，宋代理学家周敦颐之《爱莲说》赋："出淤泥而不染，濯清涟而不妖，中通外直，不蔓不枝，香远益清，亭亭净植，可远观而不可亵玩焉。"2006年到2010年的中秋晚会都有荷花的造型，2007年"山庄月·中华情"中秋晚会的舞台场地为四片荷叶，与舞台水中的荷花相映成趣，可见荷花作为民族元素，有着极其深厚的文化内涵，导演把荷花的自然美升华到了艺术美，虽是一个简单的造型元素，但给人以仙子临风情影动，佩动环摇入梦来的境界，可谓经典之作。荷花在人们心目中成为了真善美的化身，吉祥丰兴的预兆，是佛教中神圣净洁的名物，也是友谊的种子（见图1-7、图1-8）。

图1-7 2007年"山庄月·中华情"中秋晚会舞台设计为荷叶造型

图1-8 2009年"宜春月·中华情"中秋晚会主会场前台设计以荷花造型为装饰

民族元素中的云彩：2009年"宜春月·中华情"中秋晚会与2010年"芜湖月·中华情"中秋晚会在舞台设计上都有流云的造型，动感的云彩仿佛飘摇在明月之中，让我们马上联想到《彩云追月》这首歌曲，也许这首歌可以帮助我们理解云彩与明月的微妙关系，"彩云"代表出外游学闯荡的学子，"月亮"代表家乡，《彩云追月》寓意着出外闯荡的孩子，虽身不在家乡但心与家乡紧紧相依，不论离多远心永远追随牵挂着家乡，是游子情系桑梓的内心独白。歌中唱到:"月色似是旧人梦,遥问故人可知否,心中望相逢,唯有请明月,带走我问候,彩云追着月儿走"。

民族元素中的拱桥:2009年"宜春月·中华情"与2010年"芜湖月·中华情"在舞台上不约而同地设计了拱桥的造型,舞台上架设拱桥,首先使舞台赋有层次感,摆脱了平面的死板,给镜头增添了构图的内容,拱桥把舞台无形中划分了多个场景,桥的这头,桥的那头,桥上抒怀多个场景的变幻。其次,拱桥腹拱似弯刀,乘舟望桥,或似圆月,或如方镜,千种奇丽,万般秀色,尽入眼中,能与天工争巧。再次,拱桥的设立,也映衬了"小桥流水人家"的古典意境。

民族元素中的亲水性:王维说过:"有境界自成高格"。水是生命之源,始于《论语》的"智者乐水"之说,贯穿于中国文化之脉络。说明秋晚总导演郭霁红深谙此"智",每台晚会都以水为背景,搭建景观晚会的舞台。水是心灵的镜子,有水则活、则灵、则秀、则美。水本身就是活跃的、流动的,所以它就有节奏感,有韵律感、有诗意,有画境。水可以波澜不惊,也可以柔情似水,还可以汹涌澎湃,也可以激情荡漾。水就是无限的诗篇,无限的情意,无限的神韵。①

2004—2010年,历届中秋晚会都具有亲水性,2004年上海晚会主会场,将舞台搭建在浦江江畔,还设立了游轮分会场,与水融为一体,又与天空的明月遥遥相对;2005年不仅在黄鹤楼临江设立舞台,且引水围绕舞台,把一份灵动直接引到舞台上,黄鹤楼边上的那一轮皓月,与周围的景、舞台的灯光、舞美,交融成一幅极有诗意的图画;2006年在厦门的主会场设在海边,与台湾海峡相望,等待游子的归航;2007年在承德避暑山庄,晚会主会场设在澄湖之上,造型为4片荷叶;演出人员好似荷花仙子,在荷叶间翩翩起舞;2008年晚会主会场设在山东省荣成市海边,造型如巨大华美的贝壳,载着家人的祝福与思念,随着大海的波涛,漂洋过海带给远方的华人;2009年与2010年同样与水有不解之缘,舞台前方均环绕着一池开阔的清水,夜色中的水面有如一面平静的镜子,将舞台上的美景与美人映照其中,甚至倒映着整个舞台和周边环境,在微风撩动的涟漪里,

---

① 吉娜. 秋晚总导演 郭霁红 [M]. 北京:中国电影出版社,2007:185.

让人感到一股"问渠那得清如许,为有源头活水来"的心灵悸动,舞美创作人员运用现代高科技手段把天上明月和水中圆月同时搬上舞台,制造出水天一色。水月中秋的特色景观,体现了中国传统美学中的意境之美。

从细节上,水元素的运用让晚会拥有了独特的视角,导演特意将镜头对准水中的倒影,继而拉开全景,带出水与人的关系,使台上的节目获得了另一个表现空间(见图1-9)。

图1-9　2009年"宜春月·中华情"中秋晚会舞台流云造型与舞台水中倒影的无限神韵

民族元素中的中国画:国画为中国三大国宝之一,是中国传统文化的精粹,是中华民族的骄傲,是一个极具鲜明民族特色的艺术品种。在中秋晚会中,无论是舞台布景、场景设计还是镜头构图,导演在创作上都重视构思,讲求国画中的"妙在似与不似之间""不似似之""意存笔法,画尽意在",注重艺术形象的主客观统一。2007年中秋晚会中,林栋甫出场的场景造型与镜头刻画,使得画面就似一幅水墨画,色调简约,但明暗调子丰富多变,以点、线、面的形式描绘对象的形貌、骨法、质地、光暗及情态神韵(见图1-10)。

2010年中秋晚会的舞台造型中有拱桥,有流水,有流云,还有南方水乡的地域特色,宛如中国山水画。追求意境的表现是中国传统美学思想的重要组织部分,是中国画尤其是中国山水画的重要特征之一。在一台晚会

图1-10　2007年中秋晚会中，林栋甫出场的场景造型

中能展现出国画的灵魂，达到以形写神，形神兼备，气韵生动的效果，就目前看来，只有"中华情"中秋晚会了。"外师造化，中得心源"，可见导演早已融化物我。如此这般的形象塑造和表现手法，体现了中华民族传统的审美观，借景抒情、托物言志、"天人合一"的观念（见图1-11）。

（a）国画的美感、中国山水画的意境　　　　（b）南方水乡的地域特色

图1-11　2010年中秋晚会的舞美设计

2. 视觉思维之灯光与特效设计

电视艺术离不开灯光，它就好比华丽的外衣，可以体现整台晚会的品味、风格、基调。传统综艺晚会的灯光效果强调的是亮度或者色彩上的丰富多彩，但"中华情"中秋晚会现场灯光并不强调亮，而是强调一种层次以及在色彩上营造单纯赋有诗情画意的感觉（见图1-12）。

（a）2006年中秋晚会舞台灯光暖色效果　　（b）2009年中秋晚会舞台灯光营造深邃的蓝色梦境

图1-12　舞台灯光营造的舞台效果

　　整场晚会在灯光设计上大量使用极富艺术表现力的电脑灯、霹雳泡、LED灯管、激光灯、PIGI灯以及水银反射灯等艺术照明设施，根据节目篇章情境，塑造相对纯净的单一色调，避免无意义的闪烁和色彩的杂乱无章，营造空灵雅致的光影意境，达到极具想象力和时尚感的视觉效果。比如2008年"荣成月·中华情"中秋晚会表演功夫诗《灵》时，舞台主色调为绿色，把舞台马上营造成了竹林的清雅意境。当演唱《城里的月光》《走了这么久，你变了没有》《潜海姑娘》等歌曲时，舞台则是用一种蓝色的光来衬托深情、柔和的环境。此外，灯具的不同组合随意多变，加之灯具的性能和灯具的可控性能的提高，产生一种光点、光束色彩、图案的变化，创造出不同的意境场景。如2005年中秋晚会中，萧蔷与杨坤对唱《月亮可以代表我的心》中，萧蔷一个侧面的中近景镜头构图中，她的眼光向上45度角处，好似是天空的圆月，但随着镜头慢慢拉远，才发现是舞台中的一盏灯。再如，2009年中秋晚会中，舞台侧面设计的电脑灯如满天繁星，光点的透视，光束的交叉使舞台的空间更空，更深。当给歌手侧面镜头时，画面干净深远。

　　"中华情"中秋晚会在特效手段方面选用了韩国的舞台冷光焰火，即在舞台周边燃放的无毒无味，低燃点的烟花，有树状和飞轮等喷火形式。国内的顶级焰火设计师则负责晚会中高空焰火设计，按照音乐节奏电脑编程自动燃放的火焰、气柱、彩色火、冷烟火、焰火、彩虹炮等为晚会增添了炫目的光彩，轨道火箭，高、低空礼花，旋转烟花等多种礼花此起彼伏，营造出隆重辉煌、火爆灿烂的典效果。每一次焰火的升空燃放，都能引发现场数万多观众的齐声欢呼。

据《中国实业志》记载："湘省爆竹之创造，始于唐，盛于宋，发源于浏阳也"。相传在隋末唐初，著名炼丹家、医药家孙思邈，历经寒暑和屡次的失败，终于炼制出了火药。至此，他真正成为了浏阳的烟花爆竹乃至全世界的烟花的奠基者。此后，节日燃放烟花爆竹，成为了中国的一种民俗，延续至今。

作为民族元素，过去我们常常在某个大型晚会结束时才能看见冲天的大型烟花，有些晚会直接将烟花的燃放作为结尾，很少有导演把大型烟花运用到节目表演的过程中，郭霁红导演则扬长避短，利用舞台与城市建筑一体的开阔空间，将烟花燃放点设置在远处，即避免了烟花燃放的噪音对节目的干扰，又使得烟花在空中绽放时能和舞台上表演的演员一起进入画面，成为一个特殊的舞美元素，向上开拓了高处的空间，向远方开拓了极富纵深感的景深，使观众体验非凡的视听享受，可谓一举多得。

但这些令人眼花撩乱的焰火设计不是没有意义，随意放射的。

如2004年中秋晚会中，赵薇演唱《一直下雨的星期天》，配合歌曲表现，舞台后方多次配合歌曲高潮运用了车轮旋转烟花，与伴舞演员中的雨伞照应，达到完美统一的舞美效果（见图1-13）。

图1-13 2004年中秋晚会中烟花配合歌曲的舞美效果

如果说2004年与2005年的中秋晚会，是郭霁红导演尝试烟花的运用，那么2006年的中秋晚会可谓是烟花焰火的爆发，晚会大量运用的各种烟花效果，如其中在游轮分会场，何润东演唱《梦想的开始》时，游轮四周、海上、海边、主会场，到处是烟花的盛况，加之歌曲动感，积极向上，所以向空中直射的烟花为主，并且用大全景介绍，好比广阔的天地自由奔放。

2008年中秋晚会中张韶涵演唱《欧若拉》，当唱到"爱是一道光，如此美妙"时，舞台后方烟花冲天散落一片的景象，让观众兴奋不已。

2010年中秋晚会中凤凰传奇演唱《荷塘月色》，当唱到"我像只鱼儿在你的荷塘，只为和你守候那皎白月光"处，舞台四周放射的烟花，如鱼儿般游转于天空，那时那景，天水一色，接连在一起，天空宛如荷塘，沐浴月光的清辉。

舞美上的精益求精与独树一帜，成为"中华情"中秋晚会的典型特色，并且郭霁红导演不断追求出新，大胆使用先锋视听设备与高科技元素，晚会中大面积的LED和等离子地板，并根据歌曲的内容编配了富有节奏和动感的CG视频画面，让观众感受到了强大的视觉冲击力，体味到全新的视听感受，并融入民族元素。

2008年中秋晚会，运用LED屏搭设成一面海底的明镜，被海底生物簇拥着，晶莹剔透，仿佛是你心中的明镜，你想看到的，渴望感受到的，它都会显现出来，营造出一种"使吾人超出乎利害之范围外，而惝恍于缥缈的宁静之城"的意境。而且LED屏能折叠合拢，起到增加舞台场景与层次感的奇异效果。

2009年中秋晚会，LED屏被塑造成圆月的造型，当富有节奏和动感的CG视频画面流动在LED屏上时，观众看到的是灵动的月亮，与流光溢彩的山水，仿佛天上的月亮也一同参与了晚会（见图1-14）。

3. 视觉思维之道具、服装与化妆

民族元素中的鹤：在2005年"江城月·中华情"中秋晚会中，首次出现鹤作为舞台装点的道具，并且在晚会中鹤作为重要的转场镜头和移镜头的起落点，成为晚会的一个镜头构图的运用工具，随后在2008年与2009年的中秋晚会中，也使鹤这个舞台装点造型，发挥了营造意境，镜头运用的重要作用（见图1-15）。

第一章 建构民族性方面的进阶

图1-14 2009年"宜春月·中华情"中秋晚会舞台LED屏设计为圆月造型

图1-15 2005年"江城月·中华情"中秋晚会中表现鹤的镜头

鹤在中国文学里，是一个很常见的描写对象，有平实的白描，也有加以神化，以至用以象征离别、情义、君子、大志、清高、隐逸、神仙、长寿等。我们重点说说鹤的离别，相思之意。如陆厥《李夫人及贵人歌》中有"寡鹤羁雌"句，梁武帝《燕歌行》中有"沙汀夜鹤啸羁雌"句，梁朝王筠《春月》也有"独鹤惨羁雌"句。"孤鹤羁雌"在以后的诗文中也常常出现，用以象征夫妇或恋人的分隔异地，遥相思念。古人还用别鹤来比喻朋友的离别，如鲍照《与荀中书别》："劳舟厌长浪，疲饰倦行风。连翩感孤志，契阔伤贱躬……渐无黄鹤翅，安得久相从。顾遂宿知意，不使旧山空。"以鹤比喻感伤。除了离情别绪外，还有用以表现游子思乡以及痛悔自己行为的等，如到溉《秋腐咏琴诗》："寄语调弦者，客子心易惊。

离泣已将坠，无劳别鹤声。"繁钦《愁思赋》："鸣鹤之哀音，知我行之多违。怅俯仰而自怜，志荒咽而摧威。聊弦歌以励志，逸奉职于闺闱。"可见，中国传统文化中，鹤寓意至深，它在中秋晚会中的出现，绝非是为了点缀，装饰，而是作为重要的民族元素，唤起观众心底的相思。

民族元素中的灯笼：大红灯笼已成为了喜庆，祝福的代名词，每到过节，老百姓都会在自家门口挂两盏大红灯笼，祈福来年自家的日子可以过的红红火火，家人的心可以像灯笼中的支撑条一样，心往一处想，劲往一处使。民间制作灯笼已经是一种民俗了，经过艺术家们的巧手制作出的灯笼形状各种各样、图案千姿百态，反映了老百姓的生活百态。在综艺晚会中使用红红的灯笼作为点缀已经不是一件稀罕的事情，灯笼大多作为晚会舞台的背景挂放在两侧，或者置于晚会前台两侧起到烘托喜庆气氛的道具。但郭霁红导演却把灯笼作为了晚会镜头拍摄中弥补空白、平衡画面是重要道具，甚至成为节目链接的空镜头的主角，这样的应用手法新颖创新，但更重要的是不管在节目中一闪带过，还是作为镜头起伏的端点，作为民族元素的灯笼不在是一个死物，它具有了生命，这个生命是镜头给它的，也是它自身的文化寓意赋予的（见图1-16）。

图1-16　2005年中秋晚会中的古典灯笼造型

在2005年的中秋晚会中，灯笼的样式有两种，一种样式复古，用木椽做支撑，中间有水墨画做面，用支架钩挂，位于舞台与水面交界的两侧。一种则是大家常见的小红灯笼，一串一串的悬挂在黄鹤楼两边的亭子周围。这两种不同样式不同位置的灯笼，无论是在晚会的舞美效果上还是镜头拍摄中都起到了不可忽视的作用。在2009年的中秋晚会上，一盏巨大的独具民族风格的灯笼，成为舞台侧面的重要造型，成为歌曲中意境表现的重要道具。

民族元素中的小船：有水自然会有船，船在中国人的思维模式中，除了是重要的交通工具之外，游湖泛舟似乎已是中国文化民俗中的一件雅事，古代文人喜欢在泛舟中彼此行诗作对，而古代男女则在泛舟中畅诉情思。在中秋这个抒发情怀的环境中，船自然不可少。2006年中秋晚会中朱桦的《船歌》，第一次在主会场人工的水面中应用船作为歌曲演绎的道具。而且此后船这个道具在晚会中的造型千变万化，成为晚会的又一亮点。在2007年"山庄月·中华情"中秋晚会中林栋甫站在一叶扁舟中开场；韩雪与韩国歌手李承铉演唱《似曾相似》中，韩雪乘着荷花船，伴着演唱驶向岸边李承铉的身边，李承铉上船，两人四目相望谢幕结束。在2009、2010年的中秋晚会中，郭霁红导演又大胆尝试利用威亚，将水中的船应用到了空中，如月亮船一般，使观众目不暇接，空中、地上、水中全方位地感受晚会给他们带来的视听震撼。

民族元素中的扇：中国扇文化有着深厚的文化底蕴。各种千姿百态的日用工艺扇、造型优美，构造精制，经能工巧匠精心镂、雕、烫、钻或名人挥毫题诗作画，使扇子艺术身价百倍。中秋晚会中舞蹈演员、歌手手中具有浓郁古典风格的团扇，折扇成为节目中营造古典意境、展现东方女性独特魅力的重要道具。

其实作为民族元素的道具在中秋晚会中还有很多，如晚会中使用屏风作为隔断，营造出一种"隔与不隔""雾里看花"的美学意境。

中华文化源远流长，设计精美的中华服饰也是其中的一部分，服饰是流动的风景，流动的文化，更流淌着情感和热爱。细心的观众会发现，在历届中秋晚会中，服装突破了过去雍容华贵的风格，而追求婉约、细腻。所以服装的质地多为丝绸、轻纱、锦缎，为了营造梦幻的效果，还加入羽毛等材料。而丝绸锦缎作为典型的民族元素，质地柔软，色彩鲜亮，加上刺绣等工艺，在这种服装的映衬下，不论主持人、歌手还是舞蹈演员，都面如桃花，有古典气质。

作为中国特色的旗袍，在秋晚服装中也是必不可少的民族元素，旗袍可以凸显女性的身材，散发东方女性的优柔之美，在2004年中秋晚会豫园分会场新民乐演奏《夜上海》时，浦江主会场舞蹈演员身着旗袍，并且在旗袍中加入了民族元素中中国结的意向，设计新颖，展现民族特色。

服装也可写意，在2005年中秋晚会中由黄格选、徐千惠演唱的《黄鹤楼》中，舞蹈演员头戴象征竹叶的头饰，身穿与竹叶颜色一致的马褂、短裤，手中举着类似竹叶枝的道具，有规则、有层次地席地而坐，没有大幅度的舞蹈动作，就好似临时搭建了一个舞台场景，这里服装的应用类似中国传统文化中"三人为群"的写意，代表竹林，起到了非常妙的象征作用。该晚会中，郭霁红导演亲自填词的歌曲《中国印象》中，舞蹈演员的服装，如嘉年华中游行车队中演员的服装相似，头顶各色羽毛，手中挥舞着彩色轻纱，并排挥舞如彩虹一般。

2008年的中秋晚会中加入了服装秀的环节，这也充分肯定了服装在展现民族元素，展现民族风格方面的重要作用。节目中展示的华服以"礼"为精髓，以"锦"为材，以"绣"为工，以"国色"为体，凝汇呈现数千年华夏礼服的文明，月光下的中华服饰，更显东方神秘神韵。2009年的中秋晚会中服饰造型为瓷器，演员以青花器、红瓷、法兰瓷为道具进行的中国瓷器走秀节目，将中国瓷"白如玉、明如镜、薄如纸、声如磬"的独特魅力展现得淋漓尽致，中国传统的瓷文化在中国传统节日皎洁的月光映照下，将团圆夜装点得分外迷人（见图1-17）。

（a）中华服饰展示　　（b）瓷器造型的服装展示　　（c）少数民族服饰展示

图1-17　中秋晚会中的服饰

再有就是民族服饰的展示了,中秋晚会中都有民族歌曲的串烧环节,各具不同民族风格的服装也是晚会的出彩之处,少数民族的服装毋庸置疑凝聚了各民族的民族元素,展现了各民族的民族性格。身在异乡的游子们,在晚会中看到自己民族的服装会马上具有身份的认同感,也会为拥有这么多少数民族的同胞而感到祖国民族文化的丰富多彩。

至于化妆,在很多细节都融入了民族元素,如具有中国特色的盘头,头饰等,在这里就不举例赘述了。

(二) 视觉思维之舞蹈

汉代《毛诗序》中有云:"言之不足故嗟叹之,嗟叹之不足故咏歌之,咏歌之不足不知手之舞之,足之蹈之也"。歌舞是人类与生俱来,本能的一种艺术形式。这种用肢体姿态来抒发、表达情感、传达生产技能与信息的行为,没有地域、国界、种族和民族之分,是人类共通的形体语言与心灵感悟。

渲染:晚会中的舞蹈风格大多柔美、恬静,好似是歌曲意境地再现与延伸,观众自然而然地投入到舞蹈渲染的氛围中,身临其境的倾听歌手的述说。当少数民族歌曲唱响时,穿着少数民族服饰的舞蹈演员们,则跳起代表各民族的经典舞步,手拉手,肩并肩,围成象征"团结""友好"的圈,欢腾雀跃,那一场场如痴如醉的欢歌劲舞,令无数外乡人情不自禁地流露着羡慕的眼光和发自内心的赞叹,以至出现难以抑制自己感情而投入到歌舞中去的场面。

写意:2006年中秋晚会中祖海演唱的《海峡风情》,舞蹈演员运用蓝色纱布,比拟大海,映照了歌词中的:"乡音乡情连接两岸,桥梁不通妈祖通,只要心中有了爱,山水也相逢"。

刚柔相济:2007年中秋晚西安大唐芙蓉园分会场屠洪纲演唱《藏龙卧虎》时,伴舞身着古时战袍,高举旗帜,有兵马俑的气势。但在古筝间奏中加入身着古时艺人服装的女子,在大鼓上跳舞,一刚一柔,有易经中"刚柔并济"之意。

功夫:2007年中秋晚会中分会场为《鼓舞神韵》,主会场则为武术展示,中国功夫世界文明,作为民族元素,在晚会中展现得淋漓尽致。如果说 2007 年中秋晚会中功夫是原封不动搬到舞台上的话，那么 2008 年中秋晚会功夫诗《灵》的上演，则"刚中带柔，柔中有刚"，为功夫与表演、舞蹈艺术的完美结合。

每场晚会都有独立的舞蹈节目，而且这些舞蹈节目都带有民族元素在其中。

（三）视觉思维之主持人、歌手与演员

在主会场主持人方面，导演在七年晚会中一直坚持这样的结构：两到三位央视主持人＋一位中国台湾主持人＋一位中国香港主持人＋一或两位当地主持人。这样的主持人组合，从形式上来看，他们代表着不同的地域和文化背景，中央与地方，大陆与台湾地区，再加入英语主持，本身就是一种华人大团圆的象征；在功能上来看，这些主持人可以让他们所代表的地域的观众倍感亲切，他们同台主持晚会，也在观众中形成了一股强大的凝聚力（见图 1-18）。

（a）

（b）

图 1-18　中秋晚会中的主持阵容

看过中秋晚会的人们一定会注意到，在主持人的结构中，似乎还有一个人物，他来无影去无踪，没有主持人的开场白甚至没有结尾，没有介绍，诉说的故事，情怀就是你心中的话语，他了解你，和你的感情在同一频率上，他不是晚会中的演员，而是我们观众中的一员，游子中的一位，家庭的成员。他就是主持嘉宾：林栋甫。

导演刻意地在晚会中加入人的标识性符号，比如春晚的招牌主持人赵忠祥和倪萍，但在中秋晚会中，由于晚会流动性和主持人的"因地取材"，主持人可能较难形成固定的符号，于是结合中秋晚会的独特性，需要的不是主持人而是一位诉说者，就把这个任务交给了林栋甫。他作为我国家著名的主持人，上海的一大"名嘴"，每年在中秋晚会中的亮相都是一大亮点，他声音低沉，情感到位，在2004年作为家乡人的角色，展开回忆，此后在别的城市，他好似一位海外归来的游子，诉说着对家乡的留恋、对故人的思念。我们注意到，一般在晚会的开场前、晚会中间的串场、晚会接近尾声时，都会有林栋甫低沉而富有感情的低吟，这不仅仅是为了晚会的衔接，更是整台晚会情感酝酿的一个爆发点。

在歌手的选择上，两岸三地的歌手汇聚在中秋晚会的舞台，为同一个愿望施展各自才艺，形成华人大联欢的局面。并且每台晚会上都会安排来自海峡两岸的少数民族艺人，呈现各族人民一家亲的温馨景象。

二、"中华情·中秋晚会"中民族元素之听觉思维表现

中秋晚会以"文艺节目为平台，以两岸三地互相期盼的文化、人物为主线贯穿，融专题、访谈、感人轶事"等多种手段于一体，立体表现，全方位进行展示。从听觉内容来看，"中华情"中秋晚会放弃了传统电视综艺晚会集歌、舞、小品、相声等多种内容于一体的多元复合路线，选择了相对以歌曲为主的歌会样式，在其中穿插访问、民乐、舞蹈、走秀等调节整体篇章节奏，推动情感发展，使曲目串联流畅自然。

（一）听觉思维之音乐、歌曲、音响

不可比拟的感染力是音乐与生俱来的天赋，把强大的明星阵容作为音乐的附加值，更容易赢得海内外的年轻受众的欢迎，而且从音乐的传播特点来看，反复多次的传播为其最突出的特性。它不像传统节日综艺晚会中的其他艺术表现形式，如小品、相声、魔术等，重播时观众已经知道它所有的包袱、笑点、惊奇点在哪里，但音乐不一样，它通过反复不断地演绎，给予了人们足够的空间、时间去感受、加深了人们的对于歌曲的认识，更容易引起共鸣。"中华情"中秋晚会中音乐的展现形式主要为华语歌曲与民族民歌。这两者作为中华民族难改的"乡音"，维系了文化上割

不断的渊源。"'乘着歌声的翅膀',把显性的意识形态隐藏于民族元素的符号中,使观众获得新的审美体验,成为"寻祖归根"的歌舞狂欢仪式。"① 歌声是最好的传播形式,音乐是无国界的语言,华语流行歌曲更是华人"零障碍"的交流途径,而且,歌曲在旋律之外还兼有歌词内容的传播,可以通过饱含亲情与思念的歌词内涵呼唤那深沉厚重的民族情结。

歌曲既可以将晚会每个段落中积蓄的情感推向高潮,也可以满足观众的视听及情感需求。2009年中秋晚会中,主持人说道,"我们刚刚经历了60年国庆的欢快,那是一种豪迈之情,而今我们又迎来了中秋团圆,这是一种婉约之情,思念之情,让我们能够彼此挂念,能够传送祝福,分享爱,分享祝福。其实每一个家庭的和谐和幸福汇合在一起,就是整个国家的和谐和幸福。"在这样的主持词渲染之后,由成龙和刘媛媛演唱《国家》的音乐响起,歌词唱道:"一玉口中国,一瓦顶成家,都说国很大,其实一个家。一心装满国,一手撑起家,家是最小国,国是千万家。"此时,现场观众都不禁配合节拍挥舞着双臂,跟着哼唱。爱国的民族精神与自豪感流淌在台上台下所有人的心中。这就是歌曲的力量,但仅仅靠一首歌曲是不可能达到这样的效果的,还需要在各要素综合作用前提下,情感能在此刻爆发,是因为这首歌被放到了一个最恰当的位置,是因为晚会的各种元素得到了最合理的搭配与组合。

民族元素中的华语经典:那些耳熟能详的华语经典,历经几十年的风风雨雨,深厚的民族情感在悠久的、传唱不绝的经典老歌中沉淀于绵延,更适合中秋晚会的主题,唤起全球华人对故乡的思念,对家人的思念,以及对过去美好时光的怀念,于是华语经典也就成了整台晚会的骨架,而由此又掀起了一场经典风。借用林栋甫在晚会上说的一句话:"听到这样的老歌,有人会说时光倒流,其实时光不会倒流,也不必倒流,因为这些歌里的深情时永远不会过时的。"

从2004年起,华语经典歌曲就成为中秋晚会的常设板块,2004年"浦江月·中华情"中秋晚会特别挑选了一批老上海歌曲,由古璇翻唱的《给我一个吻》《香格里拉》,隋一宁翻唱的《月圆花好》《朦胧月》,倪睿

---

① 陈西妮. 浅议"仪式性综艺晚会"的互补性格局——以央视"春节晚会"和"中秋晚会"的比较为例[J]. 中国电视,2006(6):37-39.

思翻唱的《永远的微笑》《明月千里寄相思》等组成华语经典板块,并通过对这些老歌进行情景化的伴舞包装,把老街景、老路灯再现在舞台上,让观众回到温馨的往昔。又如 2006 年"海峡月·中华情"中秋晚会中,美丽优雅的赵雅芝将一曲《万水千山总是情》演绎得声情并茂;台湾歌坛常青树高胜美演唱的《彩云伴海鸥》至今仍让人心动神怡;张燕的《天涯歌女》又别有一番味道。

民族元素中的民族歌曲:最具有民族元素的歌曲,当属表现民族风情的歌。而民族歌曲串烧,也是中秋晚会必不可少的歌曲样式。2005 年中秋晚会中,朱哲琴的天籁之音《在那遥远的地方》,唱响了晚会民族大团结的序幕;藏族哈拉玛组合《我们在一起》、彝族山鹰组合《月亮姑娘》、土家族西兰卡普组合《土家情歌》,则唱出了各民族人民欢度中秋的喜悦心情。还有台湾原生艺术团的《娜鲁湾情歌》,给大陆的观众们展示了别样的民族风土人情。2007 年中秋晚会中民族串烧以《祈盼》开始,各民族舞蹈齐上阵,紧接着为藏族的《水中月亮》、蒲巴甲《更啦热空》、徐千雅《左上火车去拉萨》、蒙古族《呼伦贝尔大草原》、凤凰传奇《月亮之上》、哈孜肯《楼兰的姑娘》,舞蹈镜头增多,展现了各民族在一起载歌载舞大联欢的盛况。最后以谭晶的《龙图腾》结束晚会。

民族元素中的戏曲:作为中国国粹的戏曲,在民族性极强的中秋晚会中,不可或缺。在 2008 年"荣成月·中华情"中秋晚会中,演绎了昆曲《牡丹亭·惊梦》,以及由少儿演绎的戏曲串烧,包括京剧《贵妃醉酒》、越剧《梁祝·十八相送》、豫剧《穆桂英挂帅》等经典选段。一般说来,北方人多喜看京剧,南方人则多爱好越剧,各种地方剧种都有其自己的观众对象。远离故土家乡的人,甚至把听、看民族戏曲作为思念故乡的一种表现。另外,由少儿来演绎中国传统的戏曲,使节目增添了些许稚嫩和趣味性,更展现了中国戏曲定会生生不息,源远流长(见图 1-19)。

民族元素中的民族乐器:民族乐器即中国的独特乐器。现一般流行笛、二胡、琵琶、丝竹、胡琴、筝、鼓等,代表着中华音乐文化的传统乐器。无论民族乐器的演奏是作为独立节目演绎,还是配合其他节目展现,是民族元素,在中秋晚会中,不可缺少(见图 1-20)。

(a)   (b)

图1-19 少儿演绎中国戏曲

图1-20 2004年中秋晚会豫园分会场二胡演奏《夜上海》

  背景音乐的运用是辅助抒情的一个重要手段，每年的中秋晚会都有各自的主题背景音乐。2004年晚会改编老歌《花样的年华》主题背景音乐，2005年的晚会用《Tonight I Celebrate My Love》（今晚庆祝我的爱）作为背景音乐，一般出现在片头，主持人的串场中，既有烘托气氛的作用，又是对主题的一种呼应，使晚会不是一个一个的节目，还是一个整体的篇章，一部文艺电影。2006年的晚会，背景音乐是观众耳熟能详的《鼓浪屿之波》的优美旋律，2007年中秋晚会主题音乐为《在水一方》，内容有着地域特色，和会场所在地吻合。再如2010年中秋晚会主题音乐为谭咏麟的《爱在深秋》，这虽是一首老歌，但是当它响起的时候，歌中所蕴含的骨肉情长还是拨动着观众的心弦。背景音乐是一种衬托，不显山露水，但却处处含情，起到情感表现和呼应主题的作用。

关于民族元素在中秋晚会中音乐、歌曲及音响中的体现，引用江柏安在论述《音乐鉴赏》时说的一句话："华夏文化有着强大的凝聚力和适应力，这一品质体现在中国传统音乐的气韵和意境上，它特别强调创作的风骨与神貌。注重人与自然的交流，追求艺术表现中情感与伦理的结合，推崇艺术表现的含蓄、婉曲，关注艺术形象的谐调、简约与适度。这样的传统精神在音乐中呈现为内涵的深厚，表达的深刻，情境的深远。悠悠岁月，难以尽数的音乐精品作为珍贵的文化遗产极大地丰富了华夏文化的宝库。"①

（二）听觉思维之主持词

国际化的双语主持：旅居海外的华人群体中，有一些人起初在中国生活过，他们对于中国传统文化接受起来相对容易，但对于出生在国外，从小没有收到中国传统文化熏陶，尽管是黄皮肤黑头发，可是其思维方式、生活习惯、语言文字等各方面已经完全西化。祖国、中华民族的民俗及传统文化对于他们来说这些概念都有些陌生。"中华情·中秋晚会"对内作为弘扬民族精神的途径，对外作为展示中国传统文化的窗口，既能够大大增强中华民族的向心力和凝聚力，同时也在全球范围内提升了中国优秀文化的影响力和感召力。中英文双语主持的意义就在于，为炎黄子孙搭建了一个情感沟通的桥梁，让旅居海外的华人能够真切地感受到来自祖国母亲的亲切问候，也是汉语这种民族元素与国际语言接轨的桥梁。

主持的串联词：中秋晚会一直注重对主持人串联词的精雕细琢，并且结合主持人不同的风格，设计串联的内容。如中央电视台的梦桐、季小军则多为抒情达意，语言优美与诗词朗诵一般；而鲁健也更为平实，多与当地的主持人一同谈论当地的风土人情与历史文化；而胡瓜的风趣幽默，还有吴宗宪的插科打诨，都根植于中国台湾习俗与当地文化，挖掘文化特征，典故新说。

林栋甫的语言内容则更像是一台老式留声机，带着观众追忆往昔，回忆过去时光，感慨岁月留下的痕迹，珍惜眼前的一切包括永远与他同在的一轮圆满。

---

① 江柏安. 音乐鉴赏 [M]. 北京：高等教育出版社，2008：23.

在2006年"海峡月·中华情"中秋晚会开场时林栋甫说到:"月亮跟着我走,还是我跟着月亮走,我在黄浦江边看月亮,浦江水在月光下,波动出一首深情而时髦的歌,我在黄鹤楼下看月亮,这座琼楼玉宇在月光下洒落一片古远的身影,我在光与影之间听到一首唱不老的情歌。今晚我在厦门的海边看月亮,我面前是一条两岸可以清晰栖息相闻的海峡,这海峡的水通往更浩瀚的大海,连接更广袤的大地。你看这一张张白帆都扬起来了,它们是要把远方的亲人接过来吗?月亮下全球的华人没有了距离,月光已经把我们拢在了一起。"前半部分主持词通过一组"看月亮"的排比句,巧妙地将三场晚会联系在一起,引导观众回归前两场晚会的情绪,继续踏上永远不会遗忘的乡情之路。中秋节抬头赏月其实是一种民俗意义上的身份守望。通过一次次仪式性的守望,观者将民族意识和文化结构的传承内化,以此不断强化自己的身份。

在三个"看月亮"的动作之后,借用观看者的身份,巧妙地将"天涯共此时"的"民俗意义转换为国家意义。"在这段串词中,有五个主体——"我""你""远方的亲人""全球的华人"和"我们"。主持人林栋甫用"我"自谓,但这个"我"并非专指林栋甫个人,其实代表了人格化的中华民族;"你"既代表着电视机前的观众,也代表着国内的人民;"远方的亲人"代表的就是台湾同胞和海外华人了。在身份识别之后,"用'我们'这样一个极具包容性和亲和力的语词,把全球华人用血缘和先祖共识勾连起来,构筑了一个民族同心圆。在这个圆当中,你我尽管不曾谋面,却同根同源,共饮一江水,有着'共同体的想象'。于是,通过对观看者的吁请和身份运作,赏月变成了具有国家意义的共同体行为。"①

三、"中华情·中秋晚会"中民族元素之视听综合思维表现

(一)视听综合思维之访谈

"中华情·中秋晚会"在晚会中加入了访谈元素,晚会中的访谈环节

---

① 楚学友.制造认同、唤起记忆与文化想象——对《中华情》的文化解读[J].中国电视,(6):46-47.

在舞台上特定的访谈区域中进行。这样编排的用意：一方面有利于调节现场气氛，舒缓现场及电视机前观众的视听神经，另一方面，从受众心理考虑，也满足了观众深入了解相关人物与事件的心理需求，增加了台上台下的情感交流与互动。

文化名人本身就是一种民族元素，借用文化名人来传播民族文化，是中秋晚会的一大亮点。他们的出现，一方面说明了节目对华语文化的尊重与推崇，另一方面也为晚会在全球华人心目中生根发芽打下了牢固的根基。

（二）视听综合思维之诗朗诵

诗朗诵并非曲高和寡的艺术形式。由于作品本身具有较高的艺术性，朗诵者在创作的过程中又融入了自己的理解和感受，加之朗诵者对诗朗诵进行了精心的设计和排练，并可以辅以音乐、舞蹈、场景设计等多种艺术形式与手法的包装，加强了诗朗诵的可看性，其欣赏性的特点更加突出了。因此，诗朗诵在晚会中能以其易于理解、富于变化、长于抒情等特点而为大家所喜爱。

在 2008 年中秋晚会中，著名艺术家张丰毅朗诵《中秋赋》，随着诗文感情的跌宕起伏由二胡、琵琶、古筝等民族乐器配乐，晚会 LED 屏折叠分离，展现在观众眼前的凉亭、拱桥等场景，为诗朗诵营造了古典优雅的氛围。诗歌围绕中秋而颂：

故乡月色，今夜最难描摹；五千年一轮满月，九万里四方山河；

放天灯、舞火龙；踩高跷、撒豆沫，拜中秋沧海明月；

祭银汉长虹卧波，乡情酿酒醉故人，说不够销魂往事岁月蹉跎……

携手南北东西，挽臂海内海外，中秋月，共人间悠悠唱和！

在 2009 年的中秋晚会中，林栋甫朗诵《月之韵》，他的声音富有磁性，音调低沉，却能入耳、入心，加上一只萧来配乐，一名女舞蹈演员伴舞。三者融合得非常自然，成功地把诗文中述说的情怀、韵味传达给了在场以及电视机前的观众。

"明月在上，此刻，群山仰望，万众瞩目，幸福距离我们，只剩一米月光；

今夜的月光是一泻千里的呼唤，关山万里海角天涯都能听见；

思念在呼唤里靠拢，菊花在呼唤里泛黄；

台上的长袖飘飘，有后来者向今天此刻的翘首凝望……

中秋明月更是一张圆桌，座上有你有我、有爱、有传说，有千年时光，

其实中秋明月就是一枚永不褪去的胎记，长在你我的生命里。"

诗文写得婉约、柔美，音乐销魂、空灵，舞蹈演绎得如嫦娥在月宫起舞。引起观众的共鸣，净化人的心灵，陶冶人的情操。

（三）视听综合思维中镜头语言的文学性

高鑫老师在《电视艺术美学》中讲到视听综合思维时，提到了文学艺术思维这一概念，书中指出："文学，是电视艺术思维的基础，大凡优秀的电视艺术作品，都具有较浓厚的文学性。"①

中秋晚会中每一个节目呈现的效果对于现场观众与电视机前的观众是不同的，他们观看的角度与重点不同，现场观众更加随意，收视心理跟电视机前的观众心理显然是不一样的，在导播的过程中要能够使他们一直保持一种收视的期待感，那么镜头语言就格外重要。"因为这种语言不仅可以用来言说，可以表情表意，也可用来思维。"②

在2004年"浦江月·中华情"中秋晚会的开场中，伴随着老上海的音乐，镜头由场面大全景：展现了黄浦江畔繁华的夜景，江上行驶的轮渡，以及灯光炫耀的舞台转为舞台场景小全景：介绍了说话人所在环境及姿态为站立，人物发出感慨："小时候，我站在家门口丁字路口的路灯底下，抬头看月亮。"随着话语内容感情的抒发镜头推到人物全景：人物样貌越来越清楚，表情神态展现无遗说到："中秋早就教会了我思念。我头顶上的这片天空和所有的天空连在一起的。"镜头伴随着悠扬的音乐推进到中景：字幕出现说话人的名字：林栋甫，祖籍：上海。再到近景：述说没有间断："这轮明月是天下所有人的。每到中秋的夜晚，"中景："所有的华人都会抬头看月亮，不管他们在哪……"伴随着林栋甫的叙述，镜头

---

① 高鑫. 电视艺术美学［M］. 北京：文化艺术出版社，2007：85.
② 刘扬体. 电视晚会向何处去［J］. 当代电视，2004（3）：20.

一直拉到人物全景小全景。当人物说到："天涯共此时，此时我们在上海和我们久违的亲人团聚，我们也请月亮邀请天下所有的华人，在这黄浦江畔欢聚一堂！"镜头随着林栋甫的目光及手指的方向甩到舞台主场。镜头景别一层一层由大推小，由近及远，是有意地引导观众的心理，慢慢进入缓缓淡出并进入狂欢的状态的过程。伴随着老上海熟悉的音乐，看到同是上海人的林栋甫，他说的话，也许就是海外归来的游子心底的情思，他们突然有了身份的认同感，不是上海的华人华侨，也会因为相同的情感而继续投入情感到整台晚会。

在2005年"江城月·中华情"中秋晚会武汉游轮分会场上，苏有朋演唱歌曲《珍惜》，在歌曲间奏中连续使用了三个拉镜头，同样为场面大全景，同样展现武汉长江大桥及周边夜景，相同的时长，三个排比镜头，展现了武汉长江大桥的雄伟壮丽，及江上江边的美丽景象，与天空中的圆月连在一起，再与歌曲相联系，使得观众在沉浸于歌声与画面之后，珍惜这明月，珍惜这个夜晚，珍惜心底的那一片平静。

在2010年"芜湖月·中华情"中秋晚会中张也演唱《但愿人长久》中，当唱到"转朱阁，低绮户，照无眠，不应有恨，何事长向别时圆"时，镜头反复给了从左向右移的中近景画面，当时蓝色的主色光，加上舞美造成的雾气蒙蒙的效果，这样三个反复接连的镜头，仿佛把观众带入了梦境，领到了月宫。

在中秋晚会中，这样的镜头文学修辞语言，不但合乎逻辑，还创造出了具有中国化的传统美学意境。

（四）"中华情"中秋晚会中民族元素的表现手段与包容性

民族元素并不是静止不变的，它一直在动态发展变化着。随着时代的发展，一些元素被赋予了新的历史意义与时代意义，演变成为民族元素；如2008年北京奥运会的鸟巢与福娃。与此同时，高科技与数字媒体技术为民族元素提供了更多的技术上的表现手法。

从视觉上来看，"中华情"中秋晚会无论从舞台设计、灯光、特效，还是道具、服饰及化妆，都采用了目前最先进的设备器材与技术手段，实现了过去无法想象的创作手法与艺术表现手段。观看过中秋晚会的观众，无不被其炫彩的舞台、梦幻的场景、动感的灯光、震撼的烟花所折服，不由地发出赞叹声。

　　2006年中秋晚会上利用高科技的电视虚拟技术，"厦金大桥"终于横跨海峡，将两岸同胞期盼团圆的心紧紧地连在一起。2009年、2010年的中秋晚会利用了威亚，使得在水中、地上、空中三方展现，拓展了观众的欣赏的视角，全面激发了观众的兴奋细胞与观赏兴趣。突破了创作模式，更完美地营造了节目所需的意境。

　　2010年中秋晚会中，林俊杰演唱歌曲《一千年以后》，空中缓缓行驶来一辆花车，车上端坐着身着白纱的美丽新娘，表达了爱情的力量可以打破时空的界限，让相爱的人厮守于永恒。晚会中的《功夫诗》利用威亚，使演员成为武侠小说中的武林高手，行走于水上，飞舞于空中。

　　从听觉上来看，中秋晚会中的音乐、歌曲、音响，除了在设备上采用最新的收音与录制技术之外，在歌曲的编排手法上，都加入了时尚流行元素，包括重新编排、修改歌词以及歌手交替对唱等新颖的手法，使老歌唱出新味道。如2010年中秋晚会中阿朵演绎的《玫瑰玫瑰我爱你》，性感的嗓音，使歌曲的妩媚意味更加浓厚。晚会结束的歌曲为《月光的祝福》，是根据耳熟能详的歌曲《红日》改编，用原来歌曲的曲，填写了新的歌唱月亮的词。

　　从内容表现上看，中秋晚会中民族艺术与世界艺术彼此融合，表现了民族元素的包容性。2004年中秋晚会豫园分会场由主音二胡与圆号、贝斯、电子琴、架子鼓等西洋乐器相结合，把经典老歌《夜上海》，全新演绎出性感的爵士乐与现代风格，展现了如今夜上海的别样风采。就连传统戏曲的表现，在中秋晚会上也做了大胆的创新。2008年中秋晚会，艺术家演唱昆曲《杜丹亭·惊梦》选段中，竟尝试芭蕾伴舞，达到了意想不到的艺术效果。2009年中秋晚会中，屠洪纲与京剧新人王奕戈共同倾力演唱《对酒当歌》，使得戏曲与流行歌曲没有了隔阂，深受年轻观众喜爱。2010年晚会中戏曲与芭蕾再次结合，这次更是突破以往，在同一舞台上，应用时空蒙太奇的表现手法，两者分段落交替诠释，展现了古往今来，无论东方西方，对于爱情、亲情、民族情都一样可以冲破一切束缚，摆脱各自的艺术表现形式，跨越地域的界限，超越时空。

无论民族元素采取什么形式表现,与现代元素和世界艺术如何相互融合,它始终会带着民族性的基因,与本民族人民依旧血脉相通。

四、"中华情"中秋晚会加入时间、地域因素的分析

一场成功的电视综艺晚会,都应该有着对民族性的自觉追求,而综艺晚会的民族性,就是要体现本民族的审美理想与审美需求,尤其是本民族的文化心理结构,其实任何艺术作品都包含一种世代相传的信息,这往往是一种无意识而又能够触及我们的灵魂深处的东西。

央视中秋晚会从1991年创办之初的一年一个主题,到2004年转由央视导演郭霁红执导后,央视秋晚进入了高速发展时期——即"中华情"系列。《中华情》栏目具体承揽起中秋晚会制作策划大旗,主要诉求对象设定为海外观众和全球华人,摆脱了常规模式,经过近几年的创新发展,既定了一套独具风格特色的晚会模式,成为中央电视台综艺类晚会的后起之秀,能与春节晚会平分秋色的电视综艺晚会。特别是短短的几年中在国外屡获大奖,表明其在交流文化产品的同时,不但成功地提高了全球华人的文化认同度和文化吸引力,而且在跨文化传播中,成功地传播、辐射了民族文化观念和民族精神。本节以郭霁红从2004—2010年担任"中华情"中秋晚会总导演的七届晚会作为研究对象,从新的视角对中秋晚会制作播出的时间、地域因素分析其在表现民族性,弘扬传统文化,激发民族情感方面的可圈可点之处。以期为今后的中秋晚会或地方台举办电视综艺晚会提供良好的借鉴,恢复电视作为媒介传播手段,对国人在审美形态、伦理道德、价值观念等方面起应有的作用。

(一)时间因素分析

时间因素,即为晚会举办的时间,若是传统节日综艺晚会,则必须从节日本身的内涵角度出发,给晚会一个正确、恰当的文化定位。

就中秋晚会而言,则要围绕中秋节的节日内涵,抓住"团圆""思念""明月"等关键词,合理定位。月亮象征着和谐、宁静、超脱,代表了中华文化崇尚柔情的一面。远在他乡的游子、戍守边关的将士,都会在这样

一个夜晚请明月代问候,将亲情、爱情、友情在温柔的月光中凝固,这是人性的本能,也是中华传统美德的体现。

中秋晚会的总导演郭霁红并没有忽略这些,月亮与相思题材的节目几乎出现在晚会90%的节目中。诗词、歌曲、舞蹈、戏曲、访谈,不同的方式演绎相同的主题,月亮情结流贯全场,成为晚会最大的卖点。通过积极向上的文艺节目,"中华情"中秋晚会既让观众获得了精神的慰藉和安全感,又产生了巨大的向心力和凝聚力,正如马歇尔·麦克卢汉在《理解媒介》一书中所说,"就电视而言,收视者成了屏幕。他受到光脉冲的轰击,乔伊斯称之为'轻装旅的冲锋',这种冲锋使收视人的'灵魂表层饱和着潜意识的知觉'"。

(二) 地域元素分析

地域因素,"中华情"中秋晚会与当地的特色文化相结合,所选择的城市大都具有悠久的历史和深厚的文化底蕴,为传承中华传统文化体现民族性和塑造中国城市形象,提供了具有影响力和创意空间的平台。了解晚会主办地的历史、地理、民俗、景观等一系列文化背景和地域特色,及城市的外在形象和内在性格,则可以深入解剖到晚会的整体风格和主题。至今,"中华情"中秋晚会已经成功举办了"浦江月""江城月""海峡月""山庄月""荣成月""宜春月"及"芜湖月",七台晚会,在托明月寄相思的同时,充分展现了当地异彩纷呈的文化、时尚和民俗风情。

2004年《浦江月·中华情》中秋晚会选定在上海,"中国近百年沧桑巨变的见证""改革开放的最前沿""中国当代形象的象征符号",总导演郭霁红介绍说:"上海是国际著名的港口城市,航船对这座城市的发展有很大的意义,想当年,不少同胞也是从这里登船远离故土,漂洋过海去闯荡的。晚会的理念就是希望全球华人,包括台港澳同胞,能有机会一起欢聚到祖国这艘'航船'上,永远乘风破浪地向前。"主会场定在外滩对面的浦东滨江大道,这里毗邻上海的标志性建筑"东方明珠"和国际会展中心,体现了上海改革开放的辉煌成就。为了展现上海是闻名遐迩、历史悠久的国际大都市,晚会还选定了豫园和新天地分会场,豫园建于明代,亭台阁楼,曲桥流水展现江浙水乡传统的中秋民俗,是祖国传统文化的典型代表。而新天地，近代的石库门居民住宅被改造成了新潮的休闲场所，表现上海100年中西合璧的文化格调和上海青年时尚活跃的现代生活。

2005年"江城月·中华情"中秋晚在选址在湖北武汉，世界第三大河长江及其最大的支流汉水横贯市区，将武汉一分为三，形成了武昌、汉口、汉阳三镇隔江鼎力的格局，故武汉素有"江城"美誉。武汉是荆楚文化的发祥地，楚风汉韵兼具壮丽与柔美，豪放与婉约辉映，激慨与幽怀并蓄。黄鹤楼为江南三大名楼之首，自古以来凭江而立，烁古映今，是中国文化的象征地之一，享有"天下绝景"之盛誉。以黄鹤楼作为舞台背景，突出江水浩瀚的意境。武汉长江大桥雄踞于黄鹤楼前，与它隔江相望的则是高24层的晴川饭店和龟山上的电视塔，这组建筑交相辉映，是江城的典型地标。所以分会场设立在行进中长江一桥二桥的游轮上，布置演出舞台，通过移动的游轮充分展示长江两岸的建设成就，月光迷离，波光潋滟，烟火缤纷，灯火辉煌，烘托出一派江天夜景和一片浓浓的中秋节日气氛。

2006年"海峡月·中华情"中秋晚会在美丽的厦门鹭岛盛大上演，厦门与金门隔海相望，近在咫尺；晚会主会场设在厦门国际会议中心的草坪上，风光壮丽的海边；与金门岛遥相呼应，舞台景观设计恢弘大气，舞美以风帆、巨岩、都市楼群为主体意象，并铺设大面积的舞台水景，从舞台一直铺到海边，将舞台和大海连成一体，一轮明月倒映在水中；体现了厦门作为海滨特区城市胸怀坦荡、波澜壮阔的壮丽景象。

2007年"山庄月·中华情"中秋晚会主会场在承德避暑山庄，位于承德市中心区以北，武烈河西岸一带狭长的谷地上，"内有康熙乾隆钦定的72景。拥有殿、堂、楼、馆、亭、榭、阁、轩、斋、寺等建筑一百余处。是中国三大古建筑群之一，它的最大特色是山中有园，园中有山。避暑山庄兴建后，清帝每年都有大量时间在此处理军政要事，接见外国使节和边疆少数民族政教首领。这里发生的一系列重要事件、重要遗迹和重要文物，成为中国多民族统一国家最后形成的历史见证。"①

2008年"荣成月·中华情"中秋晚会主会场在山东荣成市位于胶东半

---

① 承德避暑山庄．百度百科［DB/OL］．http：//baike.baidu.com/view/6967.htm.

岛的最东边，最早看见月亮的地方，是一个历史悠久的滨海城市。晚会将中国传统文化与美丽的滨海城市完美地结合在一起，在美丽的海边展开一幅波澜壮阔的天然画卷。

2009年"宜春月·中华情"中秋晚会主会场在素有月亮之都美誉的中国宜春，"莫以宜春远，江山多胜游"，这是唐代诗人韩愈任宜春刺史时写下的诗句。素有"四时咸宜宜春，明月山，其气如春"之称的江西宜春，是全国第一批生态试点城市，也是"国家园林城市"。"明月处处有，宜春月最明。位于宜春城南的明月山海拔1763米，因山上"有石夜光如月"而得名，宜春提出要打造"月亮之都"也是因此山之故。从2007年开始，江西宜春每年举办月亮文化节，通过组织中秋拜月、月亮歌会、火龙追月、荷灯漂放等活动，打造'月亮情旅'这一品牌。依托'二泉映月''荷塘月色''月照松林''竹林月影'等景点，重点建设月亮湖度假村、月亮湾文化广场，使"月亮之都"成为宜春在中国城市群中的独特标识。"①

安徽芜湖地处长江下游南岸的芜湖，最早故址名鸠兹，有2000多年的历史，因"湖沼一片，鸠鸟繁多"，春秋时得名"鸠兹"。自古即被称为"长江巨埠，皖之中坚"，它是全国中等"明星"城市之一。

（三）结语

可见，"中华情·中秋晚会"一方面注重在中秋的主题中结合浓郁的地域文化特点和城市原有特殊景观，以古典与现代中国的活力时尚，营造出共赏一轮明月的节日气氛。晚会在视觉和心理上形成全世界华人共度中秋，相亲相聚的感人场景。着眼点在"情"字上，使"大中华"的概念上升到一个累积民族情感的高度；另一方面，中秋晚会成为展示城市风貌的名片，而海外华人也通过这张名片进一步地了解中国与中华文明。② 它也把中国城市的风貌、风土人情、历史文化推向了世界，让世界更加了解中国。

---

① 曾业辉，舒炅，张帅. 宜春：做生态文章 建"月亮之都" [N]. 中国经济时报，2009 - 01 - 16.
② 张士坤. 春华秋实竞荧屏——央视春节晚会与中秋晚会的风格比较 [J]. 东南传播，2008 (8)：96.

第四节　电视综艺晚会民族性评价体系的评价指标

一、"中华情"中秋晚会民族性的评价指标

狄德罗说："没有感情这个品质，任何笔调都不能打动人心"。以视听语言为特质的电视综艺晚会同样要求创作者注重情感的挖掘和表现，用情感去叩击观众的心扉，让他们受到感染，得到启发，完成"接受——感染——共鸣"的过程。

"中华情"中秋晚会克服了模式化、概念化、肤浅化的创作模式，体现出较高的文化品味，诠释了我们的民族精神。特色的民族歌舞，传统与现代相结合的艺术形式、文化气息浓郁的古典诗词朗诵、两岸三地艺术家的倾情表演，当代华裔精英的碰撞交流等，都生动地凸显了中秋晚会强烈的民族性、文化性和全球性。① 人们通过欣赏中秋晚会节目，渴望与无数和自己身份相同的华夏儿女"在一起团圆"，渴望"海上升明月，天涯共此时"的温馨人伦情感，从而实现了波德里亚所说的现代媒介社会人们之间的"象征性交往"。真正做到亲情、友情、乡情入眼、入耳、入心。

根据本书第一章"民族性：抽象性与具象性"的理论分析，针对民族性在"中华情"中秋晚会中具象化表现，民族意识通过电视艺术手段传达给了受众，弘扬民族精神，其中华民族的气派、气质、气韵，溢于荧屏内外（见图1-21）。

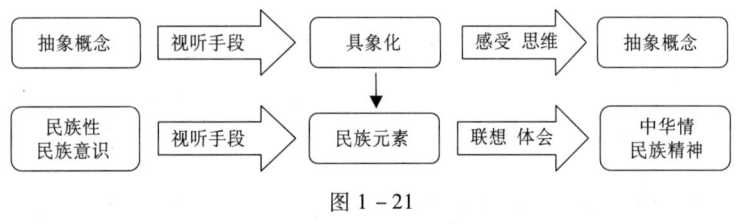

图1-21

---

① 张士坤. 春华秋实竞荧屏——央视春节晚会与中秋晚会的风格比较［J］. 东南传播，2008（8）：96.

根据电视综艺晚会民族性评价架构图,我们把以上对于"中华情"中秋晚会从视觉思维、听觉思维、视听综合思维及时间与地域四个方面的分析,针对晚会受众的大多数,也就是电视机前的观众,以电视晚会为研究对象,进行量化计算与科学整合。

考虑到综艺晚会的节目形式多样,表现手法多种叠加,每个节目都或多或少的含有民族元素,要精准地计算出综艺晚会民族性评价体系指标没有可操作性。我们采用典型分析法,以"中华情"中秋晚会为成功案例,选取最具有代表性的民族元素进行量化分析,再进行科学的评估,便可以得出值得电视工作者参考的评价指标。

以视觉思维中具有代表性的民族元素作为统计对象,在2004—2010年"中华情"中秋晚会中反复出现的具有代表性的民族元素、文化意象元素、地域特色建筑与贯穿每场晚会的民族元素统计如表1-1所示:

表1-1

年份	贯穿元素	代表性的民族元素、文化意象元素、地域特色建筑
2004	轮船	旗袍、中国结、圆桌、红色、民族乐器、月饼、牡丹花、老照片、上海东方明珠塔、豫园楼阁。
2005	鹤、灯笼	红色、印有"清明上河图"的屏风、唐装、民族乐器、少数民族服饰、圆桌、轮船、黄鹤楼、武汉长江大桥。
2006	荷花	旗袍、红色、折扇、民族乐器、圆桌、轮船、团圆兔、金门大桥
2007	荷花	旗袍、圆桌、红色、民族乐器、古代服饰、折扇、船、少数民族服饰、承德避暑山庄楼阁、西安大唐芙蓉园
2008	荷花	旗袍、红色、圆桌、民族乐器、少数民族服饰、戏曲服饰、中华服饰、凉亭、竹林
2009	荷花 灯笼	旗袍、红色、圆桌、折扇、屏风、民族乐器、少数民族服饰、戏曲服饰、拱桥、亭台楼阁、流云、船。
2010	鸠兹 荷花	旗袍、红色、圆桌、折扇、屏风、民族乐器、少数民族服饰、戏曲服饰、拱桥、亭台楼阁、流云、船、竹林、南方水乡。

以晚会时长作为基数,计算出民族元素中听觉思维表现之一的华语经典老歌,在2004—2010年"中华情"中秋晚会中时长所占的比重,如表

1-2所示。

表1-2

年份	2004	2005	2006	2007	2008	2009	2010
所占比重	10.3%	10.73%	25.17%	16.67%	5.75%	21.23%	8.9%

以晚会时长作为基数，计算出民族元素中听觉思维表现之一的少数民族歌曲，在2004—2010年"中华情"中秋晚会中时长所占的比重，如表1-3所示。

表1-3

年份	2004	2005	2006	2007	2008	2009	2010
所占比重	0.0%	12.25%	4.5%	10.55%	7.7%	6.5%	5.11%

以节目数目作为基数，计算出视听综合思维表现中比较集中展现民族文化内涵的节目，在2004—2010年"中华情"中秋晚会中时长所占的比重，如表1-4所示。

表1-4

年份	2004	2005	2006	2007	2008	2009	2010
所占比重	45%	54.5%	42.8%	30.4%	66.7%	57.1%	46.9%

举办一台融思想性、艺术性、观赏性为一体的具有民族性特色的综艺晚会，从以上的各种统计分析总结得出：

（1）在视觉方面，无论是舞台设计还是服装造型，要注重体现具有代表性与文化意象的民族元素，另外要抓住地方特色表现民俗文化。镜头转场中寻找可以代表晚会主题的民族元素贯穿始终。

（2）在听觉方面，反映当地地方文化的童谣、戏曲、民歌的节目或者少数民族歌曲占晚会比重的10%左右，切合晚会主题的歌曲节目占晚会比重的15%左右。

最好切合晚会主题，选取制作晚会主题背景音乐。

（3）在视听综合方面，比较集中展现民族文化或地方文化内涵的节目占晚会比重的40%~60%之间为宜。

二、影视文化传播中的民族性与世界性

影视艺术以其视听综合、时空综合、艺术与技术综合的绝对优势而引人瞩目,被誉为当代最年轻、也是最富于潜力的"人类第七艺术"。它的发展取向和层次直接关系着社会的进步。

"由于电视使用的是视觉形象,它以一种与社会互动非常相似的方式呈现信息"。梅罗维茨认为,"电视是社会活动场所,促进了个体与他们自身所属社会群体的认同,因为电视为他们提供了用于比较他们自身境况和其他群体境况的较多的信息"。① 可见,在电视时代,电视一方面强化助长了个体的孤立性,另一方面又"由于没有可靠的选择方法,通俗文化和大众媒体最终成了可得到的、建构群体身份……的唯一参照系"。② 所以对于大众的审美要求,只能引领,而不能迎合。引领提升大众的审美水平是电视工作者的责任,也是"文艺为大众服务"的真正目的和意义。

世界影视发展史表明,高质量的、民族风格浓郁的影视艺术作品,对于增强本民族在世界舞台上思想文化影响力度、塑造本民族在国际社会中的美好形象,有着不可替代的重要作用。

文化竞争远比经济竞争更残酷。经济竞争关系到物质利益,文化竞争关系到民族存亡。"文化是战场,而不是可以弥合差异的奥林匹亚神台"③,因此,"在经济全球化过程中,文化必须是一种活的精神,必须在现实中发出声音、产生影响。它必须产生民族的创造力,这正是发展中国家媒介意识的明确内核"。④

5000 年的中华文化,有助于海内外华人产生血浓于水的亲情与亲和

---

① [美] 戴安娜·克兰. 文化生产:媒体与都市艺术 [M]. 北京:艺林出版社,2001.21 - 23.
② [英]. 多米尼克·斯特里纳蒂. 通俗文化理论导论 [M]. 北京:商务印书馆,2001:262.
③ [英]. 特里·伊格尔顿. 当代文化的危机——是明灯还是幻想 [M]. 云南:云南人民出版社,2003:114.
④ 高鑫,贾秀清. 经济全球化·文化本土化与发展中国家的媒介意识 [J]. 现代传播,2003 (1):4.

力,是促使他们团结合作、共同奋斗的宝贵资源。

(一) 如何通过民族元素构建民族性、弘扬民族精神

影视不仅仅是科学工业,也是美学与艺术;科技手段固然没有民族和国家的界限,然而美学与艺术却有着明确的民族性格。换句话说:尽管影视使用的语言是国际性的,但是影视使用的语法,却必定是民族性的;因为影视艺术的内容,影视艺术所表现的人物、语言、环境、都是特定的民族个性。尽管影视理论的本体论部分有着通行的认知意义,但影视理论中的功能论部分,却有着鲜明的民族色彩;因为影视艺术每一种功能的发生,都离不开民族文化的土壤。因此,影视艺术输入中国的历史,也是它逐步本土化的过程。

中国传统文化是根,是土壤。一个民族必定有自己独特的思想文化传统,这是理解世界事物的基础。世界上任何一个民族都会有自己的文化传统,文化的积累就是传统。传统支配人们的习惯,决定人们的思维方式。它构成了一个民族文化的核心力量,体现在一个民族观念和行为的方方面面。

只要有性格的力量才能造成艺术的美。对于中国的影视文化而言,必须要有自己的品格和民族特征,要把握住本民族的审美理想和文化心理结构,仅仅追求先进的技术和民俗的奇观化,中国的影视文化发展就失去生命力。

我们的影视文化中的民族元素只要切实展现了我们民族的精神,只要和我们的民族愿望、民族的历史、民族的生存、民族的命运、息息相通,则不论它在艺术上的使用什么样的技巧和方法,不论它属于什么流派、什么风格,它都一定是民族的,一定是有艺术生命的,反之,它很难得到民族的认同,很难葆有长久的艺术生命。

(二) 影视文化中民族性与世界性的关系

总之,就艺术学的理论观点来看,"并非一切民族的就都一定是世界的。只有深刻地表现'人的一般本性',和人类的共同美,真实地反应社会发展趋势和时代精神的,这样的民族艺术才有可能成为世界各民族所共

同欣赏的艺术。由此可见，我们不能说民族的艺术就都是世界的，然而，我们可以说大凡世界的就都是民族的。离开了民族的，就没有了世界的。因此，在今后的影视文化发展过程中我们还应需要继续正视其民族元素的情感魅力。在传承本民族优秀的艺术传统的基础上，不断地拓展创新，顺应时代的发展要求，博览于广众，吸取世界上众多优秀的艺术营养。因为只有这样，中国的影视艺术才能够既具有民族形式和民族风格，又具有其表象形式的多样化，也只有这样，中国的影视文化艺术发展之路才会更宽，更远。"①

---

① 黄会林. 中国影视美学民族化特质辨析［M］. 北京：北京师范大学，2002：23.

第二章

融合文化价值方面的进阶

电视文化恰如一柄双刃剑，有人会把它看成是当代人们生活的百科全书，是满足人们各种欲求的伴随物，是人们日常生活和心灵世界的导师，是连结不同品类文化的有力桥梁，但也会有人把它视为是充满物欲的恶魔，是消减人类思想深度的杀手，是毁灭传统文化和民族文化的帮凶。如此这般完全相悖的评价，使电视及电视文化经常处于毁誉参半的境地。

培养理论，也称为"培养分析"或"教化分析""涵化分析"，是传播学效果分析研究的一个重要理论。今天，电视媒介强势的存在和隐蔽的教化方式，在某种意义上已经成为大众的"精神导师"。电视既是现代生活方式的传播者也是生活方式的创造者。通过长期潜移默化的培养，电视正日益影响着民众的思想，也因此逐渐改变着社会的走向。正如有的学者所言："电视传播不仅对个人而且对整个社会或文化都有影响。它可以影响一个团体的共同信仰和价值观，影响它对英雄与恶棍的选择，影响它的公共政策与技术。特别是媒介持续不断的信息传播，能对社会变革产生真正深刻的影响。"①

近年来，依托中国传统文化复兴热潮的电视文化节目应运而生，伴随着《汉字英雄》《成语英雄》和《中国汉字听写大会》等电视文化节目的出现，电视文化节目正在成为当下国学复兴热潮的坚实土壤和现实舞台。这些节目在秉持传承文化、传播知识、启发心智、陶冶情操的基础上，不断追求形式的突破与环节的创新，通过对受众、内容、形式与传播方式等

---

① 胡智锋，孔令顺. 电视媒体的文化自觉 [J]. 中国广播电视学刊，2007（10）.

的深入研究，开创了电视文化节目创新性发展的新局面。

第一节　媒体融合视角下电视综艺节目的文化转向

近几年网络自制综艺节目数量全面爆发，传媒领域进入新的发展时期。在"唱衰电视"的大背景下，2017年中国电视工作者用实际行动做了强有力的回应，制作出一批具有"综艺+"模式的优秀节目，并且在慢综艺、文化类等类型中寻找新的节奏，承担起作为主流媒体的舆论引导作用。本节在媒体深度融合的视阈下，梳理2017年电视综艺节目的发展脉络，指出我们已经开启全面综艺时代，我国电视综艺节目已经重新定义人们打开综艺的方式，并分析目前电视综艺节目在传统文化、精英文化、大众文化传播与引导过程中的文化转向。

2017年综艺大爆发，网络自制综艺节目与电视综艺节目同步发力，各大卫视与视频网站制作出无论在体量上还是质量上都取得骄人成绩，口碑爆棚的综艺节目。在融媒体的背景下，我国综艺节目俨然已经成为中国民众与世界对话的主要途径之一，是当代人生存的真实影像折射。

一、2017年电视综艺节目发展概况

2017年，国家新闻出版广电总局发布的《关于把电视上星综合频道办成讲导向、有文化的传播平台的通知》中指出要"鼓励制作播出星素结合的综艺娱乐和真人秀……倡导鼓励制作出具有中国文化特色的自主原创节目。"① 并要求进一步强化电视上星综合频道公益属性和文化属性，鼓励电视上星综合频道在黄金时段增加公益、文化、科技、经济类节目的播出数量和频次。综艺节目工作者不负使命，在政策引导下，在内容融合、形态

---

① 国家新闻出版广电总局. 关于把电视上星综合频道办成讲导向、有文化的传播平台的通知[EB/OL]. http://e.cacanet.cn/detail_content.aspx?policyid=9125. 2017-07-20.

融合、渠道融合的科学制播理念下,通过自身的改革与创新,涌现出一批深受广大受众好评,内容多样,形式创新,底蕴深厚的作品,以实际行动回应"唱衰电视"的论断。

(一) 音乐、竞技类节目江山稳固

2017年,8档"综N代"节目也积极转型,《奔跑吧兄弟》改名为《奔跑吧》,作为2017年的收视冠军,收视率下滑了26.46%,但是在综艺网络播放量上首次挺进百亿大关。《中国新歌声2》《欢乐喜剧人3》《王牌对王牌2》收视成绩表现良好,收视份额基本稳定。东方卫视的《极限挑战3》、北京卫视的《跨界歌王2》、江苏卫视的《最强大脑4》、浙江卫视的《二十四小时2》以及湖南卫视《我是歌手》改名为《歌手》,《偶像来了》改名为《我们来了》,这些节目在原有模式的基础上,都进行的改进与创新。音乐类节目将现代与传统民族音乐或戏曲音乐相融合,竞技类节目将中国优秀传统文化融入环节元素或者故事叙事,一方面进行了引进模式的本土化改造,另一方面激励了这一类型节目的创新发展。

(二) 文化、慢综艺新类型势头强劲

相关数据显示,2017年省级卫视周末晚间档季播综艺共105档,数量与上年基本持平。而慢综艺开创新类型,文化类"清流"节目口碑崛起。一批被称为电视"清流"的节目成功逆袭,获得广泛赞誉。刷新了综艺节目的新高度,并以文化的力量直击观众的心灵。比如黑龙江卫视的《见字如面2》,央视的《朗读者》《中国诗词大会2》《国家宝藏》等,每一个节目都从多方面去解读文本,诠释文化,预示着综艺节目从"文化失语"到"文化价值"回归,宣告着主流媒体的回归,回归媒体社会责任、价值导向的本来定位。湖南卫视的"慢综艺三部曲":《向往的生活》《中餐厅》《亲爱的客栈》,东方卫视的《青春旅社》,浙江卫视的《漂亮的房子》以及江苏卫视的《三个院子》等。都阐释了"慢综艺"的真谛在于"慢下来将生活写成诗",回归生活本质,彰显人文关怀。

(三) 旅游、科技、生活服务类热度不减

《花儿与少年3》虽然在收视排行榜名列41位,但在综艺网络播放量逆袭,达到23.595亿次。深圳卫视的《我们的侣行》,环球探险旅行家张昕宇、梁红联合腾讯,打造的中国首档无脚本纪实真人秀。两人自驾飞机,跨越5大洲,3大洋,23国,航程8万公里,实现中国人首次五大洲环球飞行,中国飞机首次飞越南极点。《极地》是一档旅游类的VR节目,拍摄者借助全新的VR技术和呈现方式,将观众带入藏族人民的日常生活中,"身临其境"地感受西藏的风土和人文景观。2017年科技节目可以分为两大类,一类是注重青少年科学知识普及的,比如《加油!向未来》《奇幻科学城》《中国青少年科学总动员》等;另一类是以新科技、人工智能为切入点,探索科技的奥秘,显示科技力量的同时也注重展现人对于科技的驾驭能力,如央视的《极客出发》《未来架构师》,湖南卫视的《我是未来》等。生活服务类节目有北京卫视的《厉害了奶爸》和《生活相对论》,东方卫视的《梦想改造家2》,山东卫视的《育儿大作战》,广西卫视的《百寿探秘》等,都从生活的不同角度,提供了有温度、有深度的服务。以上节目中对于"人"的关照,是新时代下节目制作的价值亮点。

总之,2017年电视综艺节目变化层出,活水入潭,内部的竞争趋于良性的阵营,我们终于可以大胆下结论:这是电视综艺行业的好时候。

二、电视综艺节目的文化转向与价值回归

电视在它诞生的80余年里,时常遭受诟病。比如布尔迪厄在《关于电视》中对电视的批判"电视只赋予一部分快思手以特权,让他们去提供文化快餐,提供事先已经消化过的文化食粮,提供预先已形成的思想"。[①]而类似的这类诟病,主要指出了电视的"快餐化""低门槛"及"庸俗化",围绕"电视缺乏文化价值意义"展开。不能否认,中国电视在一段时间里,也携带了这些诟病举步维艰,不能冲破困境。但是电视媒介理应承担起社会文化的表达与价值观引导的功能,2011年"限娱令"的出台,是中国电视综艺节目的一个转机,短短几年中国电视综艺节目的文化诉求被陆续点燃,并在2017年近乎出现了峰值。电视人书写了中国电视的文化

---

① [法]皮埃尔·布尔迪厄著,许钧译.关于电视[M].辽宁:辽宁教育出版社,2000:30.

价值意义,传统媒体回归社会责任的本来定位。

(一) 传统文化的现代意识传达

中华民族几千年来的灿烂文化,是祖先留给我们的宝贵财富。而作为科技产物的电视,也同样可以进行文化形式的表现。汉字成语、诗词曲赋、经典文本、文物古迹、民歌戏曲等作为2017年电视综艺节目的主要内容元素,进入到了观众的接受领域。不管在如火如荼的竞技类真人秀中,还是异军崛起的文化类节目中,都借助了这些传统文化元素传递出现代人对历史文化的心灵应和,激活了人们对于传统文化的"文化记忆"。

《国家宝藏》作为一档致力于展现国家文物背后故事的文化综艺节目,首创"纪录式综艺语态",融合演播室综艺、纪录片、戏剧等多种艺术形态,用电视语言的方式解读了深藏在文物中的文化密码,并用当代人作为"国宝守护人"的概念去进行现代意识诠释。2018年伊始,央视综合频道推出的《经典咏流传》,用流行音乐传唱经典诗词,成功让诗词与音乐、古典与时尚、中国与世界的对话凝练并磨合出了"共同心声",带领观众深入领会中国传统文化的情感力量和思想内涵。

(二) 精英文化的"匠人精神"表达

精英文化作为知识分子文化的主要表现形态,是新知识、新观念、新方法的创造主体,是"经典"与"正统"的解释者与传播者。[①] 主流文化的内容生产者与传播者是社会各类文化精英。2017年电视综艺节目开始关注了这类精英的"匠人精神"在社会生活中、行业领域中、道德层面上对大众的引领与培育的作用,来提高大众的文化品格和道德修养。从《出彩中国人》中各行各业的劳动能手和行业标兵,到《演员的诞生》中专业演员的表演功力;从《朗读者》节目呈现形式的高雅化,到《声临其境》中艺术家二度创作的美学高度解析;使得一直处于沉静状态的精英文化,终于宣泄了出来,露出了精英文化的底色。

《声临其境》是2018年春节档的爆款,节目的定位就是敬畏配音者的

---

① 邹广文. 当代中国大众文化及其生成背景[J]. 清华大学学报(哲社版),2001(2).

匠人精神，这些配音艺术家对经典影视桥段进行配音，更注重自己的独创性，不去使"用那种现成的语言，而是去创造它。"① 让观众开始重新认识一些演员，并意识到表演真的是一项创造性的艺术，进而开始注重自身专业领域的建树。

（三）大众文化的审美意识回归

在狂欢中的大众文化以"独特的'逆向''相反''颠倒'的逻辑……各种形式的戏仿与滑稽的改编、降格、亵渎、打诨式的加冕和脱冕"。② 社会发展中各个阶层的人们在信仰、伦理、道德、情感等方面出现了前所未有的困惑，价值观混乱、道德滑坡成为制约人们幸福感提升的重要因素。而电视与人类文化生活存在寄生关系，2017年电视综艺节目融知识性、情感性、价值型于一体的节目创作，凸显了"家"的意识，引发观众对现代生活议题的思考，摆脱现实的束缚与喧闹，传递乐观的生活态度，树立"理想生活"的典范。

《向往的生活》中何炅、黄磊、刘宪华作为"蘑菇屋"的主人，每期接待飞行嘉宾共同体验自给自足的生活方式，归回田园生活。节目中，明星们采取"日常化"的文化视角对历史、生命、信仰等重大议题进行解构，为观众找回了在快节奏生活中遗失的情感和审美认知。

三、结语

过去的2017年是中国电视的文化大年，电视综艺节目的最大收获就是：全面的文化转向，过度娱乐化得到了有限的遏制，依托中华文化深厚的文化资源与丰厚积淀，作为电视节目制作的优质资源。广大受众也在媒介深度融合的环境下，立足传统文化，体味工匠精神，提升了个体的审美价值。习近平总书记在党的十九大报告中指出："没有高度的文化自信，没有文化的繁荣兴盛，就没有中华民族伟大复兴。"今天，中国电视已经告别了文化焦虑。电视工作者要不断提高民族文化的供给能力，提升电视

---

① ［美］科林伍德. 艺术原理［M］. 英国：牛津出版社，1938：336.
② ［苏联］巴赫金. 拉伯雷研究［M］. 石家庄：河北教育出版社，1998.

文化的发展质量，坚定中国电视的文化自信，继续前行。

第二节 《朗读者》：主流文化、精英文化、大众文化的传播与认同

从《中国诗词大会》到《见字如面》，从《向往的生活》到《中餐厅》，一场"慢综艺"的盛宴接踵而至，而其中评价最高、口碑最好的莫过于现象级文化节目《朗读者》。《朗读者》第一季已经完美收官，而作为电视文化产品对价值观的呈现仍在起着作用。节目主题内涵促进主流文化的继承与发展；节目呈现形式推动精英文化发掘与引领；互联网思维模式带动大众文化的互动与提升。《朗读者》预示着综艺节目从"文化失语"到"文化价值"回归；宣告着主流媒体的回归，回归媒体社会责任、价值导向的本来定位。

《朗读者》是用文字、声音加故事的三位一体的文艺表现形式，打造的一档"慢综艺"节目。① "慢综艺"中的"慢"如何跟上"快节奏"的消费文化？章友德教授从社会学角度分析指出"越是烦躁不安，人们越是从内心渴望——匆忙的脚步能等一等滞后的灵魂"。《朗读者》第一季已经落下帷幕，但是节目的文化价值所带来的"朗读"热潮却仍然在起作用。节目中充满人文关怀的诗与远方，包孕理性光芒的思想启蒙。综艺包装与深邃思考总是一对难解的矛盾，《朗读者》却采取非常规的文化视角对历史、生命、信仰等重大议题进行解构，以史明鉴，而其中纳入个人、社会及命运的反思，又从这些围观细腻的碎片描摹中不经意地流淌出来，这般对理性精神的另类解析，可谓是《朗读者》进行的后现代性的启蒙。

"文化价值是指客观事物满足一定的文化需求或者反映一定的文化形态的特殊属性"② 由此看来，文化价值是一种关系，一方面要求存在能够

---

① 苏丽萍，牛梦笛. 央视推出情感文化类节目《朗读者》[N]. 光明日报，2017-2-19.
② 许士密. 大众文化和主流文化、精英文化良性互动机制的构建 [J]. 求实，2002 (6)：11-12.

满足一种文化需求的客体，另一方面要求存在某种文化需求的主体。而文化价值取向则指一定主体基于自己的价值观在面对或处理各种文化间的矛盾、冲突、关系时所持有的基本价值立场、态度以及变现出来的基本价值取向。《朗读者》节目的文化价值是建立在节目与受众之间的，它使得主流文化在传统文化与经典文化中继承与发展；精英文化在高雅文化与文化需求中发掘与引领；大众文化在互联网思维下交融与互动。

一、主题内涵促进主流文化的继承与发展

主流文化作为社会主义的核心，反映着国家的根本意志、文化取向和价值观，[①] 在社会发展进程中的扮演着重要的角色。党的十八大以来，打造中国梦、营造中国话语、展现中国气派，树立中国自信成为以习近平同志为核心的党的新一届领导人的工作重点。《朗读者》不管在主题词的诠释还是在访谈中的交流都投射着主旋律的印记。节目中每期的主题词：一方面都符合"日常化"中的认同与自我投射，比如陪伴、选择、告别、眼泪、青春、家等；而另一方面又都具有"戏剧化"中的猜测，比如遇见、第一次、礼物、那一天等。而《朗读者》中的"者"都是一种文化身份的隐喻。在互联网变革潮流中，不应该排除中国传统主流文化，这个既具有自身稳定性又极具融合性的本土文化。我们的民族精神、家国情怀、孝道等文化理念是中国传统主流文化稳定性的根基，是具有鲜明民族特征的；同时我们的主流文化也兼容并施，随着时代的进步增添了更多价值砝码。节目中杨利伟讲述的飞天故事所释放的民族自豪感；余派第四代传人王佩瑜对传统京剧文化的崇敬感；童话大王郑渊洁、影视才女徐静蕾、从小失聪最终在妈妈陪读下大学毕业的杨乃斌等，他们在朗读中所散发的浓郁的亲情味道与牵挂；故宫博物院院长单霁翔对于故宫文化的自信与敬畏；清华大学教授赵家和与红丝带校长郭小平对于青少年的仁爱之心，处处是主旋律的、民族的、科学的文化营养，是主流文化的点滴呈现。此外，节目在细节中也处处体现主流文化的印记。

---

① 邹广文. 当代中国大众文化及其生成背景 [J]. 清华大学学报（哲社版），2001（2）.

(一)仪式感引发的集体认同

仪式的功能在于引发集体体验的瞬间,激发集体一致的认同与感知。《朗读者》中"朗读"的重头戏是既具有仪式感的,在主持人董卿一句:"那我们开始朗读吧",嘉宾就从访谈的状态进入到了朗读的表演上,他们需要郑重地报幕:"我是……我今天朗读的是……谨以此篇文章献给……"。这样的朗读仪式感是崇高的、是热血偾张的,让观众不自觉地会产生集体认同感,由此产生了一种强烈的归属意识。要知道我们在很小的时候就是这样朗读的,一段段文字与故事的背后是沁人心脾而又引人深思的力量。

(二)朗读带动感设计回归本质

《朗读者》节目的嘉宾在朗读过程中,屏幕右方呈现书本形式的朗读文本,文字下的下划线会随着朗读速度移动,这种利用视觉的呈现,满足观众一种静谧、温馨的心理需求与导读环境,增强齐颂的朗读状态,台上在领读、台下在歌颂。让我们回归本质,归于本心。

(三)读本传达普世价值

在《朗读者》节目中,涉及的朗读文本是广泛的,它横跨中西,纵贯古今;是多元的,有诗词、散文、小说,甚至是书信、歌词。每一段文字都是一段故事,也是一段人生哲理。节目中专家的解析更是画龙点睛地诠释文本作品的现实意义所传达的普世价值。比如节目中中国作家协会副主席李敬泽对《平凡的世界》的解析为:"路遥首先是把他的目光,注视于这个平凡人的命运,平凡人不管他是多么平凡,只要为自己的生活意义而奋斗的平凡人,他与国家民族的命运与时代的巨大变革是息息相关的。"

读本中也不乏中西方经典名著,这些经典文化典籍中充满了人类价值理想的孜孜追求,提供了一系列有关快乐和幸福应有的行为规范。《朗读者》使得经典文化再度与主流文化交织,延展了更大空间的文化价值与情怀。

二、呈现形式推动精英文化的发掘与引领

精英文化作为知识分子文化的主要表现形态，是新知识、新观念、新方法的创造主体，是"经典"与"正统"的解释者与传播者。作为一档"慢综艺"节目，《朗读者》不仅坚守和尊重主流文化价值，同时也通过巧妙的节目呈现形式，抓住了一直游离在"娱乐综艺节目"之外，发掘出"低迷已久"的高处不胜寒的精英文化。

（一）稀缺性满足文化需求

在狂欢中的大众文化使得一直处于沉静状态的精英文化开始焦虑起来。在"娱乐至死"的真人秀综艺节目氛围下，文化类节目本身就具有稀缺性；而在现有的文化类节目中为了迎合大众的口味，节目也变得不痛不痒，《朗读者》的出现是文化类节目中的一股清流，更是具有稀缺性的了。价值是客体满足主体需要的功用性。《朗读者》的文化价值充分满足了精英文化的需求，让一直处于焦虑并且苦于宣泄的精英们找到了出口。借用斯琴高娃老师在主题词"眼泪"这期节目中说的一句话："该难过一下了。"

（二）"访谈＋朗读＋轻解析"的精英理解模式

《朗读者》的文化定位是与当今知识分子相契合的，他们关注生命、关注信仰、关注历史、关注思想。节目中访谈部分有中国职业围棋九段棋手柯洁宣战人工智能棋手所表现的自信与青春气息；有1986年《西游记》的音乐制作人许镜清老人终于在人民大会堂完成了自己的第一场音乐会后的兴奋与归于平静；有哈佛大学毕业的秦玥飞投身农村建设的勇气与坚定信仰；有共享单车创始人胡玮炜对自行车情节的回忆与大胆转型。

朗读中也"遇见"了很多让我们心灵震颤的文章，比如王宗仁的《藏羚羊的跪拜》、巴金的《灯》、苏轼的《念奴娇·赤壁怀古》、梭罗的《瓦尔登湖》、裴多菲的《我愿是激流》、泰戈尔的《生如夏花》等，这种与古人隔空呼应、以史明鉴的意识形态与文化视角是精英文化的底色。

"轻解析"环节是《朗读者》的一份贴心与关怀，它迎合了精英们的接受理解模式，即"知其然，知其所以然"。不愿接受枯燥的释义，更愿理解有温度的人文情怀。

（三）小型化对话环境营造叙事语境

节目的访谈环节设计人性化，一个封闭的私密语境，面对面去交流关于嘉宾不与众人说的"秘密"，他们娓娓道来关于生命、关于坚强、关于感恩、关于回忆等话题。因为这样尊重、平等的沟通环境让嘉宾与主持人、让嘉宾与朗读对象、让个体与个体之间可以自如对话，放下心中的芥蒂，敞开诉说。例如：濮存昕谈到自己早期的身体残疾感恩荣大夫；麦家回忆叛逆期的自己与同样叛逆的儿子时自己的痛苦与悔恨；倪萍追溯自己孩子患病求医期间自己开始抽烟；柳传志承认自己面对员工要比面对儿子更有方法。他们这些精英所表现在深处逆境时的信念、勇气、坚持不放弃的人生信条，体现着高尚的道德情操与精神境界，让大众不再抱怨自身的处境，而是获得勇气与力量继续前行。

此外，节目中的视听呈现方式高雅化，带动大众去欣赏去感受，比如节目中的钢琴设置，流程中不间断的钢琴伴奏，有时叙事、有时抒情、有时颂扬。比如节目朗诵中有音乐剧形式、京剧念白形式、有情境话剧演绎形式等，这都是高于大众文化的民族传统文化的精髓。这就是《朗读者》文化价值中精英文化引领的魅力，增加文化历史的厚度与价值的深度。

三、互联网思维模式带动大众文化的互动与提升

文化表达主要考验的是媒体人的艺术观察与表达能力，《朗读者》成为大众观察精英文化的另一面镜子。大众除了主观上的调整态度外，还需要有沉甸甸的文化诉求，才能消解"猎奇"的评价。

《朗读者》节目的叙事思维模式与受众接受模式，趋同于互联网思维模式。尤其在数字化世界中，精英文化与大众文化趋于同一，使后现代所主张的平面化得以实现。文本作者与朗读者，文本作者与解析专家，朗读者与观众，可以自由悠游在文化文本中交流：即解读与创造。在这种跨时

空的交流中，去中心化文化开始发挥作用，没有大写的"主体"控制，"一个人，一段文"，这个"人"，同样也是去中心化的、超越时空的任一主体存在，这段"文"所传达的文化价值，也不仅仅作用于朗读者。这样的价值关系，恰恰就是互联网思维的辐射模式：多元主体借助于一段文字来建立全球性的交往关系。参与的主体都是平等的、多元的，去话语霸权的。

大众文化是反映最大多数人的文化心理与取向，具有最广泛的群众基础的文化。从全民阅读到全民朗读，打破文化阶层对于文化的垄断性，使得文化从文化金字塔走出来，走向民间，走向广场，走向家庭。使得文学走入大众视野，回归生活语境。使得朗读与亿万普通百姓的精神文化生活发生直接关系。任何人都可以成为创作与朗读的主体，使得朗读这种带有级高仪式感的行为不再仰之弥高。

（一）"家书"引发个体回忆

民间家书不仅反映家人之间的私密网恋，还留存着已经死去的语言和消失的文化传统，一些家书更成为读懂社会历史的关键证词。① 曾几何时，写信人们传递感情，交流信息的重要手段。进入21世纪以来，"家书"这个词很少出现在大众文化的视野里。《朗读者》的朗读文本中出现了多次家书的读本。有柳传志在儿子结婚致词的《写给儿子的信》、麦家在儿子出国留学时塞进行李箱的《致儿子》、有斯琴高娃老师深情朗读的贾平凹写的《写给母亲》、还有朗读亭中普通百姓读到了余光中写给母亲的一首诗《今生今世》等。节目中"家书"所承载的不仅是人们思亲寄情的纽带，还有受众映射自身的个体思考。正因为"家书"实在是太平常而又太触手可及了，所以家书及其所包含的文化应该是我们走向未来的一个完美宝贵的财富。从这个意义来说，呼吁更多的人拿起笔来写封家书，别让家书在E时代消失，《朗读者》所作出的"抢救民间家书"之举，"是一个为人类，为中国留下最宝贵记忆，为我们自己留下最宝贵记忆的人类的证词"。

---

① ［苏联］巴赫金. 拉伯雷研究［M］. 石家庄：河北教育出版社，1998.

（二）明星平民化与平民明星化

美国著名社会心理学家、传播学四大先驱者之一的卡尔·霍夫兰在说服理论中指出："最可能改变一次传播的效果的方法之一，是改变传播对象对传播者的印象。传播者有威望吗？可爱吗？是同我一样的人吗？"《朗读者》中的明星大腕云集，有老一代艺术家濮存昕、王学圻、斯琴高娃、倪萍等，也有影视明星蒋雯丽、徐静蕾、王千源、李亚鹏、姚晨、陆川等，而他们在《朗读者》中的身份转变为母亲、孙女、朋友、父亲、患者……讲述的也是他们身边最普通的感情与故事。"明星平民化"使得观众不再仰视、羡慕还是平等面对与感同身受。

挖掘"普通人"不平凡的价值，并加以包装获得认同感。让"素人"成为大众关注的焦点。节目中对于"人"的关照，是新时代下节目制作的价值亮点。周小林与殷洁的"鲜花王国"拼起爱的誓言；失聪少年杨乃斌在母亲数十年的陪读中完成学业；赖敏与丁一舟这对患难夫妻面对死亡的旷达；张家敏23年对抗乳腺癌成为志愿者并服务他人。

（三）新老媒介互联强化受众黏性

互联网的互动性与多元化加速了信息的传播、交换与交流，信息的互通性使得电视节目的文化价值能够更好地传达给更多的人。《朗读者》播出之后，引发了受众空前高涨的收视热情，收视率最高达到1.2%位列同类型综艺节目第一，全网视频播放量突破8.6亿次，焦点关注重磅推荐近120次，主流媒体点赞次数综艺节目史上最多，"人民日报""央视新闻""水木文摘"等公众号推送283篇10W+文章，30多个关键词上热搜。

国内著名书店全国所有门店为《朗读者》节目开设读本专区。线下的"朗读亭"，给普通百姓提供了一个情感宣泄的出口，一个私密封闭的空间里进行超越时空的朗读与对话，其中不乏有朴实、纯真又直指人心的朗读，增强了线下受众的参与度，普及了优秀传统文化并让大众回归平静，沉淀情感，积蓄力量。甚至在多地形成"排队9小时，朗读3分钟"的热况。线下激发线上，线下反哺线上的良性循环使得受众的黏性增加对第二季的筹备开播奠定了坚实的粉丝基础。这是《朗读者》节目与受众的双向幸运。

主流文化、精英文化、大众文化，三种文化形态在节目中并不是孤立存在，而是相互融合，相互趋近。这是《朗读者》节目的最大文化价值体现。大众文化本身孕育着重要的文化内容，是一切文化的根源。为了促进主流文化、精英文化的发展，必须从大众文化的实际发展体系出发。《朗读者》体现了主流媒体的使命与担当，节目创作回归了主流媒体社会责任的本来定位。《朗读者》给我们提供了一个范例，那就是节目创意之初就要充分考虑内容叙事的普遍性与典型性，节目中各方文化的最大公约数，节目呈现多元化，视听化，最终提高节目的文化价值。

第三节 从哲学角度看戏曲文艺的创作研究

哲学和戏曲的关系问题，是一个十分重要的问题。借助马克思的生产—流通—消费的"循环模式"理论，戏曲总体活动的动态过程则可以衍化为：作家创作戏曲作品——戏曲文本，舞台呈现，观众接受与反馈三大环节。长期以来，人们对戏曲的研究，往往只侧重于对文本的剖析，多把注意力集中在作品所反映的社会生活方面，戏曲的虚实表意与程式化方面，其实这仅仅抓住了戏曲总体活动的一个维度，也就是中间环节，将戏曲艺术总体动态过程分割成静态封闭，互不相连的领域，忽视了创作者活生生的交流和社会接受效果问题。

戏曲创作是戏曲的生产阶段，戏曲创作主体是劳动者，生产资料来源于创作主体的意识形态、所处的社会历史环境以及消费者也就是接受者的反馈。一切生活现象只有变成作家的心理现象，才能演化为戏曲脚本。戏曲脚本归根到底是剧作家在写心，不但写自己的心，而且写他对社会生活的印象和感受。所以海涅说："诗人是按照自己的肖像来创造他的人物的。"

一、戏曲创作的动机

正如俄国作家列夫·托尔斯泰所说的:"真正的艺术作品只是偶尔在艺术家的心灵中产生,那是从他不所经历的生活中得来的果实,正如他的母亲怀胎一样。"概括戏曲创作的动机主要集中在以下几方面:

第一,"泄愤"。一部分文人由于仕途坎坷,不能获取功名显志,对社会的极度不满,无处宣泄,通过戏曲创作袒露心中不平。

元代马致远年轻时颇迷恋于功名,到处漂泊却寻不到出路。他在《南吕·金字经》曲中慨叹道:

夜来西风里,九天雕鹗飞,困煞中原一布衣。悲故人知不知?登楼意,恨无上天梯!

马致远的杂剧创作最集中地表现了当时知识分子的命运,并深刻地揭示了知识分子的内心矛盾和思想苦闷。《汉宫秋》把王昭君出塞和亲置于民族矛盾十分尖锐的历史背景下,使整个事件笼罩在深沉的悲剧气氛之中。《汉宫秋》写于元世祖至元24年之前,当时许多人亲身经历了民族战争的祸乱。元好问在《癸巳五月三日北渡》诗中描写了广大妇女遭到蒙古军队掳掠的悲惨情景:"道旁僵卧满累囚,过去舆车似水流。红粉哭随回鹘马,为谁一步一回头。"在这种时代气氛下,马致远作为一个失意的汉族知识分子,借昭君故事抒发自己民族情绪,在当时具有一定的现实意义。《荐福碑》也集中反映了他怀才不遇,归命于天的思想情绪。

这种出于宣泄郁积在心中的怨愤而创作文学作品的行为,从理论上来说,主要是心理失衡所引起的。如杂剧兴盛于元代,由蒙古贵族和官僚,僧侣,地主,富商等组成的封建政权,对中国实行残暴、贪婪的统治,整个社会万马齐喑,世人噤若寒蝉,广大人民不仅在物质上匮乏,精神上也饱受压迫。最终只有借助创作戏曲来倾泻他们心中的块垒,使老百姓的悲愤也同时得到宣泄。这便成为这一类戏曲问世的直接动因。

关汉卿就是一个不屈不挠、坚决同压迫者抗争的战士,他以如椽之笔无情地撕破了社会的黑暗,有力地鞭挞生活中的罪恶和丑陋现象,倾泻追求幸福和光明的澎湃激情,点燃了广大人民心中的反抗烈火,以《窦娥冤》《鲁斋朗》和《蝴蝶梦》为代表的公案剧最为突出。

第二,"劝惩"。中国是儒家文化占主导地位的国度。著名的戏曲家大多没有显赫的官位,明智地认识到凭借自己的力量难以扭转乾坤,潇洒的放弃仕途,玩世滑稽,闲适处世,然而传统儒家文化的影响又使他们难以放弃对现实的关心,最终只能用自己的笔来劝化、惩戒世人,试图通过这种方法来挽救江河日下的封建秩序和规范社会的人伦关系,为传统道德的回归作微薄的努力。许多戏曲家就是在这样的创作动机的推动下进行创作的。

如高明写作《琵琶记》,一般认为是在辞官避居四明栎社以后,即元至正十九年(1359)以后,《琵琶记》和《赵贞女蔡二郎》相比,最大的改动乃是摆脱了以赵五娘为主线的结构,将蔡伯嗜的"三不孝"改正"三不从",使他从一个不忠不孝,富贵易妻的薄情郎,变成了全忠全孝,贵不易妻的仁义夫君,又回到唐人传奇蔡氏"力辞不得,后牛氏与赵氏处,能卑顺相将"的团圆结局上去了。另一主人公赵五娘的形象可以说更多地体现了中国传统道德对于妇女的要求。赵五娘在非常困难的情况下对丈夫尽忠,对公婆尽孝,以牺牲自己来对别人尽责,做到了常人难以做到的事,因而成为传统道德意识中的理想的已婚妇女的形象。这样的形象,在中国的传统戏曲小说中,可以举出很多。

第三,"炫才"。马斯洛的需求层次理论指出人的五种需求:生理需求、安全需求、社交需求、尊重需求和自我实现需求。人不仅要满足物质方面如生理需求、安全需求之外,还有精神方面如社交需求、尊重需求的诉求,此外还有更高的自我价值的实现。戏曲鼎盛的元明清时期,一批文人才怀才不遇,壮志未酬,他们不甘于这样的命运,于是潜心创作,希望更多地得到社会的认同,白朴、李渔就是这样。

戏曲家一般性的创作动因大致如上所述,然而,上述三种动机实不足以概括中国戏曲家创作动机的全部内容。事实上,我们亦不可能穷尽所有,因为毕竟戏曲创作动机为一种复杂之精神活动,对于事物的特殊情况,我们没有办法综述,所以在这里仅以抓住矛盾的一般特征为准。

二、戏班的二次创作

戏班是一个特殊的介体，对于戏曲作品的作者来说，他是一个接受者，那么对要表演的每一部作品，它都要先客观审视，看故事是否动人，是否符合观众的审美标准。因为戏班长期直接面对自己的衣食父母——观众，所以他们最清楚一部作品是否能赢得观众。在断定作品可以被观众接受后，戏班开始就作品的情节与人物进行被动了解，这种了解首先是从作者角度的理解。因为，传统戏曲艺人往往没有太多机会接受教育，所以必须依靠文人了解相关内容。从接受作品到面对观众进行表演这一过程中，戏班又成了一个创作者。

首先，对腔调不适合的要改调歌之。我国历史上的腔调最开始只有北曲与南曲两种声腔，随着它们逐渐在全国范围内流传，就被各地戏班演员改为当地语言演唱，同时将当地的民间音乐加入进来，从而形成与原来母腔不同风格的声腔剧种。以弋阳腔为例，从明初开始，弋阳腔在民间就已经开始流传，它经常将昆山腔或其他声腔剧种的作品经过改动用弋阳腔来演唱。在将腔调改动的过程中，也经常根据需要将原来的曲词进行改动。

其次，对作品不符合舞台演出要求的地方进行改动。如元杂剧作家比较轻视场上念白，经常在创作时只填写曲词。戏班演出是不能光让演员演唱，一来，因为元杂剧都是一人主唱制，即旦本旦主唱，其他人物只能念白；末本也是如此。若全场演唱，主唱演员的负担太重。二来，戏曲本来就是适应人们的娱乐要求产生的，观众看戏主要是为了寻找快乐，光咿咿呀呀地唱，没有插科打诨，容易让观众感到厌烦乏味。元杂剧作家虽然被视为社会底层，但骨子里仍然认为自己的创作与职业艺人有着根本的不同，所以他们并不过多关注作品中的念白。为了有良好的演出效果，戏班就在演出时自己加入念白。三来，中国戏曲演员在演出时是集体验与表现于一体的。在决定了演出作品后，戏班演出人员需要了解故事情节，了解人物特点。这种了解过程就加入了他们自己的社会经验和体会，理解之后决定以何种方式表现人物时，他们选择的表现方式就会因对人物理解的不同而使固定程式有所变化。这就是为什么同演一出戏由不同演员来研就会有所不同的原因，演员展现在观众面前的人物形象已经是加入他们自己评价与理解的形象了。

戏曲的创作与接受是相生相长的，优秀的创作可以促进观众的接受程度，而良性的接收又可以反过来促进创作更加精湛。

第四节　引进型旅游综艺节目的中国化研究
——以《旅行的花样》为例

一、引进型综艺节目概述

（一）引进型综艺节目概念

新华字典中"引进"一词的含义为：从外地或外国引入。现在学界对引进型综艺节目并没有权威的概念，笔者试着对其概念进行阐述：高价购买国外优秀的电视综艺节目的版权，国内的制作团队在研究学习其节目创意、名称、节目策划、节目形态、节目流程等的基础上，对其进行再创造，从而制作出能满足本国受众收视习惯的电视综艺节目。

在如今这个快速发展的时代，每个匆匆赶路的中国人，几乎都把"一次说走就走的旅行"作为自己休闲放松的主要方式之一。如何制定自己的出行计划，怎样可以制作出物美价廉、性价比高的旅行攻略，做足"功课"成为当前旅游综艺节目的主要卖点，并且通过明星参加节目来吸引受众眼球，向受众提供各地餐饮、住宿、文化休闲等方面的信息，进而吸引受众去感受美景、品味美食、享受惬意好时光，一定意义上也促进了旅游业的发展，可谓电视节目与旅游业的共赢之举。

目前，观众的思想不断开阔，娱乐精神趋于多元化，传统本国综艺节目已经不能完全满足受众广泛的涉猎需求，引进型综艺节目逐渐进入观众视野，引进型综艺节目以其敏锐的观察力，有效地内容实现力、精良的制作技术与超前的娱乐理念，受到我国众多观众的喜欢与追捧。

(二) 引进型综艺节目发展现状

1. 引进型综艺在我国的发展现状

笔者整理了2015—2017年的引进型综艺节目和2015—2017年的旅游类综艺节目（见图2-1、图2-2）。

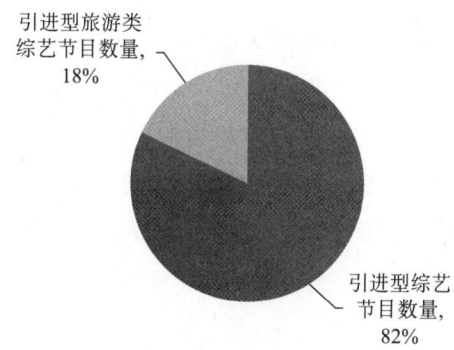

图2-1 2015—2017我国引进型综艺节目与引进型旅游类综艺节目的数量比例关系图

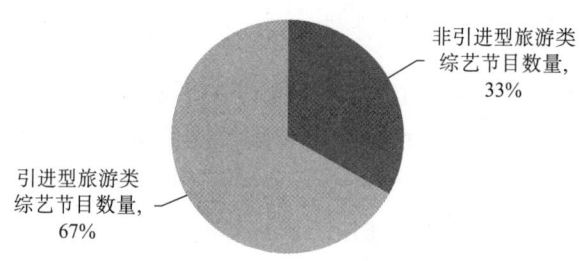

图2-2 2015—2017我国引进型旅游类综艺与旅游类综艺节目数量比例关系图

从两张图中，我们可以看出2015—2017年引进型的综艺节目中，旅游类综艺节目占到18%，在近几年国内大量缩减引进型综艺节目的大环境下，旅游类综艺节目的比例依然可观。而2015—2017我国在播的旅游类综艺节目共有24档，其中16档节目都属于引进型节目，占到了旅游类综艺节目的半数以上。

2. 引进型综艺节目在国内兴起的原因

第一，国内的原创综艺节目疲软，为国外优秀引进型节目留下可乘之机。受互联网新媒体技术冲击，传统媒体行业不景气，在传统电视媒体整体行业不景气以及国内节目原创力弱的情况下，众多引进型综艺节目如《奔跑吧兄弟》《拜托了冰箱》《丛林的法则》《向往的生活》等大放异彩，吸引了大批受众，让传统媒体看到了一线生机。各家电视媒体纷纷加大投资，引入并改造国外的电视节目，探索综艺节目发展之道，这使得电视媒体上综艺节目的竞争异常激烈。

第二，引进型综艺节目制作模式成熟，具有"IP"效果。一方面，引进型综艺节目在引进来之前有专业的制作团队，包括10多个工种，就连编剧这个角色都分为大编剧、中编剧和小编剧，摄影师的工作经验丰富，呈扇形分布在明星的前面，同时保证画面不穿帮且能清晰辨认。另一方面，节目有专门的播出平台，有专人负责运作宣传，在国外收视率高，有一定的受众基础。

二、《旅途的花样》节目发展现状

（一）《旅途的花样》节目介绍

《旅途的花样》是东方卫视继2014年推出旅游类综艺节目《花样爷爷》之后，与韩国的tvN（Total Variety Network）电视台合作引入的又一档明星旅游类节目《花样姐姐》的第三季。自2017年6月3日起，节目在每星期六22：00在东方卫视播出。节目有七位固定嘉宾，分别是：林志玲、沈腾、马丽、张歆艺、金晨、华晨宇、李治廷，还有于小彤、乔欣等流量明星。节目奔赴摩洛哥、俄罗斯等四个国家，让明星体验不同的异国文化与习俗，同时也将中华文化带到旅途各国。

1. 引进的缘由

一方面是由于本国节目创新能力较弱，难以吸引受众，而国外节目不仅拍摄技术精湛，而且已经有一定的受众基础，挤占了一定的受众市场，引进后稍加改动，选择合适的嘉宾和制作团队，加上后期剪辑，挑选黄金时间播出就可以了。另一方面，引进国外的电视节目模式是我国电视综艺节目发展中不可或缺的一步,通过引进节目,中国的综艺节目可以吸收借鉴外国先进的思维理念和经验技术,推动了中国节目的创新。最后,中韩两国都深受儒家思想的影响,在文化方面的相似度高,节目在引进后更容易被国内观众接受。

2. 引进后的效果

新华网评论说:作为一档真实体验游户外真人秀节目,明星们由"旅程"模式直接转变为"体验游",帮助观众完成旅游愿望,在行动上几乎没有限制,让网友们赞叹如此真实。"花样团"不仅观赏了风景如画的异国风光,华晨宇和马丽更是用暖心和滑稽的动作来征服观众,让观众感叹:"有笑容、美丽的风景和正能量,这才叫旅游节目"。《光明日报》评论说,该节目对外国文化的展示并没有停留在"我来了,我看到了"的层次上。融入当地人的日常生活,触摸外国文化的肌理,让观众有一种真实的体验感,文化交流自然更丰富了。而不少观众在观看节目的同时也在微博和视频下方评论、与明星互动,一时间《旅途的花样》博尽眼球。

(二)中国版《花样姐姐3》(《旅途的花样》)与韩版《花样姐姐》的差异

1. 节目本体

第一,在节目拍摄地上,笔者整理了两档节目每期的拍摄地(如表2-1)

表2-1　　　　　　　　节目拍摄地比较表

节目期数＼节目名称＼拍摄地	韩版《花样姐姐》	中国版《旅途的花样》
第一期	韩国-土耳其	摩洛哥(菲斯古城)
第二期	土耳其伊斯坦布尔	菲斯古城、撒哈拉沙漠
第三期	土耳其-克罗地亚	摩洛哥
第四期	克罗地亚(萨格勒布)	摩洛哥
第五期	克罗地亚(普利特菲特)	俄罗斯(加加林航天员训练中心)
第六期	克罗地亚(普利特维彩湖国家公园)	俄罗斯(革命广场站、加加林宇航中心、莫斯科大学)

续表

节目期数 \ 拍摄地 \ 节目名称	韩版《花样姐姐》	中国版《旅途的花样》
第七期	克罗地亚（斯普利特、杜布罗夫尼克）	俄罗斯（苏兹达里）
第八期	特别辑（播放之前的片段）	俄罗斯（圣彼得堡、普希金研究所、米哈伊洛夫斯剧院、冰球馆、沃斯）
第九期		挪威（森林、斯塔万格）
第十期		挪威（奥斯陆、卡尔约翰大街、维京农场、布道石）
第十一期		丹麦
第十二期		丹麦（小美人鱼铜像、菲英岛、安徒生博物馆）
第十三期		丹麦（仲夏节、伊埃斯科城堡）

观察之后可以发现，两档节目虽然都将拍摄地选择在了国外，但两档节目在拍摄地的选择上仍有很大不同。《旅途的花样》节目拍摄地更加广泛，从非洲到欧洲再到亚洲，让花样团成员们体会不一样的自然风光和人文风情。将拍摄地选在国外，这样的安排不仅给明星提供了一个相对陌生的环境，而且也可以让观众从节目中领略到和国内截然不同的风土人情。但是我们要考虑到我国国民旅游的历史并没有多久，国外旅游并不是国人的首选，所以把拍摄地放在国外的做法未免不贴合实际。

第二，节目内容上，韩版《花样姐姐》在旅行过程中注重的是对自然风光的欣赏，而《旅途的花样》在节目拍摄过程中，涉及了众多文化方面的内容。比如，每到一处景点，花样团成员都会以口播的形式介绍景点历史、门票以及特色，让观众可以更好地了解旅途中的美好，为旅途增添便利。尤其是在俄罗斯的时候，一行人来到了普希金故居，李治廷等人游览了博物馆并戴上手套翻阅了普希金的手稿，体现了对文人的尊敬。最后一期，成员们去到丹麦，在安徒生博物馆里，成员们纷纷变身为安徒生笔下的童话人物，演绎童话故事，向安徒生致敬。

最后，节目功用上，《旅途的花样》与韩版《花样姐姐》相比，更加注重实用性，在每一集播放完毕后都会有一个小窍门，比如怎样换钱、乘坐交通工具怎样买票，电话卡的获取方式、住宿和餐饮大概会花费多少，景点门票如何购买及价格等，凡是旅行中遇到的问题，都会给观众列一个清单。负责人林志玲将整理每个人的感受和意见，以便观众需要的时候可以直接应用。

2. 节目设置

人员安排上，虽然原版《花样姐姐》中的四位"姐姐"尹汝贞、金慈玉、金喜爱、李美妍都是演艺圈摸爬滚打多年的"老戏骨"，"挑夫"李昇基也是韩国有名的歌手、演员和主持人，但《旅途的花样》的成员们如"全民女神"林志玲、"全民二姐"张歆艺、"二次元女汉子"金晨、"花样暖男"李治廷、"花花"华晨宇以及沈腾和马丽等，笔者对两档节目中明星的角色定位等做了比较（如表2-2所示）。

表2-2 两档节目中明星角色、年龄比较表

韩版《花样姐姐》		《旅途的花样》		平均年龄
尹汝贞	麻烦汝贞，问题制造者	林志玲	团长，协调成员关系	《花样姐姐》平均年龄为48.4岁
金慈玉	安静姐姐	李治廷	副团长，暖男	
金喜爱	生活能手，暖心姐姐	金晨	女汉子、才艺小能手、吃货晨	
李美妍	"问题王"	张歆艺	生活大厨	
李昇基	挑夫	华晨宇	状况小伙	《旅途的花样》常驻嘉宾平均年龄为34岁左右
		沈腾（第4期离开）	副团长，协助团长，搞笑能手	
		马丽	搞笑能手	
		乔欣、于小彤	流动嘉宾	

通过对比，我们会发现：两版节目在成员上有一定的相似度，《旅途的花样》沿袭了韩版《花样姐姐》中的男女搭配的形式，但是由原来的一男四女变成了固定的两男四女。同时相比之下，节目中人物的角色定位也有很大该改变，增加了搞笑人物的存在。另外两个团队相比，"花样团"的平均年龄更低，这使得节目更有活力，这些明星对于综艺节目主要的受众——年轻观众来说，则更有吸引力。而且，《旅途的花样》没有姐姐的

角色，也取消了挑夫的概念，增加了团长、副团长的角色。

在节目冲突上，首先，韩版《花样姐姐》中的旅游经费是由节目组提供的固定经费，而《旅途的花样》中则是直接让明星们自掏腰包，变成"导游"帮观众实现旅游愿望，与韩版《花样姐姐》有很大不同。前面提到韩版节目经费固定，由于个人生活习惯不同，使得钱成为旅行中的争吵点，这是节目中的一个隐藏的"爆点"，节目当中的其他，冲突如金喜爱在土耳其大街上迷路等都凸显了明星普通人的一面。《旅途的花样》经费由明星自理，节目中的冲突就体现在其他方面，如节目第二期中沈腾想买一块大石头，马丽在一旁劝阻，结果林志玲专门找到快递公司，才将石头寄走。第四期中，华晨宇因为帮助一对中国夫妇搬运行李并拍照，而误了火车，让姐姐们担心。

3. 播出及营销

在播放平台上，原版《花样姐姐》的播放平台2006年创立的tvN，是CJE&M集团旗下拥有的韩国综合娱乐频道，该频道在2013年推出了《花样爷爷》，取得成功后又推出了《花样姐姐》《花样青春》，节目赢得了观众喜爱，但由于频道的播出范围有限及受众数量较少，在影响力上大打折扣。而《旅途的花样》所在的东方卫视是中国第二大传媒集团——上海文广新闻传媒集团（SMG）的旗舰频道，是覆盖中国最广的省级卫视，同时还在美国、日本、澳大利亚、法国等海外国家落地，在全球覆盖8亿多人口，影响范围之广和受众群体之庞大自然不必说了。在播放时间上，二者也有很大不同（如表2-3所示）。

表2-3 两档节目播放时间比较表

	节目名称	
	韩版《花样姐姐》	中国版《旅途的花样》
首播时间	2013年11月29日	2017年6月3日
播出时间	每周五晚22：00	每周六晚22：00

《旅途的花样》开播时间为6月3日，再过不久便是暑假，不少人纷纷提前计划假期活动，做好出行准备。《旅途的花样》为假期出行提供了建议。原版《花样姐姐》播出时间为周五晚22：00。像有的受众，比如学生可能还在忙着做自己繁多的作业，而没有时间与心思去观看节目，但是

到周六的时候，多数受众都已经闲下来了，有时间和精力去考虑如何放松了，《旅途的花样》不仅能给已经工作了一周的人们带来轻松之感，还在一定程度上能释放他们的压力，这更能吸引受众眼球。

另外，《旅途的花样》注重传统电视平台东方卫视和各大视频网站同时抓。一方面除去在东方卫视播出，《旅途的花样》将节目版权同时出售给爱奇艺、优酷、腾讯视频、搜狐视频等各家知名的视频网站，通过网页和 APP 与观众进行全方位、多维度的互动，以便保持节目热度。另外，东方卫视还将节目花絮提供给各视频网站，利用网站的首页的推荐形成"长视频"与"短视频"错落有致的形式，满足了不同受众在不同时间段的多样化需求。

在线上线下联动的实际操作中，《旅途的花样》表现惊人，取得了出人意料的战绩。截至《旅途的花样》收官，除在传统电视平台东方卫视的收视率猛增之外，在各大视频网站上的播放量也是巨大，大有赶超电视收视的势头（如表 2-4 所示）。

表 2-4　《旅途的花样》各主要网络视频平台总播放量统计

	爱奇艺	优酷	腾讯视频	搜狐视频
播放量	351 万次	13000 万次	392.4 万次	106 万次

另一方面，节目在腾讯微博上注册了名为"东方卫视旅途的花样"的微博。在节目还未开播之前，就在微博上公布常驻嘉宾名单，将嘉宾的表情截成动图，做成表情包，还时不时分享一些明星的动态和节目中目的地的图片及实用英语等。此外，它还让嘉宾利用个人微博进行宣传，吸引自己的粉丝观看节目。

三、引进型旅游类综艺节目发展对策

（一）国家政策扶持

当前国内收视率较高的旅游类综艺节目多是引自外国的，出于收视率等多种因素的考虑，多数节目在引进后几乎没有什么变化。因此，我们应对症下药，节目在引进后根据我国的实际情况，结合我国的文化、受众的特点进行再创作，将节目打造成为一个既保留原版节目的精华又适合我国观众收视习惯的旅游节目。

国家应建立相关的激励机制，扶持节目的研发。我国《宪法》规定，"中华人民共和国公民有进行科学研究、文学艺术创作和其他文化活动的自由""国家对于从事教育、科学、技术、文学、艺术和其他文化事业的公民的有利于人民的创造性工作，给以鼓励和帮助"。政府应该制定更多的政策法规，鼓励中国的众多电视人想创新、敢创新，去研发具有中国特色的、适合中国受众观看的节目。要大力支持创新，建立研究机构，投入研发资金，大力培养创新型人才，敢于创新。提供良好的市场环境，实行奖励机制，调动研发人员的积极性，推动新的电视节目产生。

（二）学习国外的先进创作理念与技术

国外的电视节目之所以能大放异彩，就是因为其背后有优秀的电视制作团队。只有拥有很高的电视节目制作水平，才能成就一档好的综艺节目。因此，要想改变当前国内电视节目的状况，当务之急就是学习国外的先进制作理念和技术，培养一支优秀的电视节目制作团队。

国外的制作团队在很多方面值得国内的制作团队学习，比如电视节目的创作理念、宗旨、节目流程、节目制作理念、节目剪辑等，国内的制作团队在这些方面应该多学习、多借鉴。《爸爸去哪儿》能在国内多档电视节目中脱颖而出，并为人津津乐道，其制作团队可谓功不可没。真人秀节目本身就存在很多不可控因素，加上嘉宾还是一些小孩子更是增加了拍摄难度，谢涤葵团队节目在拍摄时有40多个机位，其中有20多个活动机位，拍摄完毕，后期工作人员需要在几天内昼夜不分地把节目剪辑好，还要加入字幕、背景音、插曲等。

另外，在旅游类节目中，编导的审美水平可以通过节目内容表现出来，好的节目内容和形式可以让人耳目一新，瞬间吸引观众。编导要创新节目形式，使旅游节目不再局限于传统的介绍式、主持式等，应该对节目的形式进行创新，可以增加新的形式，也可以"旧瓶装新酒"将传统形式与新形式相结合，让观众眼前一亮。

（三）倡导主流文化，充分挖掘民族文化资源，融入传统及地方特色

当前，我国很多综艺节目内容空洞，文化格调不高，为了娱乐而娱乐，呈现低俗化状态，传播的价值观与主流价值观不符。综艺节目的娱乐固然重要，但我们不仅要追求娱乐的"快感"，更要追求"美感"。文化格调不高的节目注定是走不长久的，旅游类综艺节目中增加中国元素和中华文化的表达和运用，既传播了源远流长、博大精深的中华文化，又提升节目的文化格调和内涵，各地不仅有让人流连忘返的景观，而且有景观背后的故事和习俗，在拍摄节目时，我们不能仅仅只去拍简简单单的景观，而是要通过节目赋予景观知识和文化。

首先，国家应该加强审核监督，对于和主流文化相悖的旅游类节目，应该坚决说"不"，同时给予警告，并对此类节目进行公开批评，以儆效尤，同时要警惕外国文化的渗透，传承好中国优秀传统文化。主流媒体要加强引导，弘扬主旋律，宣传正能量，以积极的文化发展方向引导大众，让主流文化熠熠生辉。

其次，前面我们已经说到，对于大部分观众来讲，国外仍然是一个相对陌生的环境，国内观众并不了解国外，有的甚至究其一生都没有去过国外，所以节目没能达到预期的效果。在今后的旅游类节目制作和拍摄中，可以试着在兼顾国内外景点的基础上，比如在旅游景点的选择上，可以尝试选择一些国内的景点，尽量选择国内知名度较高的风景名胜，同时在旅游时加入对景点的简单介绍，增加传统文化的内容，同时利用地域性的优势拉近与受众的心理距离，引起观众共鸣，让受众在欣赏美景的同时了解传统文化及地域文化。

另外将中国文化融入综艺节目当中，对于综艺节目的发展是有益处的，可以减少综艺节目中娱乐的比重，坚持本民族的特色，给节目中融入民族文化的精髓，使节目变得更有魅力，也可以增加节目的厚重感。同时，弘扬中华优秀传统文化也是每一个电视人的责任。因此，在保证节目内容的基础上注重思想内容和价值观导向，创作更多健康向上的旅游类综艺节目，让旅游节目不只是眼界的游历，更多是心灵的满足，满足受众多样的收视需求。

（四）唤醒受众的文化自觉与文化自信

习总书记指出："没有高度的文化自信，没有文化的繁荣兴盛，就没有中华民族伟大复兴。"中华民族拥有 5000 多年的灿烂文化，中华文化源远流长、博大精深，文化自觉是文化自信的前提，文化自信是在文化自觉的基础上形成的。没有文化自觉，就不可能有文化自信。受众作为电视节目中的重要一环，其地位的重要性显而易见，当务之急要努力唤醒受众的文化自觉和文化自信，让受众注重文化熏陶，从多方面接受真善美的理念以便规范自身的行为习惯，增强受众的文化参与感、获得感和认同感，形成良好的电视市场环境。

（五）提升节目的实用性价值

旅游类综艺节目不仅要给观众带来欢乐还要给观众带来旅途中具有实用性的相关信息。比如给观众介绍如何买票、行李限制、如何订酒店、酒店及餐饮的花费如何、怎样换钱、出行选择等。也可以通过网络与观众就节目内容进行互动，让受众参与到地点选择、任务安排、路线设计等中来，了解观众的需求，针对个性化的需求进行解决，来增加观众的兴致，从而促使观众更加关注节目进程和动态，吸引更多受众。

我国电视综艺节目起步晚、发展缓慢，引进国外成熟的综艺节目模式是我国旅游类综艺节目发展不可避免要经历的一个阶段。通过引进国外的版权及制作团队，国内的旅游类综艺节目学到了新理念、新思维，可以说，引自国外的旅游类综艺节目为国内同类节目提供了有利借鉴。但是，我国也要在学习引进型节目的基础上，加强自主创新能力、注重节目的文化内涵及节目安排和人员安全等方面的内容，方可帮助我国电视综艺节目走得更远、更稳。

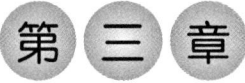

转型升级方面的进阶

在中国电视进入市场经济之后,产业功能的开发和媒体转型一直在推进,但由于中国电视是一个相对封闭的系统,转型举步维艰。但在互联网尤其是移动互联网的推动下,媒体融合势在必行,融合创新把电视媒体转型推进到一个开放的格局。

近年来,新兴媒体的裂变式的发展给传统媒体带来极大冲击。2017年媒体融合发展稳步推进,我国媒体融合发展已经由简单的物理变化的相加式转型阶段升级到化合变化的深度相融相生阶段。在肯定媒体融合发展的同时,也应正视媒体融合进程中面临的问题,即跃迁到由内而外、质效并重的崭新阶段的挑战。在2018年8月21日全国宣传思想工作会议上,习近平总书记指出:"要扎实抓好县级融媒体中心建设,更好引导群众、服务群众。"这次会议宣告了我国媒体融合发展进入了新的阶段,从中央、省、市延伸到了"四级媒体"。县级融媒体中心建设的价值意义非常深远。

本章从媒体深度融合建设作为出发点,探索省级媒体的创优策略并进行县级融媒体中心建设的讨论,最后使用案例分析法,对东方卫视的一档现象级节目进行解构,以探索在媒体融合的大背景下,电视文艺节目转型升级的方向策略。

第一节　研究背景、研究现状与研究方法

本节以"山西省媒体深度融合转型研究"为对象,从互联网时代振兴山西媒体的社会责任出发,立足于定量研究的框架之下,通过对国内外媒体融合相关的著作、文献的梳理,采用问卷调查、深度访谈等研究方法,以山西省当地的传统媒体与新兴媒体融合发展的现状为基础,以该省媒体从业人员为调查对象,对山西省传统媒体与新兴媒体深度融合状况深入分析,发现山西传统媒体与新兴媒体融合在内容、渠道、资本、技术、政策等层面存在的问题并提出对策,从而实现传播的"最优解"等问题,以为山西媒体的创优发展做出贡献。

要特别指出的是:本章第一节、第二节内容,虽然以"山西省"的媒体融合情况进行研究分析,但是研究方法可以推行到与山西省媒体发展情况相同或相似的所有省级媒体,具有可复制性与参考意义。

一、研究背景与研究意义

（一）研究背景

近年来,新兴媒体的裂变式的发展给传统媒体带来极大冲击,虽然传统媒体从业人员对媒体融合发展趋势的认识日渐清晰、积极推进,但传统媒体的"寒冬论"日渐高调,国内大多传统媒体的转型依然是"两张皮",收效甚微。

推动媒体融合发展,是巩固宣传思想文化阵地、壮大主流思想舆论的战略举措。以习近平同志为核心的党中央高度重视媒体融合发展,2017年1月5日,中共中央政治局委员、中央书记处书记、中宣部部长刘奇葆在推进媒体深度融合工作座谈会上发表讲话；早在党的十八届三中全会,就提出了推动媒体融合发展的重大任务,中央专门印发了《关于推动传统媒

体和新兴媒体融合发展的指导意见》。习近平总书记多次就推动媒体融合发展做出深刻阐述，强调融合发展关键在融为一体、合而为一，传统媒体和新兴媒体要尽快从相"加"阶段迈向相"融"阶段，拥抱互联网、进军主战场，着力打造一批新型主流媒体。这些重要论述，为推进媒体深度融合指明了方向、提供了遵循。

（二）研究意义

传统媒体与新兴媒体的融合发展确实在实践层面上遇到了瓶颈，媒体融合在国内发展多年以来仍旧非常不成熟，在此大背景下，对山西省各类媒体深度融合发展的关注和研究有着很强的现实意义与时代特点，有助于加快未来媒体深度融合的步伐、培养缺乏的媒体复合型人才，推进业界工作的开展；从理论意义上来讲，媒介深度融合作为我国的重点发展方向，本选题和研究有利于对目前媒体深度融合发展瓶颈的破除和丰富未来相关领域的研究。

二、研究现状综述

（一）国内媒体融合的研究现状

2014年8月18日，习近平总书记主持召开中央全面深化改革领导小组第四次会议，审议通过了《关于推动传统媒体和新兴媒体融合发展的指导意见》，吹响了大力推动媒体融合发展的号角，擂响了主流媒体拥抱互联网、进军主战场的战鼓。

其实我国相较于国外对于媒体融合的进程稍稍落后，学者们更多的是总结媒体融合现象的形式，关注实践多于理论。新兴媒体最早于2000年前后在国内出现，蔡雯教授自2006年起开始研究媒体融合问题，是此领域国内较早的研究学者，并出版了《媒体融合与融合新闻》一书。中国传媒大学传播研究院的张艳秋也曾提出媒体融合的"破冰之力"，媒体融合一方面催生了传媒行业新的产业模式与形态，另一方面也带来更多挑战。

近年来越来越多的行业人士与学者在研究媒体融合，而在范围、角度等方向上也越来越多，从关注表象到探讨内涵，并且会在实践基础之上总结理论。如国家新闻出版广电总局副局长田进于2016年8月在广电媒体融合发展研讨会暨2017年视听新媒体蓝皮书启动会上的讲话《加快推进广电媒体与新兴媒体深度融合》，指出广电系统融合发展探索实践已经全面推开，但观念不新、体制不顺、机制不活、人才不足等，仍是制约融合发展大步推进的瓶颈羁绊；中央电视台台长胡占凡也在《推进台网融合打造新型主流媒体》中指出实现媒体融合的核心是从理念、体制、机制、内容、技术、渠道、平台、管理等方面进行全方位的台网深度融合。

《媒体融合蓝皮书：中国媒体融合发展报告（2017—2018）》于2018年2月正式发布，蓝皮书由北京市新闻工作者协会与暨南大学联合编著，社会科学文献出版社出版，旨在关注中国媒体融合发展中的新现象、新问题，共同推动中国媒体融合发展研究的深入，为学界和业界提供研究成果和发展方略。其中蓝皮书指出，2016—2017年我国媒体融合发展呈现四大亮点：（1）移动优先，客户端快速发展，网络直播兴起；（2）交互升级，用户关系重构，新生代用户比重骤增；（3）"厨房"再造，媒体行业的"中央厨房"统揽"一体化"流程；（4）智能革命，人工智能促进媒体融合瞄准技术最前沿。

从理论高度高屋建瓴提出策略方向的，如人民日报社总编辑马利的《遵循规律 优势互补 勇于创新——对推动传统媒体和新兴媒体融合发展的思考》指出，融合发展后的媒体，应是"内容生产＋产品形态＋渠道占有"为一体，信息服务为王，要重新定义媒体，以用户为中心，实现无时不有、无处不在的"沉浸传播"。还有光明日报社李亚彬的《积极打造新型主流媒体 不断提高舆论引导能力——关于传统媒体和新兴媒体融合发展的研究报告》；西南财经大学吴昊天的博士论文《中国传媒产业发展研究——基于产业融合的视角》等。

在兄弟省份对传统媒体与新兴媒体融合发展的实践研究方面，贵州省委宣传部的《传统媒体与新兴媒体融合发展问题研究——以贵州省为例》，湖北省委宣传部杨万贵的《传统媒体与新兴媒体融合发展调研报告》，郑敏、杨志文、邓佳煜、王周海、崔雨等作者，也对黑龙江、宁夏、陕西等省份，以及郑州、宁波等城市，分别做了传统媒体与新兴媒体融合发展的实践调研。

(二) 山西省媒体融合的研究现状

通过检索万方以及中国知网等渠道后发现，虽然目前国内对于"媒体融合"文献和成果比较全面，但有关山西省这个范围当中的媒体融合方面的文献、资料或相关调研报告还未看到，更多的文献是在展示山西本土新媒体助推行业发展方面。如《运用互联网＋实现随手拍——山西忻州市运用新媒体创新宣传工作》等。

三、研究方法

结合山西省传统媒体与新兴媒体深度融合的发展现状，主要采取以下研究方法：

(一) 问卷调查法

选取了山西具有媒体代表属性的几家媒体——山西交通广播、山西日报、山西广播电视台、山西新闻网等，可以说这几家单位分别代表了山西省媒体的广播、电视、报纸、网站。在发放了调查问卷之后，课题组收集的数据可以反映出山西省各媒体行业的基本现状与当地媒体深度融合发展障碍，这些资料与数据的精准性与真实性可以为接下来的研究给予很大的帮助。

(二) 深度访谈法

对山西省几家媒体单位从业人员中较有代表性的从业者进行了深度访谈，主要以他们所从事单位中的五个方面为采访中心，分别是内容、渠道、技术、资本和政策，以此来完善、弥补问卷中难以了解的方面，为接下来的研究提供帮助。

(三) 文献分析法

主要运用学校图书馆、学术网站、学术研讨会的渠道获取文献资源，并通过对国内、国外的媒体融合方面的著作、文献、文章来了解目前媒体融合的情况，经过梳理之后，这些文章中的内容将会给予课题组很好的帮助并提供一些指导。

第二节 山西省媒体深度融合转型发展情况的分析

一、山西省传统媒体与新兴媒体内容融合分析

（一）调查情况分析

《关于山西省媒体深度融合发展研究的调查问卷》（以下简称为问卷）中第17题问到从业人员对各种因素推动媒体内容生产融合中的作用程度为？按照从业人员填写各因素作用的重要程度排序，根据问卷星系统数据分析得出平均得分，并按照重要次序排列。[①]

表3-1 从业人员对各种推动媒体内容生产融合中的作用程度综合得分表

选项	平均综合得分	比例
传媒技术的革新	5.16	
受众信息消费习惯的变化	5.03	
传媒政策的调整	3.65	
传媒市场的压力	3.52	
当下的宏观传媒体制	3.37	
传媒组织形态的变化	3.18	
集团领导意志	2.52	

---

① 排序题的选项平均综合得分是由问卷星系统根据所有填写者对选项的排序情况自动计算得出的，它反映了选项的综合排名情况，得分越高表示综合排名越靠前。计算方法为：选项平均综合得分＝（Σ频数×权值）/本题填写人次。问卷中所有排序题都使用了此种方法，之后出现就不一一说明了。

如表 3-1 所示,在媒体从业人员看来,"传媒技术的革新"和"受众消费习惯改变"在更大程度上推动着媒体内容的生产融合,其他因素对其的影响份额不大且相对平均。可以看出技术革新对媒体融合的推动力很大,引进先进传媒技术直接影响到内容的采编播体系,受众的信息消费习惯也随着传媒技术的快速发展变化着,并会反作用于内容生产环节,信息市场会根据供求关系,影响内容生产的频率与方向。另外不容忽视的一个因素是"传媒政策的调整",对于省级传媒环境的发展来看,政策的调整与导向对于本省媒体内容生产无论是效率与方向都起到非常重要的作用。在问卷第18题中有67.39%的从业人员认为传媒体制与政策中存在着阻碍媒体融合发展的因素。具体阻碍因素分析如图 3-1 所示:

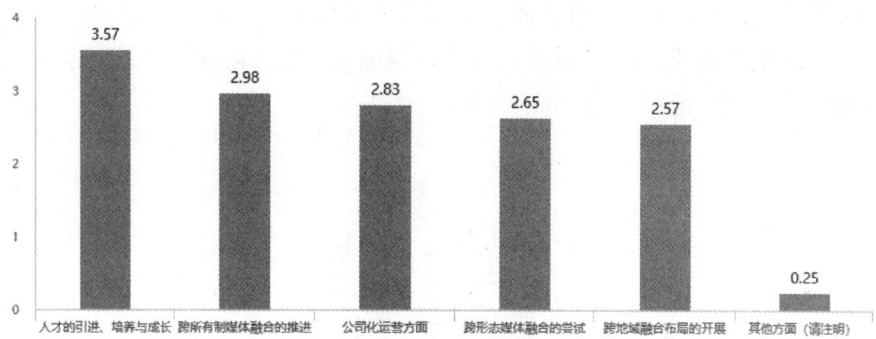

图 3-1　从业人员对各种阻碍媒体融合发展的传媒体制与政策的作用综合得分图

问卷中第20题调查从业人员在内容素材获取环节的各类方式,各类方式的重要程度排序如表 3-2 所示。

表 3-2　从业人员对各方式在内容素材获取环节作用程度的综合得分表

选项	平均综合得分	比例
社交媒体平台上的官方信息	5.51	
记者个人渠道采访	5.33	
网络媒体的报道	4.96	
传统报刊、广电媒体获取	4.77	
受众主动提供的线索	4.63	
社交媒体用户发布的信息	4.15	
合作机构、单位提供	3.75	
其他方面(请注明)[详细]	0.28	

在内容素材获取环节，山西省媒体从业人员认为当地"社交媒体平台上的官方信息""记者个人渠道采访"和"网络媒体的报道"所起到的作用最大。内容素材来源于社会，而如今社交媒体发展迅速，很多平台的官方信息具有权威性与独家性，所以记者素材收集中会首选此类平台，当有重要事件需要深度报道时，或者突出新闻接近性时，取得内容素材的方法又更多地运用到了采访受众这一方式上，而网络媒体由于传播速度快，致使一部分素材来源于网络媒体的报道。而传统媒体受时间因素的限制较强，即使获得了一手素材，由于播出端口时间的限制，审核流程等，也无法在第一时间广而告之，这种媒介的特殊性导致山西省媒体从业人员在内容素材获取上对传统媒体的需求不高，再加之山西省"中央厨房"的建构还没有完善，所以对于合作机构单位提供的素材利用率就更少了。

在问卷第21题中考察从业人员在内容编辑、处理阶段，对各要素的权衡程度为？（多选题）① 如图3-2所示：

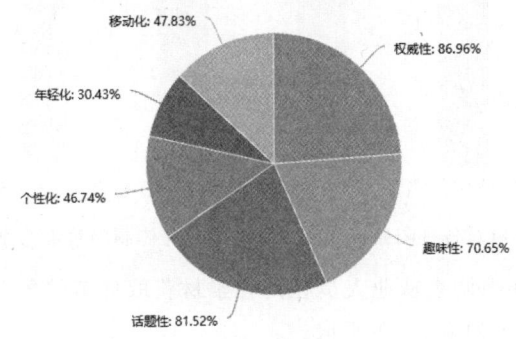

图3-2　从业人员在内容编辑、处理阶段，对各要素的重要性程度比例图

在内容编辑、处理阶段，从业人员对"权威性""话题性""趣味性"的要求程度更高。而在"年轻化""个性化"、和"移动化"上的要求相对较低，这就容易出现一个问题——失去了日益扩大的青少年这一受众群体。目前山西省媒体发展中传统主流媒体主要掌握的还是中老年受众，要知道随着时间的推移，当青年和青少年占据用户主体的时候，这些用户的

---

① 多选题选项百分比＝该选项被选择次数÷有效答卷份数；含义为选择该选项的人次在所有填写人数中所占的比例。所以对于多选题百分比相加可能超过100%。

信息渠道是否已经习惯化、固定化的问题。而对这一群体关注度的确是就可以说在很大程度上造成山西省媒介环境与湖南省、浙江省的媒介环境的差别。另外，作为"网生代"的青年和青少年，他们习惯接受快餐信息，因此对碎片化的信息、移动化的媒介就有更高的需求，而就目前山西省媒体从业人员在内容编辑、处理阶段所注重的方面来看过于保守，并没有大胆尝试开发青年和青少年群体受众所需要的媒介内容，也造成当年山西省媒体大环境发展滞后的情况。

表 3-3　　从业人员在媒体内容生产过程中，对各种方式
所发挥作用的综合得分表

选项	平均综合得分	比例
内容自制	3.67	
聚合用户生产内容	3.17	
加强优质内容的购买力度	2.6	
跨媒介合作生产	2.59	
行业内容交换	2.1	

如表 3-3 所示，在媒体内容生产过程中，从业人员认为"内容自制"和"聚合用户生产内容"所发挥作用的程度最大。每个媒体都有自己的编辑、记者，他们都有自己的采访渠道与信息源，形成了大部分媒体的自制内容。与此同时，随着社交媒体的快速发展，大量"业余"UGC 充斥网络，发布海量内容，由于绝大多数 UGC 发布的内容没有版权，所以不同平台大多沦为同质内容的"搬运工"，简单地聚合用户生产内容是不能够成为媒体内容生产的主要方式的。可见，山西省媒体从业人员在内容生产的理念上不够先进。有些可能只是为了完成自己的额定工作量，优质内容生产稀缺。山西省媒体跨媒介合作生产不够深入，这样会大大提升新闻事件媒体报道的成本，浪费媒体资源。而对于"行业内容交换"的不重视，加深了山西省各媒介媒体内容趋同的情况，如果未来各媒体都能深入某行业，追踪行业内容，一方面增强了媒体监管的社会属性，另一方面也可以提升自己内容的充实性和指向性。

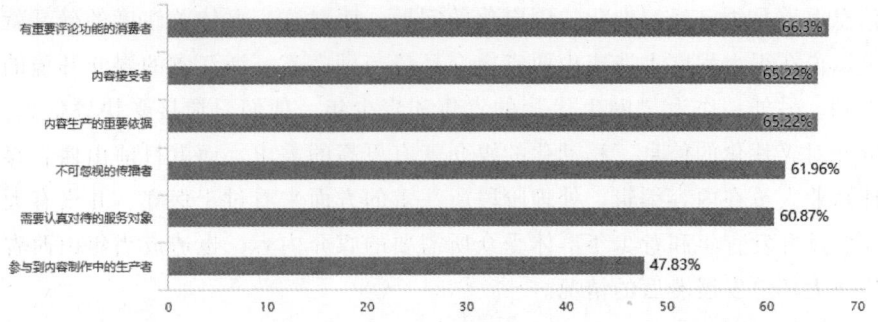

图 3-3 从业人员对受众在内容生产过程中的作用及角色特征的重要程度比例图

如图 3-3 所示,从业人员认为受众在当下传媒内容生产过程中的作用及角色特征更多的是"有重要评价功能的消费者""内容接受者"和"内容生产的重要依据"。这说明从业人员非常认同受众口语传播与节目口碑的巨大作用。说明了山西省媒体从业人员重视自身内容输出的同时在很大程度上有迎合受众口味和需求的倾向,那么很重要的一点是:当下山西省的传媒大环境下是否有成熟完善的平台让受众可以随时表达意见和想法,更重要的是从业人员是否关注受众的意见,是否会采取行动改进节目内容或样态?作为受众群体是否甘愿做消费者和接受者,放下自己传播者与生产者的角色呢?还是作为从业人员逃避了这种可能,降低自己内容生产的难度?

(二) 媒体内容融合方面存在的问题分析

1. 忽视新型媒体主体受众

新兴媒体的服务人群以青年和青少年为主,这一受众人群的特点是互动性强,因此,年轻化、趣味化的报道内容和加强传者与受者的活动是使这一群体留存率保持上升、获取更高流量的关键。而根据调查结果发现,在内容编辑、处理阶段,山西省的媒体从业人员更加关注报道内容的权威性而非年轻化、趣味化,严重偏离了热爱新兴媒体及其表现形式的受众人群,因此,本来应当是新兴媒体主流受众的青年和青少年成为被忽视的群体。

当各个媒体单位依据"权威性"、为新兴媒体节目内容的守则来制作内容后,将会进入"怪圈",预计吸引的受众没有吸引到,而平日里通过传统媒体"权威性"吸引到的受众并没有关注其新兴媒体平台的习惯和兴趣，于是为了完成任务来做新兴媒体，长久之后只会落得一个"劳民伤财"的评价。

2. 新兴媒体报道形式的缺失

一向在内容方面是强项的传统媒体却"玩不转"了新兴媒体的媒介平台，比如像报纸这样的传统媒体一向以文字功底见长，在新兴媒体快速发展的当今，山西省当地大部分报刊依旧打着"老牌"——文字类的深度报道，而在新兴媒体内容中风靡的各种形式——漫画、语音、小游戏却被各大报刊忽视；除此之外，大部分报纸运用新兴媒体的形式还停留在微博或微信上发一些缩小版的报纸或是当天头版头条的新闻图片及其评论，受众接受内容甚至需要放大图片，非常不方便，时间久了便会出现一种情况，关注公众账号的人都是报社同事或是他们的亲朋好友，为完成粉丝"指标"而来，当然他们对这些新兴媒体平台的黏性也非常低。

3. 新瓶装老酒

根据调查发现，目前绝大多数传统媒体都在积极地开展媒体融合工作，几乎每一家媒体单位都开了微博、微信公众号，但是问题在于他们学会利用这些传媒渠道，却没有学会如何在这些渠道上运营内容已抓取受众、培养忠实受众。有的传统媒体热衷于"做增量"，即通过新设部门、新搭平台、新招人员、新开渠道等增量的方式成长起来。一旦遇到"改存量"则停滞不前，内部融合程度不够，往往是在同一媒体内部，传统业务与新媒体业务依然是"两张皮"。相互间的利益并不完全一致，仍然是"各买各的菜、各烧各的灶、各做各的饭"。要不然就传统媒体简单地将原有内容复制粘贴到了新兴媒体上，他们仅仅认为这样的方式运用了"新兴媒体"这一渠道，而忽略了互联网思维绝不仅仅是内容的搬运工，不能把它们当成单一的渠道，还需要更加深刻的融合。

（三）媒体深度融合之内容生产创优路径建议

媒体与新兴媒体的融合发展，不能简单理解为新兴媒体的"攻城拔寨"或传统媒体的"嫁接再长"，二者应成为互相补充、浑然天成的共同体。推动传统媒体与新兴媒体的内容生产深度融合，需要找准深度融合路径。首先必须将其生产模式转向互联网思维。所谓互联网思维的本质，是用户为主、产品为主的思维，并且新兴媒体与传统媒体要互通有无，将彼此的优势资源化零为整。因此从四个方面重新规划内容生产：用优质内容确立竞争优势；以"宏内容＋微内容"圈住本地用户为中心；注重内容与形式的关系权重；自媒体人的观点性报道。

1. 用优质内容确立竞争优势

优质内容永远是媒体的生命线，从业者的创意永远是文化产业的核心竞争力。随着手机用户趋于饱和，用户阅读总流量达到瓶颈，用户的兴趣点不断被拉高，优质内容便成为稀缺资源，掌握这一稀缺资源的媒体就会拥有较大的议价空间。与新兴媒体的深度融合中，传统媒体要努力改变报道的浅层感官性，将重点转移到对理性思维、感性思维和文化传统的尊重上，加大专题报道和深度报道的比例。

迈进群众的门槛容易，走进群众的心坎难。这就需要在生产融媒体产品过程中，忧患着群众的忧患，感动着群众的感动，主动设置议题，创新表达方式，讲好中国故事，回应社会关切，真正成为运用现代传统新手段的行家里手。

2. 以"宏内容＋微内容"圈住本地用户为中心

媒体深度融合要重新定义受众，将受众定义为用户、内容生产者甚至是项目投资者。省级媒体融合要围绕一个中心，那就是突出"宏内容＋微内容"的个性化生产，以圈住本地用户为中心。

其中，"宏内容"的生产，主要来自于全媒体机构内部的专业化分工，本地内容才是地方新闻媒体的核心竞争力。纵观国内地方城市新闻媒体，绝大部分是以"官方新闻门户""城市生活门户"的定位存在，而无论是哪一种，其实都离不开一个核心的命题，就是一定要致力于做好"城市第一资讯服务平台"，为用户提供快捷、权威、全面、鲜活的新闻、生活资讯。

而"微内容"的生产则带有分散性和不规范性，但具有分享度与用户黏性。

扎根社区、深耕社区、服务社区，在媒体融合上切合城市实际，走落地的社区化发展之路，进行差异化发展。打造"城市社区通"，建设"社区新媒体系统"，可作为"智慧城市"在新媒体应用上的一个必然的服务延伸，是抢占"市场、观众和传播阵地"的一个切合实际的新媒体项目。

3. 注重内容和形式的关系权重

进入全媒体时代，基于内容创意、形态延伸及关系结构中的融合式生产越发重要。传统媒体与新媒体深度的落脚点是由信息分享到用户共振，与用户共同创造社交化、移动化、全面化的互动体验。在深度融合转型过程中，传统媒体应特别注重内容与形式的关系权重的探索，通过"内容信息+形式信息"的增量模式实现对全媒体内容的重构，重塑新闻内涵。要改进传统方式，形成即时采编、即时发稿的传播机智。还要在现有新闻信息产品或服务的基础上，增加一些特别功能与特点来提升附加值，提高信息资源利用率，实现内容增值。

4. 自媒体人观点性报道

从微信公众号诞生以来，越来越多各行各业优秀的人开设自己的公众号，分享着自己的观点。这些自媒体人除了运用微信平台，它的视频节目也在视频网站播出，每期流量可观。由此看来，自媒体人的流量影响力可以媲美任何一家传统媒体。自媒体人必须是具有很强的用户黏性的，他的发展具有两个要素：一是魅力人格，二是社区运营；二者相辅相成。

自媒体区别于新兴媒体，它借助新兴媒体平台传达自媒体人的思想，而有趣的是，很多自媒体人的另一种身份是传统媒体人，自媒体人也是媒体融合过程中最具代表性的成果。自媒体人拥有他们独特的人格魅力和勇于创新的思路，传统媒体如果以开放的心态去粗取精，学习自媒体的精髓之所在，避免不理智地抢占新闻资源、人云亦云的评论，而是真真正正的反思，不能仅仅习惯做传声筒，更要招贤纳士，再加上传统媒体天生的优势——可信的信息源、来自业界或学界专业分析等新兴媒体无法相比的资源，这些优势融合在一起必将超过传统媒体。

随着国家正在大力整顿网络安全和播出秩序，没有优质内容的网站将会在"裸奔"中被"冻饿而死"。熬过寒冬，传统媒体的春天就要来临。传统媒体要坚持优势互补、一体发展，给用户提供更好的服务和体验，在内容创意生产上把原来的垄断优势转化为更加有力的竞争优势，占领产业链上游，重构媒体价值。

二、山西省传统媒体与新兴媒体渠道融合分析

（一）调查情况分析

在问卷中涉及媒体运营创新方式，从业人员认为首先就是媒体内容采编方式的创新，其次便是传播渠道的改进了。可见，在传统媒体与新兴媒体深度融合中，渠道的改进升级尤为重要，那么能够实现争夺移动互联网入口、提升移动互联网覆盖面有哪些方面呢？这些方面的可能性大小又如何呢？如表3-4所示：

表3-4　从业人员对各个能实现争夺移动互联网入口、提升移动互联网覆盖面的方向可能性的态度指数表

选项	小计	比例
电子商务	66	64.71%
金融、支付	62	60.78%
在线教育	66	64.71%
远程医疗	46	45.1%
社交应用	66	64.71%
搜索	35	34.31%
游戏	36	35.29%
出行旅游	45	44.12%
通讯	33	32.35%

为了实现争夺移动互联网入口、提升移动互联网覆盖面，媒体和"社交应用""在线教育""电子商务"相结合的产物更被看好。目前山西省各个媒体单位甚至节目组都有自己的各种社交公众号，如微信、微博等，它们融合促进了传统产业的蓬勃发展，加深传者与受众之间的紧密联系。在未来，像"电子商务""金融、支付""在线教育""远程医疗"和"出行旅游"与媒体的结合也很被看好，可以说这也是未来山西省传媒行业扩展传播渠道，争夺互联网入口的必然发展趋势。

如图3-4所示，在调查人群中，有32.35%的从业人员认为目前媒体

跨界运营的时机是成熟的,40.2%的人认为时机一般。按照这个数据来看,媒体从业者对于该省现在实行媒体跨界运营并不积极。其实依照之前的媒体跨界运营的例子来看,依然存在很多问题无法解决,也并没有出现一种成熟的模式可以效仿学习,因此多数人持观望甚至否定态度。

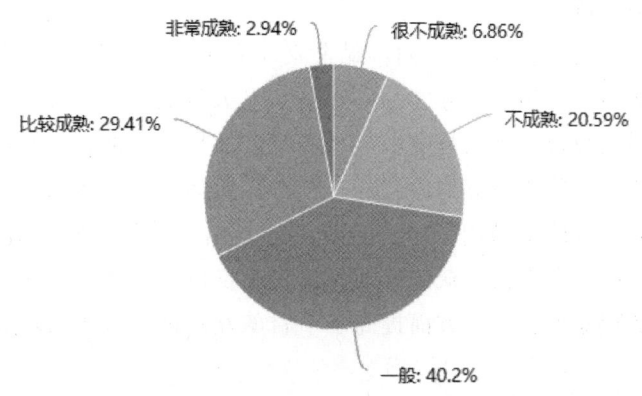

图3-4　从业人员对现在媒体跨界运营的时机是否成熟的态度呈现图

根据表3-5所示调查结果我们可以发现,目前从业人员对"内容品质提升"和"受众互动与维护优化"作用的重视程度很高。内容质量的提升必然是传播渠道扩展的基石,而与过去不同的是近几年来媒体从业人员在传播渠道拓展的过程当中普遍开始关注与受众互动的维护与优化,比如各种节目都会在微博、微信上开公众账号,用送小礼品的方式来吸引受众参与互动,而且更多的节目开始关注草根嘉宾,而不仅仅是某领域的大师级人物,这样对于传播渠道的拓展非常有利。

表3-5　从业人员对在媒体传播渠道拓展过程中,各种因素的作用程度综合得分表

选项	平均综合得分	比例
内容品质提升	5.21	
受众互动与维护优化	4.58	
服务形态扩展	3.73	
终端扩展	3.66	
社交机制的借鉴与应用	3.1	
物联网等技术的进步	2.96	
媒体组织结构调整	2.7	

而另一个引人注意的因素是"服务形态扩展"与"物联网等技术的进步",这两点在近年来有着非常突出的表现。比如东方卫视的《女神的新衣》,节目内容与服务形态及物联网融合,有效地拓展了节目的传播渠道。因此,关注到这两点非常有利于山西省媒体从业人员拓展思路,以新方式来拓展传播渠道。

如图3-5所示,对于不同传媒企业、单位,加强微博、微信等社交媒体平台的运用,有超过二分之一的媒体从业人员认为效果好。事实上,目前山西广播电视台,无论是电视节目还是广播节目,都会实时插入微信截图或者语音,有些成为节目内容的一部分。比如在节目播出过程中,在微信公众号或者微博上抛出一个讨论性话题,然后收集大家的信息和语音,在直播中主持人会根据受众的互动做出各种反应。这样一方面催动了大家参与节目的积极性,另一方面提高了节目的互动性,有效地提高了收视率与收听率。

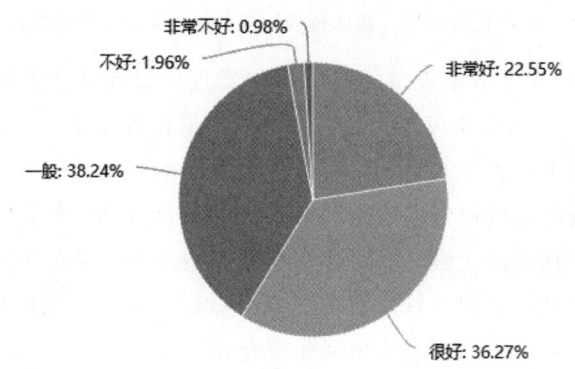

图 3-5 从业人员对不同传媒企业、单位加强微博、微信等
社交媒体平台的运用效果的态度图

如图3-6所示,超过一半的受访从业人员对传统媒体推出移动APP做出正向评论,剩下受访者中的大部分对此不置可否,总的来看,对于效果的整体态度是积极正向的。发展到今天,可以说新兴媒体的出现和快速发展的确已经改变了人们的生活方式。很多曾经只能在各大媒介平台上接收到的内容摇身一变,收录进了手机中一个个小小的APP图标中。受众获取信息已经不需要像过去一样买报纸或是花时间购买内容,无论是时间还是金钱,我们所需要的成本越来越低。

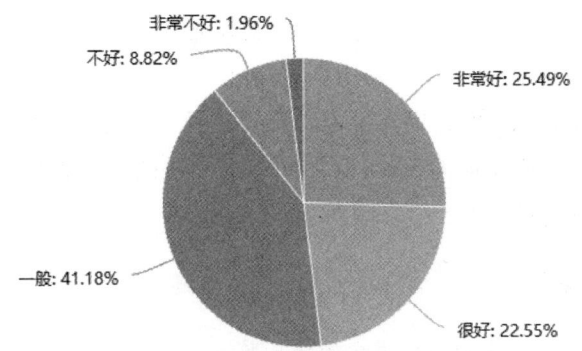

图 3-6　从业人员对传统媒体推出的移动 APP 的效果态度图

而这种现象致使受众拥有了更高的主动权，也形成了"用户中心化"的模式。此时又出现了新的问题，如何获得更高的流量，即点击率。随机遇而来的是巨大的商业利益，如广告套现等方式，也就是说，流量越高，获得的商业利益就越高。

(二) 媒体渠道融合方面存在的问题分析

1. 从业者对媒体跨界运营态度消极

根据数据分析发现，媒体从业者对于山西省现行媒体跨界运营并不积极，多数人持观望甚至否定态度。而根据一项关于从业人员结合供职单位情况，对各个因素在阻碍传媒公司运营机制改革的调查来看，媒体人认为现行传媒体质、领导战略层次与思路偏差这两个原因对他们的态度影响最大。

2. 人才流失严重

调查显示，山西省媒体从业人员有近乎一半的人的从业时间在 5 年以下，流动性比较大。并且从业人员中有 45% 的职称为与"其他"，可见他们的职业发展前景方向不明确，与此同时，从业人员的月收入中 3000 元以下占 26.47%，3000 元到 5000 元占 38.24%，就目前山西省物价来看，从业人员有超过 60% 的人员月工资没有达到 5000 元，由此发现，大部分媒体人的收入并不算高。令人惊奇的是，有 21.57% 的人拥有 10 年以上的从业时间，而收入在 7000 元以上的仅有 5.88%。所以不难发现越来越多的广播从业人员以私人身份在各大在线音频平台——蜻蜓 FM、喜马拉雅、荔枝FM上开发了自己的新节目；电视从业者在爱奇艺、搜狐这样的网络视频平台上做起了制片人、主持人；报纸从业者也加入了新兴媒体的大潮，从一个普通的记者、编辑成为了在互联网上或许极富感染力的自媒体人。这些例子仅能说明有能力的媒体从业人员在传统媒体受一些因素所困，只能在新兴媒体平台上发挥所长。

（三）媒体深度融合之渠道融合创优路径建议

1. 拓展渠道，建构多渠道全媒体矩阵

内容"为王"不是"唯王"，"渠道融合"同样重要。随着内容市场发生剧变，"互联网+"作为新的生产要素将被整合到各类平台型媒体，通过多屏转换并借助社交工具增强用户黏性的方式，形成内容+通道+入口的全媒体传播生态系统，深度植入并改变人们的日常生活，包括吃穿住行、学习、就医、娱乐、购物、消费、支付、金融等各个方面。面对这一巨大的市场，传统媒体在未来移动互联领域的布局、拓展将更加深入、竞争也更加激烈。在与新兴媒体的深度融合进程中，传统媒体要有效整合媒介渠道，建构多元传播渠道全媒体矩阵。有实力的传统媒体都在围绕微信、微博和今日头条这三个超级入口，打造新闻客户端、微信公众号和微博账号，创新与主流媒体气质相投的移动新闻产品，营造传媒、互联网和移动终端三圈环流的效果。

2. 建立激励机制，提升信心

从调查数据得知，从业人员对建设新型传媒集团这一过程中加强新兴媒体形态扩展及建设、加快传播平台的建设、强化多方面资源整合和多媒介技术整合是媒体从业人员公认的未来建设新型传媒集团所最先需要的发展方向。目前，新兴媒体的内容生产方式确实符合现代受众的习惯与喜好，也得到了快速发展，传统媒体应当学习这方面的优势，不要固守传统。与此同时，由于新兴媒体越来越多地承载着传播源头、传统媒体也越来越多地依托新兴媒体来获得更好的宣传效果。

目前大部分报社都鼓励记者"一稿多投"，甚至强制要求记者供稿给自办网站，中国最权威的报纸《人民日报》的记者除了完成本单位的报道任务，还需为人民网撰写报道，并且这一要求体现在月度工作质量考核指标之中。笔者建议，除了要求网络供稿之外，特别要强调记者和编辑在新兴媒体平台上与受众及时互动。因为在报道一些重大新闻的过程中，媒体引导和社会话题更能形成舆论的焦点，最终获得良好的传播效果，也就是采编播使用"中央厨房"的模式即一条新闻报道出来以后，负责该新闻的编辑、记者要同时按照网络编辑思维与规律，去完成互联网发布与互动。因此，传统媒体若想尽快提升从业人员对于传统媒体在新兴媒体进程上的信心，必然需要将内部业绩考核转向新兴媒体平台，并给予酬劳方面的倾斜支持，同时完善制度，将记者、编辑在新兴媒体平台上的文章也纳入正式的稿酬体系之中，让他们迅速将一个传统媒体人身份转换至新兴媒体时代下的媒体从业者。

3. 招贤纳士，减缓人才流失

根据深度访谈可以发现，因为"工作压力大"离职的传统媒体从业人员比例较小，而超过50%的传统媒体人离职的原因是"新兴媒体具有远大的发展前景""新兴媒体的运作机制和工作环境，有利于人才的快速发展"和"自己的想法和创意需要机会得到实施，实现自我价值"；剩下三分之一的人是为了"更高的收入"和"紧跟技术、产业发展趋势"。

可以概括为，传统媒体人离职是为了自身的发展和家庭的建设，由此看来，目前山西省传统媒体的发展已经非常明显地制约了媒体从业人员的自身发展，与此同时，也无法为他们提供良好的工作环境和更高的工资。从以上的分析看来，传统媒体限制了从业人员在工作中的发展、忽略了他们的根本诉求，而想要改善这种情况，一定要将该下放的权利下放，使得从业人能够积极发挥自身的主观能动性，敢于提出想法、执行实验，实现自我价值；其次就是多劳多得、按工配酬，传统媒体应按照从业人员当月工作量发放酬劳，减少不公平现象的出现；最后，传统媒体应当革新意识，紧跟媒体行业创新的技巧、产业发展趋势。定期组织从业人员技能培训，建立培养基金，每年定期提升从业人员的媒介素养。

媒体融合是一条阶段式发展的渐进之路。实现深度融合需要一个过程，不可贪大求全，不能一蹴而就。选择切入点一定要因地制宜、遵循规律、循序渐进。现阶段适于注重人才、招贤纳士，集中力量开发本地化的移动互联网产品，使之成为用户熟悉并倚重的第一信息渠道。

三、山西省传统媒体与新兴媒体技术融合分析

（一）调查情况分析

无论何种时代，技术都是促进社会变革的第一要素，那么在山西省媒体融合进程中，技术又扮演了什么样的角色呢？问卷第17题，调研以下因素在推动媒体内容生产融合中的作用程度，结果如图3-7，"传媒技术的革新"占比5.11，名列榜首，这说明山西省媒体从业人员普遍认为技术是推动媒体深度融合发展的首要因素。而"受众信息消费习惯的变化"紧随其后，事实上受众消费习惯的变化与传媒技术革新是互为因果的，正是传媒技术革新带来的巨大变化，引领受众消费习惯的转型，并反作用于传媒业，迫使媒体融合转型发展。

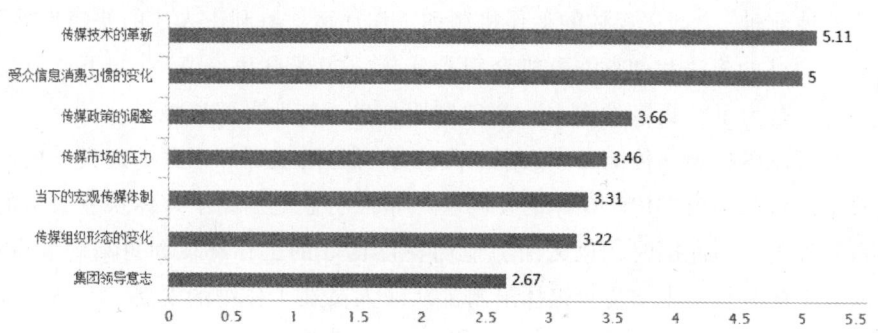

图3-7 从业人员对以下因素在推动媒体内容生产融合中的
作用程度调研结果图

而在24题，如图3-8所示对于以下在媒体融合发展过程中各种因素"为王"的说法调研中，选择"技术为王"的比例也占到将近一半。这些也都是符合媒体发展历史轨迹的，20世纪八九十年代，从SNG电子摄录到电视新闻直播的繁荣，使得新闻的现场性得到充分体现，而近十年来，人机交互技术的发展，无人机、移动端直播的兴盛等，打破了大屏与小屏的界限，更促使传统媒体纷纷搭上两微一端的快车，意图在新媒体端留住受众，通过大屏带小屏，小屏回大屏的方式，实现联动，从而进一步加速

媒体融合。纵观山西省传媒业知名品牌，都比较好地实现了两微一端对内容平台的预告，吸引受众回流到电视机或广播前。

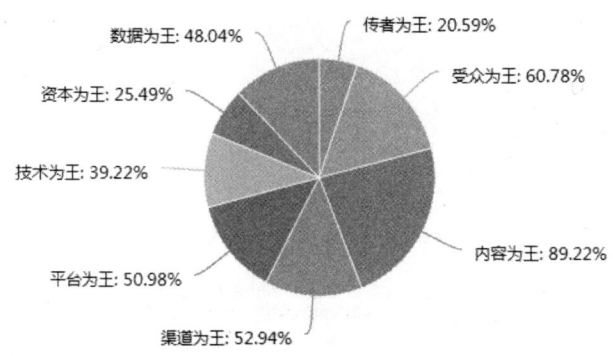

图3-8　在媒体融合发展过程中各种因素"为王"的说法调研结果图

在山西省媒体融合大潮中，技术因素究竟发挥了哪些作用呢？应用云计算技术，在哪些方面发挥作用的调研结果如图3-9所示，"推动采编、生产的一体化"占比最高，与前面调研中，从业人员对"内容为王"的认可度最高是一致的，其次为"打通各个传播渠道、实现多屏合一"，以及"改进媒体资源储存与管理"，都是对内容传播和管理的进一步辅助。值得注意的是，还有近三分之一的从业人员选择"本单位没有应用云计算或不清楚"，表明山西省媒体融合的脚步尚未遍及每个县市，仍然有巨大的空间和潜力。

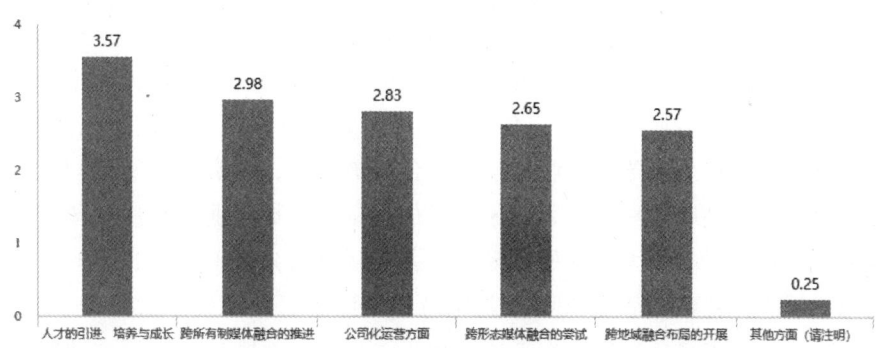

图3-9　从业人员对通过应用云计算技术在以下方面发挥作用调研结果图

而应用大数据技术,在哪些方面发挥作用的调研结果,与云计算的调研结果基本一致(如图3-10所示)。

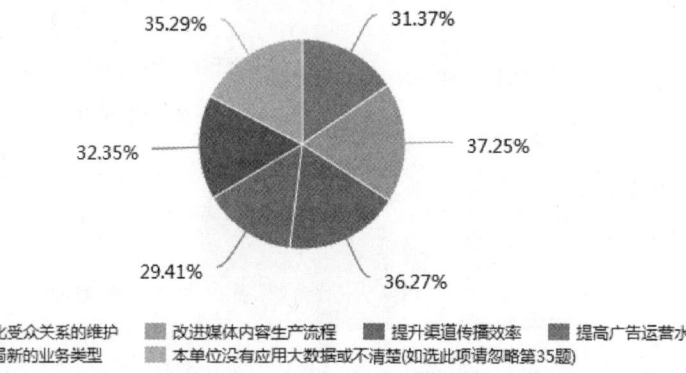

图3-10 从业人员对通过应用大数据技术在以下方面发挥作用调研结果图

如图3-11所示,在应用大数据方式的调研中,山西省媒体从业人员半数以上选择"基于数据分析的市场趋势、受众分析",这与当前媒体融合现状是符合的,大数据被优先用于受众市场分析,以便最大程度地针对性运营。近半数的从业人员分别选择"从战略层面推动大数据战略,全面提升数据获取、挖掘与分析的能力"和"与其他公司深度合作,分享数据",近三分之一的从业人员选择"从专业公司购买相关数据",但"基于大数据分析的内容生产"占比却只有40%左右,这是否表明,虽然山西省媒体融合进程重视大数据的作用,也意图在战略层面提升大数据运用能力,并将大数据优先运用在受众市场分析,但对受众反向作用的内容生产层面,却没有使用大数据技术及时反馈,优化内容生产呢?而且,从调研结果来看,大数据的来源也值得深思,显然山西省大量媒体的大数据并不是来源于机构自身,而是第三方公司。从长远来看,这并不是最优选择。前有索福瑞、尼尔森等专业收视率调查公司被质疑,后有一些知名剧目主创联合发声抵制收视率造假,而这还仅仅只是大数据行业的冰山一角。在互联网行业日益精耕大数据的今天,各大互联网巨头都不肯将自己的大数据拱手让人,我们山西省媒体行业如果不尽快建立起自己的大数据平台,而只是一味寻求第三方的合作支持与购买,恐怕会面临失去传播主动权的危险。

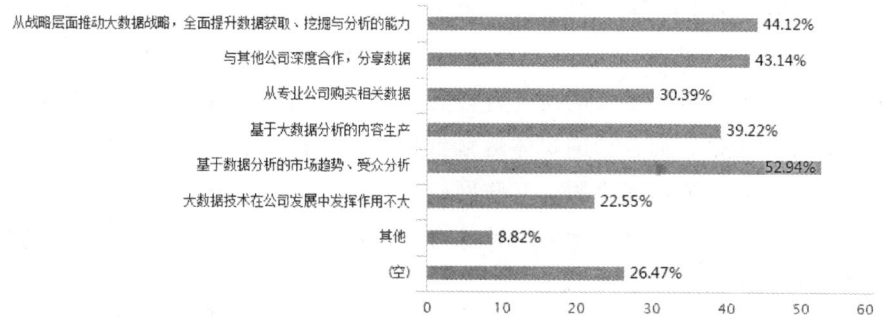

图 3-11　从业人员对应用大数据技术的方式调研结果图

如图 3-12 所示，在"2017 年度广电行业十大科技关键词在广电行业融合发展过程中的作用程度"调研中，"智慧广电战略""大数据应用""4K 超高清规范与试点""人工智能（AI）""融合媒体云平台"等占比均匀，充分反映各种技术因素均不同程度影响了山西媒体融合过程。其中，"智慧广电战略"在战略高度上为媒体融合指明方向，同时也是广电行业的本体思想，而"大数据应用""4K 超高清规范与试点""人工智能（AI）""融合媒体云平台"等则是从纯技术层面助力，体现了技术因素在媒体融合推进中的决定性作用。

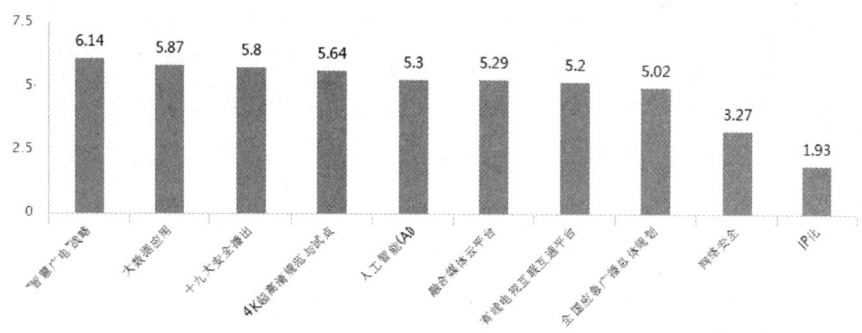

图 3-12　2017 年度广电行业十大科技关键词在广电行业融合发展的过程中的作用程度调研结果图

对互联网思维的理解调研结果如图 3-13 所示，半数以上的从业人员选择了"应基于互联网思维推动信息传播、营销方式的创新"，占有压倒性的优势，仅有 20% 的从业人员分别选择了"应基于战略层面研究与强化互联网思维的应用"和"应基于互联网思维改善媒体运营策略"。值得注意的是，互联网思维是全方位的，基于互联网思维推动传播和营销固然是必要的，但基于战略层面的研究将会高屋建瓴地指导互联网思维在媒体融合中的点滴渗透，而今天的媒体运营更是高度仰仗互联网，没有任何一家传统媒体的运营能够完全脱离互联网，由此可见，山西省媒体从业人员对于媒体融合中的互联网思维的理解还有待提高，媒体融合中，人才结构的优化也是需要引起注意的。

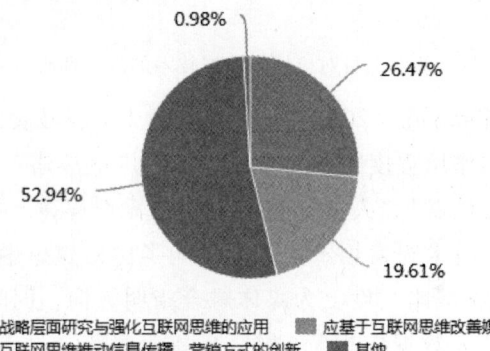

图3-13 对互联网思维的理解调研结果图

图3-14的结果，与"在与其他公司开展跨媒体合作过程中，以下各个因素的作用程度"一题的调研结果也相吻合。在这一题中，"经营者素质与能力"与"媒介内容生产者的素质与能力"都占到半数以上，足见不论是经营者还是内容生产者，人才的素质与能力，才是媒体融合过程中最为重要的环节，而对于媒体融合技术的运用，也需要依靠传媒人才实现。

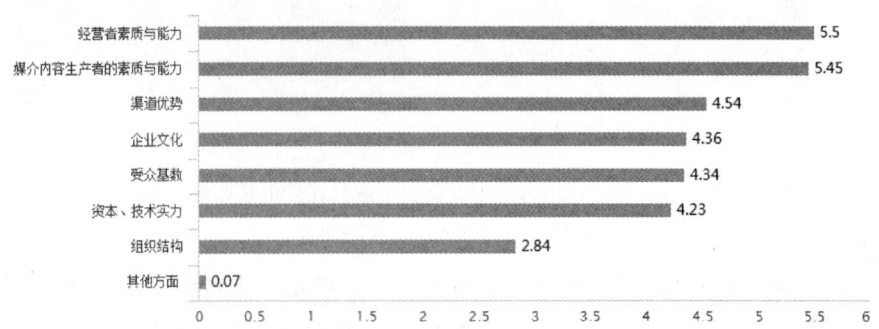

图3-14 与其他公司开展跨媒体合作过程中各个因素的作用程度调研结果图

（二）媒体技术融合方面存在的问题分析

1. 评价指标公信力下降，技术支撑迫在眉睫

媒体融合的发展，使得受众细分化的市场来临，内容生产日益多元，很多传统评价指标面临失效危险，而新兴指标依托大数据技术会具有科学化、数据化、综合化等特点。以电视为例，山西省电视媒体还在使用收视率这一传统指标，但正如前所述，收视率的权威性日渐丧失，引入多屏指标势在必行，这需要技术支撑。

2. 技术应用困境

从调研采访中可知，山西省媒体融合的技术层面是比较滞后的。技术因素只有与不同的运营方式相结合才能够产生效能，而效能的性质、大小及影响是由运营方式决定的，并非技术本身。山西省媒体融合技术创新的问题，固然有本省经济文化和历史原因，但更深层原因却在于技术创新在体制和政策层面的需求也会被其他因素所影响。技术应用与生产革新、渠道扩展、传媒体制改革密切相关，究竟能够达到什么样的深度，取得什么样的效果，还需要在实践与博弈中得到验证，更需要媒体利益集团在政策制定方面予以考虑。

（三）媒体深度融合之技术融合创优路径建议

1. 应用数字技术，改变内容生产理念和生产模式

根据调研采访结果，我们看到，虽然已经进入互联网时代，但部分传统媒体从业人员认为，互联网只不过是新的内容分发平台和内容采编平台，并没有改变"内容为王"的传统认识。在这种理念的指导下，传统媒体大力引进数字采编分发技术，建立自己的网络传播平台，认为通过这种方式就能够实现媒体融合。从目前的效果来看，这种努力基本上效果并不乐观。媒体融合并不是简单的数字技术的应用，而是应该基于互联网逻辑，形成新的内容生产理念和生产模式。在以互联网为基础的新传播环境中，传播对象不再是被动的大众，而是具有活性的公众，这使得意识形态传播方式不再是以大众传播为主体，而是应以人际传播为基础重构传播体系，因此，应用数字技术，改变内容生产理念和生产模式，还只是媒体融

合的起点，偶尔冒出一些优秀的适应互联网传播的内容，并不能解决根本问题；要持续地生产积极的有影响力的内容，更好地完成互联网环境下意识形态宣传的任务，必须对媒体进行更加彻底的改变。

2. 媒体融合的重构，大数据传播应为中坚力量

大数据的应用正在深刻地改变内容生产和内容传播方式，云算法可以对海量人群数据进行分析，分析和确定沟通对象的特点、数量等信息，针对性的生产内容，直接把内容与传播对象精准匹配。这些大数据的应用代表了互联网逻辑的演进路径，甚至意识形态的宣传也必须应用大数据的技术进行创新。这对目前媒体融合的思维更是一个巨大的挑战。

基于大数据技术应用形成的新的传播方式，即大数据传播。这是通过技术规模化的针对个体的精准传播。传统媒体面对众口难调的受众市场，基本选择是"少调"甚至"不调"，无法实现个性化的精准沟通。而大数据传播则可以为每一个传播对象精准匹配个性化的内容，且可以全天候场景化随时进行，不受大众传播播出时间和印刷时间的限制。

大数据传播对内容生产的要求是规模化个性化的快速生产。媒体融合必须解决互联网环境下的意识形态宣传问题，这一点在后文的政策融合部分，我们还会详细分析，而从互联网演进来看，大数据传播是必须要重视和适应的新传播方向。对意识形态宣传而言，媒体融合的重构，所面临的任务是进行数字化全面转型，重构基于互联网逻辑的意识形态宣传体系。

四、山西省传统媒体与新兴媒体资本融合分析

（一）调查情况分析

媒体融合离不开资本，战略的推进，技术的进步，人员的提升，都需要资本的扶持。在"贵单位达成融合发展、扩展业务范围的资本运作方式"调研中，各项方式没有太大的比例差别，上市融资、并购、投资控股、孵化和其他所占比例基本相当，体现出山西省媒体融合的资本运作方式并没有突出偏好。而在"通过资本手段实现跨媒体运营的动作"调研中，"实现内容生产、版权资源的扩张"占比最高，紧随其后的"参股平

台化新媒体企业"和"收购、控股新媒体创业公司"也占比较高，表明山西省媒体融合在固守内容生产并出售版权的老路之余，也在积极尝试拓展新的资本运作方式。"跨界扩张（如布局电商、互联网金融、游戏等）"相对占比较低，则与山西省电商、互联网金融领域发展在全国并不突出有关，需举全省之力推进全省经济产业转型，方可助力媒体跨界扩张（如图3-15）。

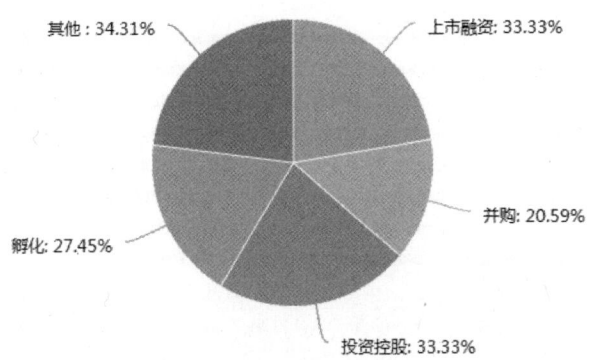

图3-15 达成融合发展、扩展业务范围的资本运作方式调研结果图

在"资本运营在以下各方面中的作用程度"调研中，得分较高的是"渠道建设与拓展"和"技术升级"，而"管理水平提升"和"内容购买"则略低一些，表明山西省媒体融合过程中，大量资本是被运用在渠道与技术层面，这也是资本发力最为容易取得立竿见影效果的领域，相比之下，管理水平的提升不容易量化，而内容购买则由于受众市场的地域性极强，难以实现大批量购买，远不如自制内容更能实现传播效果的优化（如图3-16）。

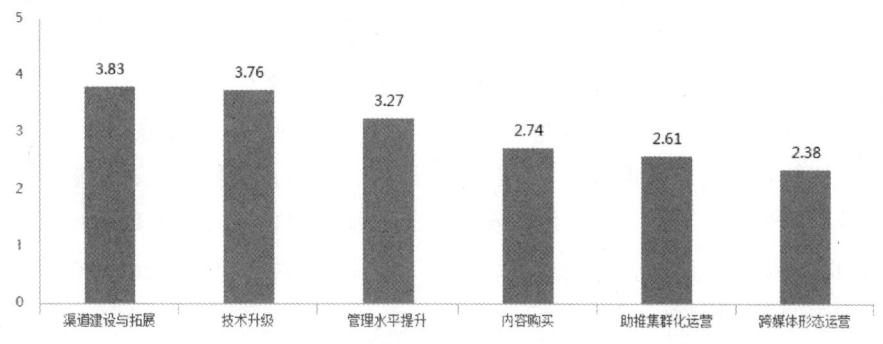

图3-16 资本运营在以下各方面中的作用程度调研结果图

在"影响传统媒体广告下滑的因素"调研中,排名最高的是"传统媒体产业化层次较低",而"传统媒体内部结构性矛盾""内需不足,诸多行业产能过剩""传统媒体广告持续高增长造成懈怠""在媒体融合发展中起步晚"等因素都占有较大比重,这进一步证明媒体融合的势在必行,如若再不赶上媒体融合的大潮,传统媒体必将成为明日黄花(如图3-17所示)。

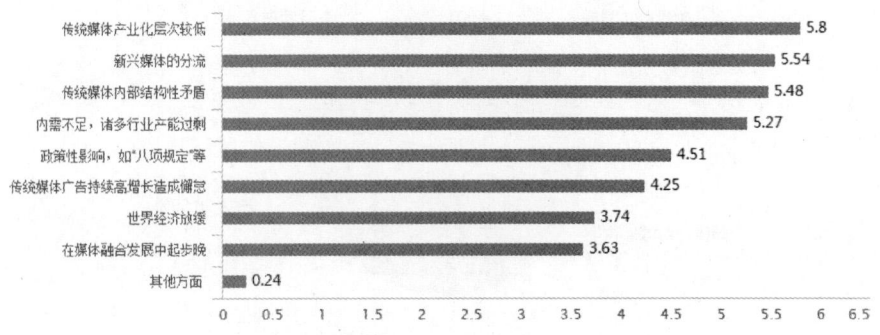

图3-17 影响传统媒体广告下滑的因素调研结果图

(二)媒体资本融合方面存在的问题分析

1. 资本创收模式单一粗放

从调研采访结果来看,山西省媒体产业,尤其是广电产业,链条单一,创收依赖时段广告;一旦广告收入减少,资金链断裂,便出现入不敷出、捉襟见肘的现象。在线下活动和产业经营方面缺乏经验,赔本赚吆喝的现象非常普遍。与此同时,大量的人员投入和巨额的经营成本导致全台运营成本过高,经营压力大。事实上,由于山西广电系统多年来专注于内容经营,缺乏具有市场经验、营销专业的人才,缺乏融资渠道,创收受阻,致使商业模式定位不清晰,创收也就受到制约。资本创收思想被动,高度依赖政府拨款;模式单一,长期专注广告渠道;战略短视,注重短期利益而忽视长远利益,注重经济效益而忽视社会效益,直接性创收比重过大而忽视发展新的潜在的创收渠道,这三项主要问题,制约着山西省媒体融合中的资本因素。

2. 利用资本脚步裹足不前

借力资本市场,撬动媒体深度融合,推动产业转型升级,做大做强传媒经济，已成为各大媒体集团推动媒体融合发展的主要方向和做法。但通过调研采访得知，目前，山西尚无一家媒体在主板、中小板、创业板上市或"新三板"挂牌，也就是说，山西媒体利用资本市场直接融资尚属空白。这一方面说明山西传媒产业仍处于散小弱差的状况，另一方面也暴露出山西媒体利用资本市场本领欠缺的问题。现有资料显示，山西有四家媒体公司正在谋求资本市场的突破。山西广电新媒体有限公司拟申请IPO上市，山西新闻网传媒发展有限公司、山西广电信息网络（集团）有限责任公司、太原日报传媒有限公司拟申请"新三板"挂牌。但受限于体制机制桎梏、观念的封闭保守和媒体规模零散、实力不足等因素，都未有实质性的推进。资本市场融资裹足停滞，在引入战略投资者和建立媒体融合发展投资基金方面，山西媒体也没有实现零的突破。

（三）媒体深度融合之资本融合创优路径建议

1. 在深度融合中创新产业运营思维，提升发展战略水平

抢夺入口、搭建平台、构筑全产业链、形成闭环生态圈、获得商业模式，成为移动互联网布局的基本路径，在移动互联时代推进融合发展，必须依靠新的产业运营思维。同时，融合发展与传媒产业从工业生产时代向信息化生产时代的转变是同构的，需要从时代特征的转变中发现创新契机，比如通过用户劳动获得发展是工业生产转向信息劳动的新方式，媒介依赖职业劳动者——编辑、记者等之外，还有依赖用户这种非职业劳动者获得发展的途径，山西省媒体运营者需要把握深度融合过程中这样的内在变化，才能够为从更高战略水平提升运营思维创造条件。

2. 资本投入向跨界运营倾斜

在传统媒体创收举步维艰的今天，跨界运营已经成为媒体融合发展的趋势，能否取得预期效果的关键，在于跨界是否直击用户痛点、满足市场转型的要求。调研采访结果显示，山西省媒体电商的发展还远远未进入繁荣期，仅有《三晋都市报》、太原广播等少数几家媒体组建了受众服务中心，初步具备媒体电商特质。但媒体与电商的跨界的确为用户提供了方便，面对百姓迫切需要解决的生活难题，运用媒介优势能够弥补优化社会生活资源、社会公共服务体系的不足和局限。基于此，资本投入须向跨界运营倾斜，助

力媒体融合，从单纯大众媒介转型为综合生活媒介，服务百姓生活。

3. 资本运营嗅觉要敏锐，捕捉战略发展契机

随着媒体融合不断推进，其作用范围已经不仅仅局限于传媒业，基于统一的互联网数据等平台，媒体与相关行业之间的交集不断扩大，其他产业的结构调整与升级同样能够给传媒业的发展创造新的空间，电商、健康、教育、交通等领域有着媒体高速增长的战略空间。正如上文所述，资本投入应该向相关领域倾斜，而非仅仅聚焦于媒体产业本身。同样，国家相关产业政策值得关注，比如"一带一路"倡议如今正乘东风，媒体应该借助资本的力量参与到一带一路国家传媒产业融合发展和传媒市场的重构和升级中。无论何时，资本都应该嗅觉敏锐，把握经济社会结构调整、产业升级的机遇，在媒体融合边界的扩展中寻求共同发展。

4. 媒体转企改制上市融资

从根本上说，转企改制是进入资本市场的首要条件、第一道门槛。它不是一般性的调整，而是一次深刻的自我整合与变革。媒体通过改制，建立起规范的现代企业制度、多元化的股权结构、科学合理的薪酬体制，从而激发媒体活力和内生动力；同时，媒体通过上市募集到发展所需的资金，进而实现文化与资本的良好结合。在兄弟省份中我们看到，浙报传媒改制上市后，在保持印刷、广告和发行等传统业务领先优势的前提下，大胆切入网游、无线增值服务、户外视频广告等新兴领域，呈现出产业多元布局、传媒主业跨越式发展的良好局面。

五、山西省传统媒体与新兴媒体政策融合分析

（一）调查情况分析

除去技术进步对时代变革的推动，以及传播学角度受众对媒体生产的倒逼之外，基于我国现实国情，政策与体制对媒体融合发挥的作用是举足轻重的。问卷第17题，调研以下因素在推动媒体内容生产融合中的作用程度，结果如图3-18，除排名第一的"传媒技术的革新"和排名第二的"受众信息消费习惯的变化"外，"传媒政策的调整"以3.66的得分，和

"当下的宏观传媒体制"以 3.31 的得分，分列第三和第四。此问卷结果证明山西省媒体融合影响因素与全国情况基本一致，在技术与受众的刚性因素之外，政策与体制因素有着深远影响。

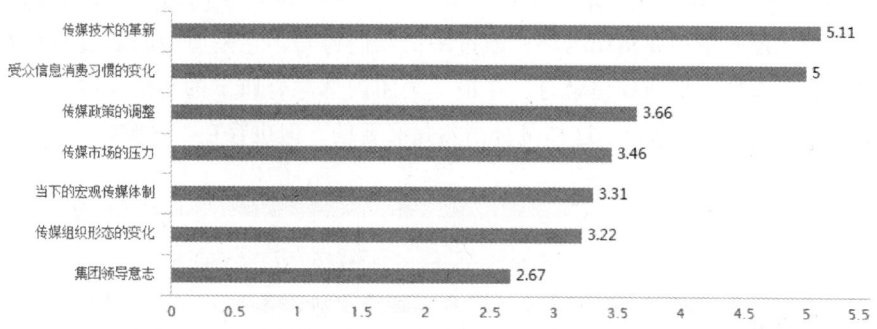

图 3-18　以下因素在推动媒体内容生产融合中的作用程度调研结果图

与之呼应的是，第 18 题，调研媒体从业人员是否赞同当下传媒体制与政策中存在阻碍媒体融合发展的因素，结果如图 3-19 所示，几乎半数答案选择了"非常赞同"，将近三分之一的答案选择了"赞同"，可见山西省在政策激励与完善部分，对媒体融合并没有过多举措，影响了媒体人转型改制的积极性。

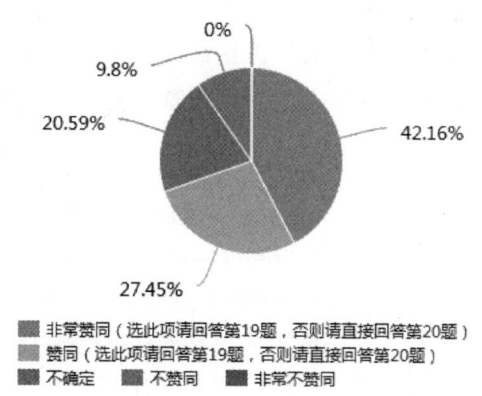

图 3-19　是否赞同当下传媒体制与政策中存在阻碍媒体融合发展的因素调研结果图

那么在当下山西省的政策与体制中，阻碍媒体融合发展的因素所占比重又是如何呢？第 19 题结果如图 3-20 所示，"人才的引进、培养与成长"得分遥遥领先，进一步佐证了上文所述，山西省媒体人的积极性难以得到充分发挥，人才流失的现状需要重视。而"跨所有制媒体融合的推进""公司化运营""跨形态媒体融合的尝试""跨地域融合布局的开展"等因素分列其后，共同形成目前山西省媒体融合不甚顺利的负面因素，与内容生产方面山西省媒体不重视"年轻化""个性化"的问卷结果遥相呼应。以太原日报传媒集团为例，通过采访我们得知，它是典型的通过传统媒体整合新媒体，形成媒体融合，在报业集团内部融合旗下的报纸、网站、新媒体平台（两微一端）。这种融合当然是必要的，但也存在一些弊端。

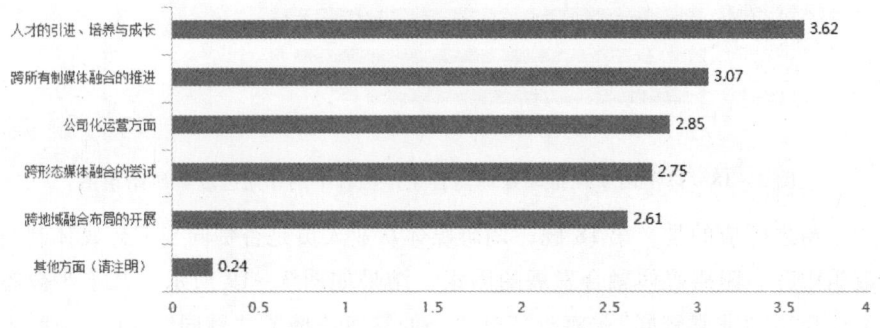

图3-20　阻碍媒体融合发展的因素所起的作用程度调研结果图

在"传统媒体人才流失不同因素的影响程度"调研中，"新兴媒体的运作机制和工作环境，有利于人才的快速发展"和"自己的想法和创意需要机会得到实施，实现自我价值"占比最大，无疑表明，传统媒体的政策和运作体制已经无法满足媒体人才发挥创意、实现自我的需要，亟需媒体融合的破冰（如图3-21所示）。

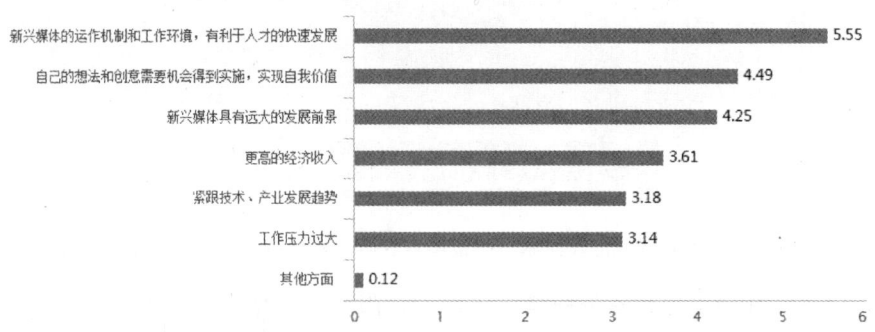

图3-21　传统媒体人才流失不同因素的影响程度调研结果图

在"以下因素在阻碍传媒公司运营机制改革中的作用程度"调研中,"现行传媒体制"占比最大,也是政策体制亟需提升的体现(如图3-22所示)。

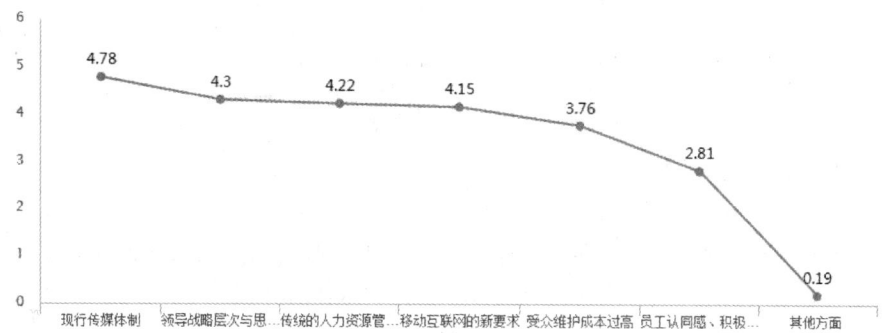

图3-22 以下因素在阻碍传媒公司运营机制改革中的作用程度调研结果图

在"2016—2017年度与媒体融合发展相关的十大行业新政在推动媒体渠道、内容、产业、集群化等融合发展方面的作用"调研中,四道题目调研结果惊人一致,《关于进一步加快广播电视媒体与新兴媒体融合发展的意见》《关于在全国范围全面推进三网融合工作深入开展的通知》《国家"十三五"时期文化发展改革规划纲要》《新闻出版广播影视"十三五"发展规划》四项政策,在四道题目中,全部位列前四。这与政策范围与内容有直接关系,尤其是《关于进一步加快广播电视媒体与新兴媒体融合发展的意见》《关于在全国范围全面推进三网融合工作深入开展的通知》两项文件,为推进媒体深度融合指明了前进方向、提供了可循之路(如图3-23、图3-24、图3-25、图3-26所示)。

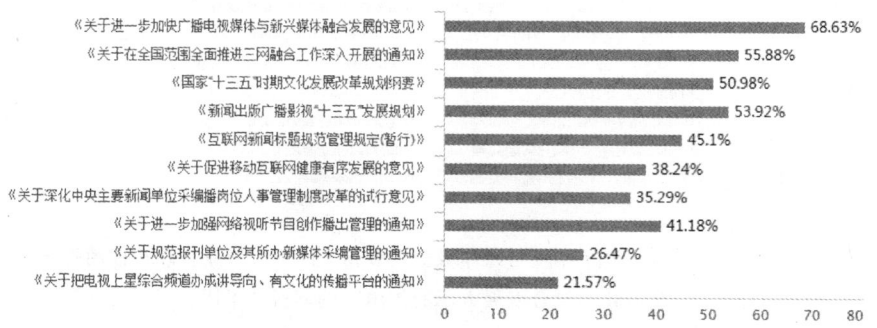

图3-23 "2016—2017年度与媒体融合发展相关的十大行业新政在推动媒体渠道融合发展方面的作用"的调研结果图

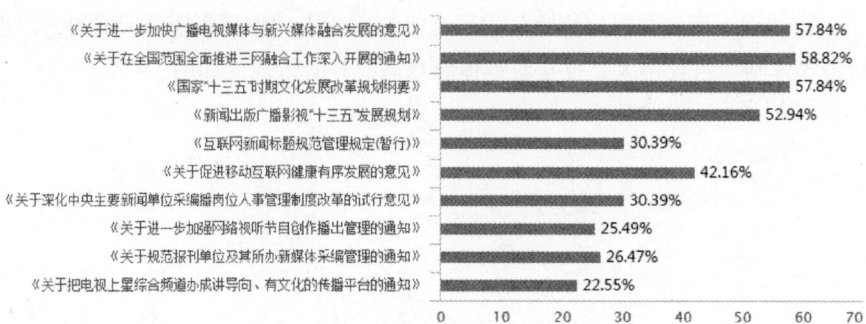

图 3-24 "2016—2017 年度与媒体融合发展相关的十大行业新政在推动媒体内容融合发展方面的作用"的调研结果图

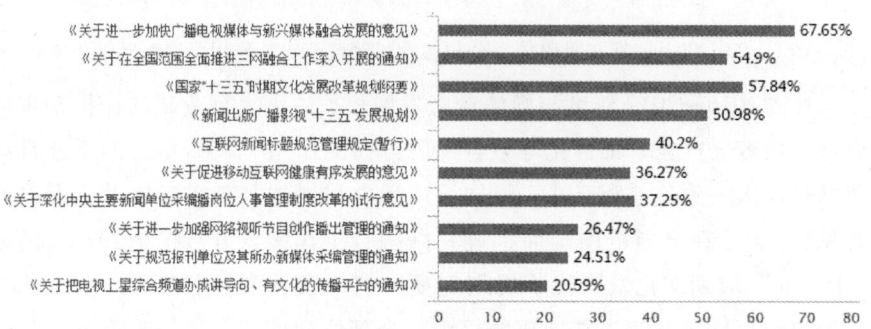

图 3-25 "2016—2017 年度与媒体融合发展相关的十大行业新政在推动媒体产业融合发展方面的作用"的调研结果图

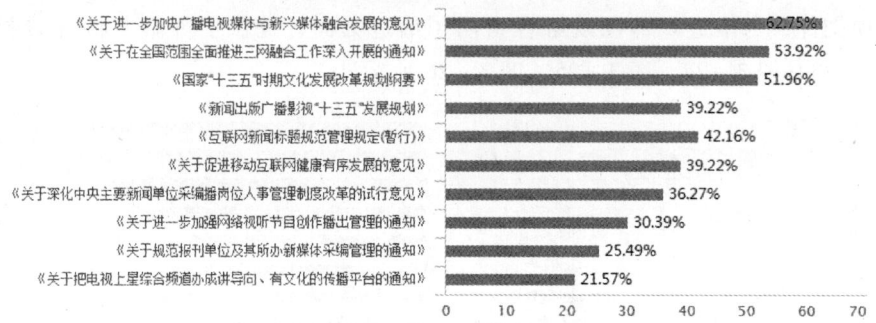

图 3-26 "2016—2017 年度与媒体融合发展相关的十大行业新政在推动媒体集群化等融合发展方面的作用"的调研结果图

在"希望国家在以下方面出台相应促进政策"调研中,"网络环境净化""知识产权保护"和"推动技术创新与应用"占比相当,都在 60% 以上，反映出山西省媒体从业人员对当前良莠不齐、侵权频发的传媒环境的担忧，以及对技术进步需要的政策保证的需求，山西省相关部门若能在此方面重拳出击，必能给予山西省媒体融合大环境一片沃土。而"鼓励从业者创业、提供配套保障政策"紧随其后，占比接近60%，表明技术进步需要的不仅仅是技术本身的推动，还需要配套政策合力推进，共同促成技术进步在媒体融合中发挥强力基建作用（如图3－27所示）。

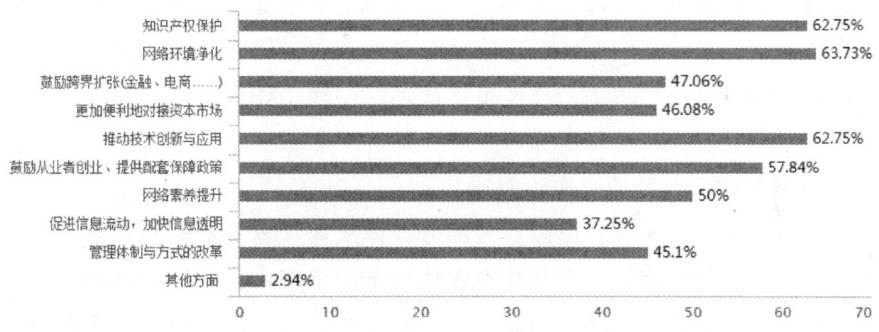

图3－27 希望国家在以下方面出台相应促进政策调研结果图

（二）媒体政策融合方面存在的问题分析

1. 媒体融合体制：传统媒体整合新媒体弊端初现

通过调研采访，我们发现山西省内的党媒，基本采用传统媒体整合新媒体方式，组建集团，在集团内部融合两微一端为代表的新媒体。但这种融合体制，并不十分完善。从内容生产理念而言，依然采用传统理念。从技术基础而言，依然采用传统技术。在信息资源方面，出现前文所述的分散和同质化现象。在传播主体上，局限于集团内部以及其旗下自行组建的新媒体。在受众方面，出现不稳定、分散化、多元化问题。同理，在传播内容上，零散、碎片化。团队方面，传统媒体人员被动学习新技术，管理人员仍然是旧体制内的领导者，专业化水准较低。

2. 媒体思维与产业思维的融合不够

通过调研采访，我们发现山西省传统媒体的产业创新受固有思维与行政力量影响，陷入了大而全的误区，力求通过形态扩展与规模提升谋求转型。从媒体形态发展来看，这能满足不同受众的信息需求，但能否转化成市场竞争力，并不由形态标准决定，很多媒体运营者未完成从媒体思维到产业思维的转化，融合发展策略容易出现上述误区，如不能从根本上解决这一问题，强行推动融合发展将会对传媒资源造成极大浪费。

3. 体制不统一，管理不科学

通过调研采访，我们发现山西省传统媒体在管理模式上，呈现出机构臃肿、内部机制不统一等特征，难以适应市场化趋势。这样的管理架构常导致责权利不明晰、内部管理不畅、同项劳动多层无意义重叠，致使矛盾丛生。同时，很多省内媒体没有建立起科学完善的综合考评机制和公平合理的收入分配机制，员工积极性很难调动，一线工作人员大多属于聘任制员工，且人数较少、工作量大。

4. 政策制定与行业反应不对称

从调研采访结果看，山西省大部分媒体从业者思考政策基点是竞争与生存压力，表达更直接一点就是在媒体变革的浪潮中，传统媒体求生已经很艰难，更匪论其他。这就与政策制定者社会效益与经济效益并重的目标诉求存在维度偏差。以媒体社会责任感与公众利益间的矛盾为例，媒体社会责任感缺失直接导致公共利益受损，其所遵循的基本原则是以最小的政治风险赢取最大的商业利益，但这难免会带来某些具体事项中公共利益的被损害与被忽视，传媒体制处于比较尴尬的境地。除了传统因素的影响，主要是因为两者维度不同。

（三）媒体深度融合之政策融合创优路径建议

1. 转变媒体融合体制思路，以新媒体整合传统媒体

以兄弟省份作参照，我们发现，内蒙古、黑龙江和湖南等省份，成功转变媒体融合体制思路，实践了新媒体整合传统媒体的融合操作。它们的主要阵地不再是广电、卫视或者日报等平台，而是统一整合为城市新闻网，在全市范围内，融合报纸、广播、电视、网站，形成多达十几个新媒体平台。这种融合体制的优势是显而易见的，内容生产理念采用新媒体理念，具有互联网思维，技术基础也更新为新媒体技术，信息资源集中而丰富，传播主体不再局限于集团内部自行组建的新媒体平台，而是扩散到了整个互联网。传播受众得以垂直细分为特定群体，相应的传播内容也是分

众化、集中生产。团队方面，工作人员以新媒体技术人员为主，不再出现传统媒体人员学习新技术的有心无力，管理人员更是以具有互联网思维的新媒体领导者为多，专业化程度较高。

2. 转变媒体融合理念思路，从相加转向相融

媒体融合受政策理念制约，相加容易，相融很难。进行融媒体建设是如今城市广电的首要工作，组织架构重组、生产流程重构是目前的主流做法。如此一来，就意味着原本属于不同内容生产岗位的人员要进行深度的融合，广播人员要了解电视的采编逻辑，传统媒体人员要熟悉新媒体的运作方法，在此过程中难免会存在水土不服的阶段性问题。同时，传统媒体人员的惯性思维也可能影响融媒体平台的正常运作，很可能出现的结果是：平台搭建好了，生产流程顺畅了，内容依然缺乏互联网基因，依旧未能提高传播力和影响力。广电人的思维必须做出改变，运用互联网思维进行节目生产、传播、营销推广。从受众的角度思考，打造"新闻+政务+服务"的融媒体平台，最大限度地提升区域媒体的传播力、影响力和服务功能。

山西省媒体融合的破冰之举非一日之功，各种媒体相加不相融的"病"来自于日积月累。媒体融合应当准确评估自身发展的现状，针对性地进行转型调整。创新机制、健全考核机制、推行人才兴台、深化媒体融合、助推内容生产、加强平台建设、进行区域联动，这应当成为山西省媒体融合未来着重发力的方向。

3. 以提升主流媒体话语权为主要目标，优化政策顶层设计

从调研采访来看，山西省媒体从业人员对媒体融合的渠道、资本、内容、技术等层面的认知维度存在较大差异，这有利于推动媒体融合形态多元化，但对提升主流媒体话语权、舆论引导机制建设却有一定消解作用。透过媒体融合，可将内容生产限于传统管理架构中，维护主流话语和意识形态安全，这条主线需要主管部门、媒体领导优化顶层设计，坚决避免在转型、迭代中走进误区。如果这一目标上没有达成，在跨界经营、形态创新等方面取得再大成绩，也不能说媒体融合发展取得成功。

4. 推动改革创新势能，构建山西特色媒体体制

我国体制改革处于深化攻坚的关键时期，涉及许多制度的转型重建与

新建问题，并在路径依赖与制度创新的双重作用下衍生出一系列具有中国特色的制度。传媒体制改革是其中的有机环节，虽制约因素广泛存在，但整体改革的势能已经形成，诸多问题的解决在体制改革势能面前仅仅是时间与方式的问题。正如中国网络电视台战略投资部总监刘群所言，无论眼前存在什么样的问题，都必须顺应媒体融合的规律，推动改革与创新势能，这是克服阻碍因素、解决体制创新问题的根本。山西省媒体发展情况总体排名虽不靠前，但胜在有深厚历史文化底蕴，与每年都在稳定增长的旅游产业，面对山西文化旅游产业快速发展的可喜事实，我们要在媒体深度融合发展中努力探索，构建适合山西省情、与山西文旅有机结合、有山西特色的媒体融合发展体制。

六、结语

媒体融合是大融合、大视野、大传播，无论是互联网还是新兴媒体，都只是媒体创新发展所依托和借助的载体和手段，制胜关键还在于观念的融合与创新。综上分析可以发现，山西省传统媒体与新兴媒体融合中暴露出的问题，根源即在于从业人员仍未将实现思维、观念的融合与创新，过度重视媒体发展的手段与工具。具体体现是，在内容融合方面，关注权威性、传统媒体受众，忽视趣味化年轻化、新兴媒体受众；沿用传统媒体文字报道，忽略新兴媒体的多样化形式；局限于形式融合，忽略对互联网等思维的深刻融合。而在渠道融合方面，观念融合度低也导致从业者对媒体跨界运营态度消极；人才流失严重。以上问题已成为山西省传统媒体与新兴媒体间的深度融合的掣肘。

《媒体融合蓝皮书：中国媒体融合发展报告（2017—2018）》显示，中国媒体融合未来发展将呈现出四大新趋势：（1）强化政府引导，走稳媒体融合发展道路；（2）健全制度管理，促进媒体融合规范化发展；（3）重视人才培养，构建媒体融合多元化人才队伍；（4）主动跨界合作，实现媒体融合经营管理创新。

山西省传统媒体与新兴媒体融合过程，也应顺应以上趋势，针对性地提出对策应对融合过程中的问题，在健全制度、人才引进、内容融合、跨界合作方面做足功夫。

除采取以上针对性措施外,加速融合进程,仍需要同时关注三个方面的发展情况。首先,需要国家、省出台扶持媒体融合的"新政"与传统媒体出台的规章相辅相成共建方圆;其次,需要传统媒体内部忍受阵痛,对内部架构、组织及管理体制进行大刀阔斧的调整,以此调整改善传统媒体在内容、渠道和技术方面的局面,甚至可以融入外部成熟的新兴媒体平台的团队使之转变得以充分;最后,资本方面的转型显然是传统媒体转型的核心层面,传统媒体目前大多无法满足媒体融合中的资金要求,而如果依靠其自身积累显然是不现实的,因此扩展融资渠道,通过兼并、收购等融资手段整合社会资本是传统媒体发展的必要条件。只有在这几大层面的共同发力的情况之下,才能加快媒体融合的进程,彻底解决当下山西省在媒体融合方面产生的问题与危机。

第三节 县级融媒体中心建设的价值意义与生态系统建构

在2018年8月21日全国宣传思想工作会议上,习近平总书记指出:"要扎实抓好县级融媒体中心建设,更好引导群众、服务群众。"这次会议宣告了我国媒体融合发展进入了新的阶段,从中央、省、市延伸到了"四级媒体"。县级融媒体中心建设的价值意义非常深远,本节从其历史方位、现实需求与发展机遇三个方面进行阐述,并指出县级融媒体中心建设意义旨在打通传播体系的最后一公里;打造治国理政的最后一公里;打破公共服务的最后一公里。继而提出县级融媒体中心生态系统建构的因子,即"一个系统、两个端口、三个平台、四重标准、五种产品",为实现县级融媒体中心全覆盖,献计献策。

一、县级融媒体中心建设的价值意义

"要扎实抓好县级融媒体中心建设,更好引导群众、服务群众。"① 习近平总书记在 2018 年全国宣传思想工作会议上对于"四级媒体"的点名关注,开启了县级融媒体中心建设的元年。2018 年 9 月 20 日至 21 日,在县级融媒体中心建设现场推进会上,全国各地"领头"县级融媒体中心齐聚一堂,分享了包括"玉门模式""长兴模式""长江云""北京模式"等典型运作结构方案,中宣部总结各地交流经验,对在全国范围推进县级融媒体中心建设作出部署安排及目标要求。2018 年 11 月 14 日,中央全面深化改革委员会第五次会议发布了《关于加强县级融媒体中心建设的意见》,这个文件为今后县级融媒体发展指引了路线与方向,对县级融媒体中心建设做出了顶层设计。

(一) 县级融媒体建设的历史方位——打通传播体系最后一公里

回顾近年来媒体融合发展的进阶,经历了由表及里,由点到面,由顶层设计到支点架设的渐进式过程。从创建融合产品,适应互联网传播渠道的内容产品创新,到建设融合平台,实现内容及其他社会资源的聚合,再到建构融合体系,构建起立体多样,融合发展的现代传播体系。很显然,从 2014 年开始我国已经完成前两个阶段的发展,进入到了第三个阶段,建构融合体系。

2014 年颁布的《关于推动传统媒体和新兴媒体融合发展的指导意见》的文件,吹响了大力推动媒体深度融合发展的号角。这一层次媒介融合的重心是以人民日报社等大型传媒集团为代表的"中央厨房"模式的探索。

中共中央政治局委员、中宣部部长黄坤明,在 2018 年全国宣传思想工作会议召开之前,就曾经强调过要打通继承宣传思想文化工作"最后一公里"。县级融媒体中心的建设,标志着大力推动媒体深度融合发展进入新进程,标志着我国以行政力量主导的自上而下的媒介融合行动进入第二层

---

① 习近平. 举旗帜聚民心育新人兴文化展形象 更好完成新形势下宣传思想工作使命任 [EB/OL]. 新华网. http://www.xinhuanet.com//2018-08/22/c_1123310844.htm.

次，长期处于行业边缘地带的县级媒体终于有机会进入政策关注的焦点区域，获得政策扶持的发展机遇。"从构建现代传播体系的视角看，广泛分布且数量巨大的我国县级媒体展现出独特价值。县级媒体依托同级行政体系而存在，几乎独家拥有本地区的传播资源，是最接近基层人民群众的通道之一。"① 通过县级融媒体中心建设，实现渠道下沉与各级资源整合，建构完整的现代传播体系，打通传播体系的最后一公里。

（二）县级融媒体建设的现实需求——打造治国理政最后一公里

县级融媒体中心建设的成败关键，归根结底是能够提升党媒的传播力、引导力、影响力和公信力。县级媒体是党的宣传思想工作的传达的最后一公里，同样肩负着高举党中央旗帜、凝聚民心民意、培育新型人才、振兴民族与地方文化、展示国家形象与地方故事的重要使命任务。县级融媒体要始终与中央同频共振、同向发力，让党中央的新精神新政策传达无漏洞无死角。

"新型主流媒体的能力结构应该不仅包括强大的正面宣传能力，而且还要具备扎实的危机沟通能力。"② 县级融媒体中心同样要具备在"政府—社会"有效沟通的框架范围内进行讨论的能力。围绕中心，"引导群众"。在"全世界在观看"的场景下，抵达本地社会变动的第一现场进行有效沟通，并在第一时间快速将事实真相传播出去，不给流言、谎言、谣言可乘之机，消灭它们滋生的危险时间。

（三）县级融媒体建设的发展机遇——打破公共服务最后一公里

全国各地融媒体中心建设如火如荼，普遍做法是整合媒体资源，重建一个新的媒体机构，职能侧重于新闻宣传，以"县新闻中心"为载体，但他们是以内容供应商的形象出现的。

其实，县级融媒体建设要行稳致远，在融媒体中心建设之初即开宗明

---

① 宋建武，乔羽．建设县级融媒体中心 打造治国理政新平台［J］．新闻战线，2018（12）67-70．
② 朱春阳．政治沟通视野下的媒体融合——核心议题、价值取向与传播特征［J］．新闻记者，2014（11）．

义：打造主流舆论阵地、综合服务平台、社区信息枢纽。从这个发展目标来看，县级融媒体中心在建设过程中，要进行自我身份的蜕变，从原来的"单一、固定、定向"的内容供应商蜕变为"多屏、移动、交互"的公共服务运营商。立足本土，"服务群众"。将政务信息查询、便民生活服务、智慧党建、智慧司法、执法监督、养老教育等功能同步跟进，做到"点开一个APP，办成一揽子事"的新格局，提高群众工作学习生活的效率，并丰富群众精神文化生活，引入电子商务等垂直服务领域，为当地人提供生活—成长的一站式服务，链接基层群众与政府间的公共服务一体化平台，打破公共服务最后一公里。

二、县级融媒体中心生态系统的建构

县级融媒体中心的生态系统是以互联网为基础，以大数据、云计算、人工智能为核心技术支撑的媒体融合生态系统。可以概括为"一个系统，二个端口、三个平台、四种形态、五类产品"。

（一）以"融合"为关键，建立一个系统

"融合发展关键在融为一体、合而为一。"抓住"融合"二字是县级融媒体中心建设的关键，研究把握现代传播体系的要素，推动形成媒体形态相融、传播形态相融、产品形态相融、技术形态相融、人才形态相融的主流媒体旗舰。

通过采用新理念、新技术、新服务，建立省、市、县三级媒体，统一、开放、合作的"新闻+政务+服务+监督+电商"媒体融合、资源整合的综合性平台，营造县域健康发展的主流舆论阵地，并将三级党媒及其所属新媒体接入同一个系统，或称为"云系统"建立起传统党报与新兴媒体融合发展新生态。"全省一朵云"一个系统有利于强化网络安全管理，评估数据资源，优化资源配置，解决长期以来功能重复、内容同质等问题，建立统一指挥调度灯塔。

（二）以"智慧"为支撑，开设二个端口

全国各省市的融媒体平台"中央厨房"基本已经架设完成，经过之后

的建设与完善,各省级媒体融合云平台也已形成满足自身业务承载和对外辐射拓展的融合媒体业务体系,这其中还包括其相应匹配的安全网络防御系统。在县级融媒体中心建设过程中,要以"智慧"为支撑,不能单打独斗,不能固守自封。要学会"围绕中心"与"立足本地"。开设二个端口,即依靠省平台为提供全省的县级中心提供技术支撑和公共服务,并提供通用平台内容的端口;同时各县级要做到"一地一端",真正做到定制化与独特化,让党的创新理论"飞入平常百姓家",做到从"散"向"聚"的深度转变。

(三)以"用户"为中心,搭建三个平台

在中国的现实环境下,相比于有闲阶级营造出的消费板块,身处结构性推动机制与制度性阻滞作用并存格局中的农村人口占据了我国总人口的57.65%(数据截至2017年年末)[①],他们才是当先真正切实的潜力股,县域用户已成为移动应用最大的增量群体,拼多多与快手已经向业界证明了这一点。

县级融媒体中心要以用户为中心,与用户之间建立起有效连接。所谓用户,是指县级融媒体中心能够切实掌握其各方面数据和真实需求的用户,是在线的和高频的用户。以用户为中心是真正实现满足用户的"刚需",把脉用户的"痛点""痒点"。在此基础上建立的三个平台,是指搭建数据资源的技术平台、智能内容生产的传播平台、服务用户沉淀的反馈平台,运用大数据技术对用户进行精准画像与场景构建。更加精准地服务用户,增加用户认同度,增加用户的黏合度,使之沉淀在自身的平台,成为自身的真正用户。

(四)以"媒体责任"为准绳,建立四重标准

不管怎么"融",我们还是不能忘记媒体的责任,通过内容产品与交互沟通,引导群众、服务群众。评估内容稿件也不能依靠传统媒体的考核标准,需要重塑四种考核评价标准:"重要性+创新性+点击量+转载

---

① 王通.联根式流动:中国农村人口阶层分化与社会流动的隐蔽性特征[J].求实,2018(5).

率"。重要性是现代新闻要素的之一,也是老百姓关心及需要关注的内容的衡量标准;创新性是形态与内容角度的结合起效的评判标准;点击量是群众关注度与传播力的显示器;而转载率是相关媒体与群众认可度与价值判断的测量仪。

使用这四重标准来评价稿件,一稿多酬、优稿优酬。激发媒体从业人员的干劲儿,增强自我提升能力,提高内容效能。同样用这四重标准评估"全民记者们"并给以奖励。这样既可以拓展"融媒眼睛"增加内容产量,也鼓励群众的积极参与,并培养他们的公民意识与文化自觉、文化自信。

(五)以"互联网思维"为基础,运作五类产品

之前的媒资产品的价值评估使用丛林法则,体现在垄断性、封闭性、不可复制性;而如今的媒资产品的价值评估使用天空法则,体现在开放性、多向性、共赢性上。这一转变符合互联网思维的运用模式与互联网经济的精神内核。

在县级融媒体中心的建设过程中,要运作五类产品,即"移动优先+电视跟进+纸媒深度+两微一端+短视频"五类产品矩阵。依托融合媒体共享平台,形成信息资源池,各取所需进行编辑播发,实现一次性采集、多元化生产、跨渠道传播。注重制作突出"个人存在于价值的社区新闻,即'冰箱新闻'——社区居民将报纸剪下来,孩子的、家人的、亲友的,贴在自家的冰箱上,那是与他们贴得最近、'同声相应同气相求'的人文关怀。"①

短视频可谓是更为彻底的手机原生态产品,也是小镇青年与世界相连的桥梁;是宏观社会环境与个人选择、个人意愿之间的一座桥。快手的信息赋权在一定程度上印证了这一点。可见通过新媒体赋权,可以帮助小镇青年实现自我的表达,而移动优先,也可以突显"全民记录"的景观。这五类产品矩阵将有效地增进用户的黏合度,改善中国基层舆论场的情绪生态。

"郡县治,安天下",县级媒体的融合是时代背景下媒体发展的必然,

---

① 任浩. 美国社区报研读启示:让大众在社区听到国家的心跳[J]. 中国记者, 2015 (9).

也是集中资源力量做好面向用户的内容生产和服务升级,省级云平台的支持与帮扶可以有效减轻县级融媒体中心的负担,坐实县级媒体的核心竞争力,提升自我迭代的能力。地方媒体的转型升级既有利于体制机制的调整,也有利于更好地承担并履行党媒职责、践行社会责任。县级融媒体中心的建设序幕已然拉开,让我们砥砺奋进,共建美好生活。

第四节 受众视域下《女神新装》的创新性研究

如何在众多真人秀综艺节目中脱颖而出?如何让一档节目获得社会效应与经济效应的双赢?这是现如今我国电视人面临的难题。本节以东方卫视《女神新装》节目作为研究对象,探讨该节目成功的内容生产与运营模式,即满足了观众对"悦目"的窥探,也符合了大众对"美味"的快感,更适应了当前媒介环境的转变。只有不断进行原创的尝试,提高本土电视节目的造血功能,扭转引进舶来模式的被动现状,才能引来电视综艺的春天。

传播学的集大成者施拉姆曾以"自助餐厅"来比喻受众在媒介传播中的自主性。他认为受众就像是"自助餐厅"的"客人",媒体只负责提供"饭菜",吃不吃、吃什么、吃多少都是由"客人"自己决定的。

面对口味越来越刁钻的"客人",2015年8月8日,东方卫视每周六播出的《女神新装》,"跨界联姻",采用全新的T20模式,将多种综艺元素混搭组合,创造了"内容即商品"的全新模式,直接打通电商,产生销售闭环,使得电视电商化。在节目的内容展示上以"悦目"为基础的,在节目的制作环节与流程的设计上传承"美食"的制作工序,这样的双重性,决定了节目在社会效应与经济收益的双赢。

一、以"悦目"为基础——受众审美内容陌生题材的日常化处理

由于电视具有高度逼真的传播优势,与现实时空同步伴随的虚拟同

构，以至于受众会产生一中错觉，常常将电视的媒介现实等同于现实本身。"通过即时传真的现场感，电视艺术营造了一种同以往艺术门类很不相同的，'现实生活的幻象'。"①《女神新装》将明星跨界与T台服装走秀这两类陌生题材，通过电视艺术"日常化"的处理方式，带给了受众别样的审美体验。这里的"美色"绝非单纯指颜值，而是作为受众视阈下优美感官的基本审美需求。

（一）明星跨界引领时尚的日常化处理

《女神新装》邀请的女明星，大多以具有代表性的影视作品而出名，比如"清新女神"郭碧婷，以一部电影作品《小时代》红极一时；"青春女神"颖儿，凭借电视剧《千山暮雪》童雪一角成名；"月光女神"朱茵，我们心中永远的"紫霞仙子"。她们呈现出不同风格女神的魅力，但脱掉影视作品的光环，跨界作为模特身份出现，让受众充满好奇与期待。节目中并没有要求明星必须专业地呈现服装的特色，而是让明星们做生活中的自己，体现"生活真实感"，不同性格不同年龄的女明星对于时尚、服装的理解，可以表达在服装设计中。当然，在T台秀阶段，女明星们身着不同风格款式的衣服，行走在专业模特之中，尽力去展现自己的身姿及魅力，以及作为跨界明星对于服装的演绎与理解，突显自己在专业模特中的独特性，让观众在期待视野中感受不同风格、不同性格的女明星日常穿着的态度与风范。

（二）T台服装走秀艺术形式的日常化处理

电视受众对"生活真实感"的追求和对"日常化"认同中，表征着电视受众对于切实把握世界、确认自身生存的现实心理需求，"他们在不断寻找那些在某些方面能与他们的世界中的日常生活体验相通的节目；这个世界指的是他们与别的家庭、朋友、同事所共有的一个世界"② T台走秀一直被认为是高端的时尚派对、名牌服装新品发布会中才有的艺术形式，对于普通百姓来说，他们对于专业的服装走秀持有陌生化与碎片化的印

---

① 苗棣. 苗棣解读电视——苗棣自选集［M］. 北京：北京广播学院出版社，2004：16.
② ［美］隆·莱博著，葛忠明译：思考电视［M］. 北京：中华书局，2005：207.

象。《女神新装》节目中展示的服装有别于概念化设计,更加贴近生活化与实用性。使得观众在欣赏的同时,有了心理上的认同感,节目环节设置中将服装展示与即时点赞购买结合了起来,可以与现场观众互动点评对于服装的见解,受众"自我意识"的实现,获得了"日常逛街"的即视感。

通过电视艺术展示服装,不同于其他艺术审美,强调通过阻滞获得审美愉悦。服装的审美感知具有直觉性,比较快速,因为受众的随意性观看,它更强调瞬间收视的视听审美快感——从而获得即刻的审美愉悦。

二、以"美食"为制作工序——"舌尖"创作精髓的延续

(一)原味食材的选择与"相逢":户外体验秀与舞台走秀相结合

《女神新装》每期给定一个主题,让明星嘉宾与设计师进行灵感的收集与提炼,最终实现在每组的作品当中。而这一个环节的设置其实迎合了目前最流行的户外真人秀元素,满足了观众对明星们"日常"的好奇心,台前幕后明星的生活点滴与穿衣秘籍,都倾囊相授,更甚有拍摄明星家庭、工作与闺蜜约会等日常生活内容,全方位地展现了明星们生活状态与性格特点,让观众更加了解贴近生活常态的明星,而明星们在节目组设定的游戏或者体验中获得灵感,与设计师讨论定位、选择布料、绘制草图、参与到设计中去,展现自己的设计理念与时尚理解。这本身就是从原味的生活中寻找"食材"的过程。比如在"亲子装"的主题下,韩国明星尹恩惠就将设计师孩子的绘画作品印制在了服装上来展现童真。而颖儿与她的设计师刘思聪则将糖果的元素展现在了自己的设计中来表现童趣。

《女神新装》的舞台设计更是为每套服装的展示,起到了推波助澜、点石成金的效果。节目组邀请世界顶级的视觉设计、舞美、灯光等制作班底,首次在国内常规节目中全景呈现的裸眼 3D、全息投影技术,使得每套服装与舞台效果的"相逢",都美轮美奂、赞叹两者相融相交,不可分割。

(二) 五味的调和与转化：明星的舞台魅力与电影主题元素相融合

明星作为真人秀不可或缺的资源，可极大调动观众的兴趣和参与。尤其是明星们作为非专业的模特，在舞台走秀环节的表现更会是观众关注的焦点。她们自身的性格特点、每次不同服装的妆面、在舞台上或疯癫或内敛、或傲娇或率真、或优雅或智美的表现，都为服装的展示增色不少，也成为节目本身内容的亮点与"五味"的调和。比如郭碧婷的青春、颖儿的活力、周韦彤的性感、尹恩惠的多变、应采儿的灿烂等。

《女神新装》为了延续第一季的收视神话，绵延节目的艺术生命，在舞台炫酷的同时，增加了"故事化"叙事元素。每一个系列的服装必须和电影主题相联系，制衣启发故事，故事升华理念。每一次走秀都在一部电影的氛围中展示完成，让电影与服装联系了起来，让明星与故事拼接在一起。要知道这些明星们的魅力就在于诠释人物，重塑自我。每一个受众在观赏走秀的同时进行艺术解码，投入到电影情节的联想与服装设计理念的软植入中去。将故事融入到T台秀环节中，取代了时尚元素和明星流于展示与堆砌，避免了技术在这场狂欢中喧宾夺主，[①] 将明星魅力与舞台绚丽进行了巧妙地"转化"，呈现出更有艺术价值且兼具娱乐性的节目样式。如朱茵在《大话西游》电影主题下对于服装展示的把握，加上时间的沉淀对于这位女神的历练，配合亦仙亦梦的舞美，让观众再度穿越回到了"大话"世界中，既得到了艺术的享受也实现了对服装认可与购买的消费行为。再比如尹恩惠在《罗马假日》电影主题下，还原奥黛丽·赫本的经典装扮，在舞台上的举手投足，让我们再次回到了"罗马假日"的情境中，感受经典。

(三) 大众的口味与市场选择："明星同款"服装与电商的激烈竞拍相组合

"明星同款"，一直是电商平台上的热门搜索的一个词汇。只是对于这些热衷时尚潮流的年轻人们，"明星同款"要么是原单大牌。价格高得离

[①] 申明明. 互联网思维下的电视节目生产——以电视节目《女神的新衣》为例 [J]. 东南传播，2015（02）：20.

谱，要么就是山寨仿品，品质款型极差。而《女神新装》采取"所见即所得"模式，让平日里远在天边的女神亲自给大众设计衣服，并且亲民的价格又解决了大众购买"女神同款"的经济负担，真正当大众体会到了"女神同款"链接的快感。同时节目改变了时尚业售卖链接，传统的时尚产品从创意设计到销售，至少需要 2 个月以上，而《女神新装》只需一天就可以完成，创造了"内容即商品"的全新模式，直接打通电商，产生销售闭环。此举堪称互联网时代，传统电视注重用户体验的里程碑。通过内容生产方式的重构，实现了从传统的电视终端的内容传播到网上即时消费，线下即时体验的融合发展。

在以往的约定俗称中，时尚作为一种少数人的艺术，普罗大众不会经意染指。时尚设计师在很多人眼中是一种高端而神秘的职业，他们身处幕后，用剪刀和布料表演百变霓裳的魔术，[①] 加之他们的成就都在一些时尚周或者走秀中家喻户晓。在大众的视阈中，对他们是陌生的，有距离的。而大部分人对时装设计缺乏清晰而准确的认识，正是通过《女神新装》这档节目，他们走近了时尚，参与到了节目中去，实现自己的主体意识。他们可以通过现场 APP 投票决定明星排名；边看边买，即时把脉流行动态；通过专业人士的点评，学习时尚理念；并且最终影响买手的选择。这得益于节目对移动互联网及大数据、云计算等媒介信息技术的有效运用，节目实现了电视、手机、PC、Pad 等不同终端的多屏互动。

三、结语

《女神新装》在 2015 年 10 月 31 日已经完美收官，而它带来的一系列创新电视模式的探讨却仍在继续。作为一档互联网思维下的原创电视节目，以"悦目"为基、以"美食"为序，对中国电视综艺节目的影响是巨大的。真人秀节目进入中国的第 16 个年头，迎来了井喷式的全面爆发，全国各卫星频道推出的真人秀节目也让人目不暇接，各视频网站也不甘于做"二传手"，自制网络文艺节目全方位开花，网生综艺释放活力，具备强互

[①] 单文霞. 从《女神的新衣》看时尚与市场元素的结合 [J]. 当代电视, 2015（02）: 32.

动的先天优势，对电视真人秀节目产生了一定的冲击。

优质的节目内容设计与形式模板是电视媒体创新商业模式，转向平台功能与范围经济的前提。只有不断进行原创的尝试，提高本土电视节目的造血功能，扭转引进舶来模式的被动现状，才能引来电视综艺的春天。

第二篇

网络视听文艺节目在全媒体语境下的发展策略

从1994年互联网进入中国以来，网络文艺已成为中国当代文艺一股强大的新生力量，网络已经成为人们日常生活的重要内容，并且改变着人对生活的体验和表达，网络文艺是中国人生存状态真实影像的审美折射，是人与世界对话的主要途径之一。

本篇选取了网络文艺中重要的一个分支网络视听文艺节目作为研究对象，把握我国网络视听文艺节目的发展脉络与现状，案例分析山西网络视听文艺节目的发展现状，结合新媒体的传播特征、吸收电视文艺理论与创作实践精髓，通过总结新鲜的案例实践经验，如芒果TV、爱奇艺等自制综艺节目。分析其得失，指出优劣，以增强对网络条件下视听文艺活动规律的把握，从而大力发展网络视听文艺，为网络视听文艺节目的发展提供可行性的规划与建议。

新媒体建构中的发展现状

网络视听文艺节目是在现代电子技术、数字技术和网络技术支持下，以电子化、数字化、网络化的新媒介为载体和语境的视听文艺形式与文艺活动，跨媒介性话语形式是其本体与存在方式。网络视听文艺活动是一个动态发展和开放的概念，随着媒介技术及其形态的不断发展变化，其生产创作、传播接受与批评也会相应地发生转型。

第一节 研究背景、研究意义与研究方法

一、研究背景

2015年9月11日，中共中央政治局会议审议通过了《关于繁荣发展社会主义文艺的意见》，会议明确提出，要把创新精神贯穿创作生产全过程，高度重视和切实加强文艺理论和评论工作，大力发展网络文艺，加强文艺阵地建设，推动优秀文艺作品走出去。"大力发展网络文艺"，这是继2014年习近平主持召开的文艺工作座谈会邀请网络作家参会之后，网络文艺再次成为党中央文化政策的焦点，这也意味着，经过近20年的发展，网络文艺已经从边缘走向中心，成为主流文化的一部分。网络文艺不再是无人关注的"小草"了，它将名正言顺的跻身于中国文艺的"百花园"。

2015年是"十二五"收官之年、"十三五"谋划之年，也是中国视听新媒体产业承前启后、蓬勃发展的一年。2015年11月，党的十八届五中全会审议通过《中共中央关于制定国民经济和社会发展第十三个五年规划的建议》，把加强网上思想文化阵地建设，实施网络内容建设工程，发展积极向上的网络文化，净化网络环境，推动传统媒体和新兴媒体融合发展、打造一批新型主流媒体，以及优化媒体结构、规范传播秩序等内容，列为"十三五"规划的重要组成部分。《中共中央关于制定国民经济和社会发展第十三个五年规划的建议》对视听新媒体产业未来五年发展起到了奠基砌阶，引路指航的作用。

由于网络文艺涉及的范围较广，从项目组成员的专业方向与研究角度考虑，为了增加项目研究的专业性与研究深入，我们力图在网络视听文艺节目的视阈下，开展项目研究。

对于网络视听文艺节目这一"互联网+"时代的新事物、新现象，研究者历经了一个由质疑、认同到批判性思考的转变过程，开始由对其"如何存在"的形态论的考辨，进一步延伸到对其"何以存在"的价值论的探析，由此体现出我国网络视听文艺学研究日趋理性化、成熟化的发展轨迹。如今，该研究正显露出多元化的发展态势：一方面，研究者继续对网络视听文艺节目的本体定位、与传统文艺的比较、原点赓续等经典课题进行认真总结，并辅以多角度的实证研究，力求得出资料更为详实、见解更为深刻的论断；另一方面，借助后现代理论、传媒批判、叙事学、符号学等研究手段，网络视听文艺节目的研究范围正日益拓展。可以预见，在今后一段时期内，随着网络视听文艺节目审美特性的充分发展及其审美内涵的不断丰富，新的研究思路和领域也会层出不穷。

同时，在这个欣欣向荣的景象背后，仍存有不少亟待解决的问题。概言之，主要有三方面：

一是理论借鉴与本土创新的结合。网络文艺学源自西方发达国家这一事实注定了在跨文化交际中，西方的研究成果无疑将作为一种强势文化而占据话语的优先权。在这种强势文化背景下，我们的研究不得不对其进行被动地响应与追踪。这种将西方理论视为研究的出发点和归结点，甚至是学术的精神原乡的做法，使我们往往没能充分考虑中西方在网络文艺生产、传播与接受机制方面的社会文化背景的殊异性，因而也就极大地忽视了产生自当代西方语境中的理论资源在学理范型、问题意识和价值取向等方面与我们自身的研究所存在的错位与脱节，导致当前的研究极易疏离我国网络文艺发展的现实，无法对变化着的网络文艺现象做出及时、有力的回应，从而难逃学术后殖民的尴尬境遇。

二是跨学科视野与文艺学自律性基点的结合。网络文艺学是在后现代文化背景下形成的。在学科建设方面，后现代主义以一种开放的视角，要求打破封闭式的话语体系，消解学科界限，倡导学科间的渗透融合。受这一思潮的推动，网络文艺学积极引入结构主义、后结构主义、接受主义、符号学、叙事学等多种研究视角对网络文艺现象进行研究，这对于拓展理论批评的思维空间，改写僵化的文艺观念，无疑具有积极的意义。但同时，不能就此武断地用跨学科研究彻底取代乃至废弃网络文艺学自身的理论建设。

三是目前仍没有提炼出具有"中国特色"的研究项目，以一种"中国化"的视角拷问所借鉴资源的合法性与合理性。并结合具体的地域特点去研究网络文化的地域性，接受性与创新性等问题。

四是对于网络文艺的研究，大都重点停留在网络文学与改编的范畴中，没有对网络文艺进行种类上或者范畴上的界定，所以对于针对网络视听文艺节目方面没有做针对性与比较性的研究。

二、研究意义

本章充分注重"互联网+"时代下网络视听新媒体在拓宽文艺活动空间的同时，随之引发了一系列有关网络文艺现象的学理探讨，由此给文艺学研究带来了挑战和冲击。同时也不拘泥于传统的文艺观念，而将电视文艺创作观、接受观乃至文艺批评观、发展观等理论重新加以审视、调整，提出与网络视听文艺节目发展同步的思路和看法。力图结合山西网络视听文艺节目发展的现状，在全国网络视听文艺发展的视阈下，吸收电视文艺理论与实践精髓，通过总结新鲜的实践经验，分析得失，指出优劣，以增强山西省对网络条件下视听文艺活动规律的把握，从而大力发展山西网络视听文艺，为山西省网络视听文艺节目的发展提供可行性的规划与建议。

三、研究方法

（1）使用定量分析法，（调查报告问卷）统计全国主要是山西省内现有的网络视听文艺节目的发展现状。

（2）使用定性分析法（座谈会、调研、舆情监测）宏观微观把脉全国及山西省网络视听文艺发展的特征。

（3）通过资料收集法、案例分析法与比较研究法总结分析网络视听文艺中优秀节目的特质，及良莠不齐的发展现状，找出山西网络视听文艺发展的机遇与挑战。最后得出山西本土特色与发展现状提出亟待解决的现状与发展路径。

第二节　网络视听文艺节目的本体研究

一、网络视听文艺节目的界定

网络拓展文艺传播的渠道。互联网传播网络文艺，从而推动网络文艺的发展。我国网络文艺是中国"网生代"成长的数字媒体艺术环境及与世界对话的主要途径之一，是当代人生存的真实影像折射。

视听（Audio-visual）是如今强调感官时代下的必然产物，也成为当下人们接受信息，表达观点的主要途径。视听是一种传播的途径与方式，同时它的外延也拓展到了以视听作为传播媒介的传统影视作品，各类新媒体形式的视听活动，及其他数字化、视听化样态。"随着科技与文化融合的加速推进，视听文化形态将成为人类历史上听说文化和阅读文化之后的第三个主导文化形态。"[①] 而网络视听文艺节目则是在视听文化下的网络文艺

---

① 庞井君. 媒介融合背景下我国广播影视发展的基本趋势 [J]. 中国广播，2013（1）：22.

发展产物。

网络视听文艺节目是网络文艺中的一个重要分支。在传播形式上，其主要是通过对受众的视、听觉感官综合作用以传、受双向互动为特征；在节目样态上，区别于网络电视剧、网络电影与网络新闻报道，以文艺节目作为主要节目形式；在媒体形态上，主要借助网络视频、IPTV、互联网电视、手机电视等。

二、网络视听文艺节目的特征

每一种媒介技术的出现都深刻地改变世界。从印刷术到电子技术发展下的电视传播，使人们从对文字图案的理念传达及审美折射延伸到不同空间，媒介得以延伸。而随着新媒体时代的到来，它改变了传、受关系，使得人们可以通过媒介嵌入到社会生活中。

笔者对于网络视听文艺节目特征的总结，主要结合了视听新媒体的传播特征并针对区别于电视文艺节目审美特质的基础上得出的。

（一）网络视听文艺节目的传播特征

1. 节目受众成为内容生产者

在三网融合的背景下，网络视听文艺节目已经摆脱了以往电视媒介中"专业内容生产"的模式，而是转向为"用户创造内容"并且延展为"消费者产生媒介"的形式。受众从单一的"使用内容"转向兼顾"使用内容"与"贡献内容"。比如芒果 TV 制作的网络素人真人秀《完美假期》，节目设计全时全景直播，网友可以随时提出对于游戏环节的构想，并且在互动环节"818 聊天室"直接与选手对话聊天，这些内容都不经删减直接作为节目内容同步播出。

2. 从"时移"到"位移"的跨越

电视文艺节目本身的传播特性包括视听兼容的共时性传播、深入家庭的传真性传播、高度综合的连续性传播等。[①] 网络视听文艺节目继承了电

---

① 戴元光，金冠军. 传播学通论 [M]. 上海：上海交通大学出版社，2000：195.

视文艺节目视听兼容的传真性，但是颠覆了电视文艺节目固定收视的线性传播方式。

传统的电视接收终端，观看电视文艺节目有固定的播出时间，常常将观众固定在客厅、卧室等空间中，形塑了观众相对固定的收视环境，限制了新媒体环境下电视观众的收视需求。而数字技术颠覆了传统视听媒体的线性传播方式。传统的电视文艺节目安排在特定的时间播出，电视的"8：20"与"9：20"作为综艺节目的黄金时段，也同时形塑了观众的收视习惯。如今观看网络视听文艺节目的受众，可以根据自己的时间来安排收视，观众的时间就是"黄金时间"，并且突破了视听接收的空间限制与固定接收的局限性，极大地拓展了受众收看综艺节目的空间范围，空前提高了受众收视的空间自由度。"彻底打破传统媒体对于电视文艺节目的时间限制，最大限度地实现'时移'和'位移'"。①比如你收看一档网络视听文艺节目，可以根据自己的时间安排收看，随时、随地收看自己感兴趣的节目，使得网络视听文艺节目的收看率在时间上有了极大的延展，在空间上得到有效的拓展。

3. 碎片化的填充收看

原来观看电视综艺节目，类似于看电影，有仪式化收看的方式，不能任意停止或者回看自己感兴趣的部分，需要观众腾出特定时间来专心收看，比如原来我们观看每年的春节联欢晚会，之所以会万人空巷，源自于传统电视节目按照时间顺序编排、线性转播并且转瞬即逝。而如今受众观看网络视听文艺节目具有强大的实时性和交互性，并且不需要作为一种具有仪式感的视听消费行为，转变成了碎片化的视听填充行为。而为了适应这种收视行为上的变化，网络视听文艺节目也会同时把节目本身碎片化、分割化。比如腾讯视频自制网络脱口秀节目《吐槽大会》，会把嘉宾的脱口秀分人别类进行分割，这样受众就可以根据自己的喜好，选择性地进行收看。

（二）网络视听文艺节目的审美特质

1. 多元性

---

① 石长顺，童文杰. 数字视听新媒体：从概念到商用［J］. 河南社会科学，2007（2）：97.

网络视听文艺节目的审美多元化特质是全方位的，其主要表现在以下几个层面：

首先是节目题材的多元性，网络视听文艺节目除了延续电视文艺节目的题材类型以外，还融合了网络媒介的特点，大胆进行跨界联姻制作出传统文艺节目与网络节目的综合体，此外在充分吸取新媒体的养分的基础上，制作出纯网络视听文艺节目的题材样态；其次是节目功能多元性，网络视听文艺节目除了具有传统文艺节目的娱乐功能与审美艺术功能之外，还具有新闻类节目的纪实功能（娱乐新闻、文娱资讯）、教育功能、服务功能等，以及在节目中实时互动的交流沟通功能。第三，制作人员的多元性，目前网络视听文艺节目的制作团队组织形式多元化，有传统电视节目制作团队转战网络平台的，有经验丰富的电视节目制作团队融合纯网络节目制作人员的，还有专门制作网络节目的团队，另外还有就是网络用户自愿投身于网络节目制作，以兴趣热爱为前提，不以盈利作为出发点的非专业团队。第四，互动交流的多元性。用户可以通过视频网站平台、微博、微信及博客等多种途径进行互动交流。同时由于用户的文化背景、工作经验及生活经验，社会角色的差异，导致在互动交流中主流文化、亚文化相互碰撞与融合，精英文化与草根文化相互归属于认同。

2. 交互性

网络视听文艺节目实现了受众与节目或受众之间的双向互动交流，并且是自主、即时和无限的交流。如手机观看节目时，个体不仅可以随时随性地与节目进行互动表达个人观点，参与节目内容；并且可以群体之间进行交流，共同探讨得到群体认同。在这个过程中，受众已经从被动接受转变为主动互动，并且成为了整个传播活动的参与者。比如网络脱口秀节目《奇葩说》，在每期节目播出的同时，嘉宾可以进行现场及网络互动，而受众可以通过弹幕及其他微信、微博参与讨论每期话题，并且可以加入对战团队进行群辩，全面参与整个话题讨论。

3. 人文性

21世纪是一个人性化的时代，"以人为本"已成为这个时代的大主题。人文性无外乎体现在两个方面：一是"人本观念"，二是"个人观念"。在"人本观念"方面，网络视听文艺节目赋予了受众更为自由的权利，收看的动机完全取决于受众自己的喜好;"个人观念",就是个人是根本,个人的自由权、话语权在网络时代得到了充分的尊重。弹幕、评论等都体现了言论自由的观念。在这种情况下,网络视听文艺节目的制作者们,就更加尊重受众的审美需求与审美心理,尊重他们的习惯,实现与观众之间的良性互动。

4. 假定性

网络视听文艺节目体现为一种表现艺术,它与网络新闻不同,更大突出了"虚构"的美学特质,而且鲜明地体现出审美生活日常化与日常生活审美化的双向位移与渗透,尤其是对于网络自制脱口秀节目与文化类节目,这两个网络视听文艺节目的重要内容,他们具有显著的假定性,具体体现在演员与嘉宾在假定性的时空环境下,在所处的虚拟环境中从容表演,并适时做出假定性动作表情与虚拟影像配合等。比如《奇葩说》《偶滴歌神》等网络自制综艺节目的演播室的设计,打破了常规的舞台设计,在风格与色彩上更加夸张,在环境场景的设计上,更像是"糖果奇幻工厂"。假定性的实质是一种新鲜感、惊奇感,是陌生化处理的一种形态。是对日常性的垫付、超越及重建。那种新鲜感是分解生活形态,对生活的艺术提升;那种惊奇感是确认自我存在,获得崇高的审美愉悦。

今天的文艺节目与互联网相结合,让文艺节目成为新时代的新文艺节目。黑格尔说,高境界产生出来时,才真正是美的。只有真正把握了网络视听文艺节目的传播特征与审美特质,才能制作出精良的网络视听文艺节目,正确把握网络视听文艺节目的内核,让受众积极参与,共同抑制欲望都市的感性风暴,回归理性社会下的审美愉悦。

第三节　国内网络视听文艺节目在视频网站的特征分析

我国网络视听文艺节目在视频网站的呈现形式主要有三种:一种是转播各大卫视的综艺节目,第二种是自媒体上传的自制综艺节目,第三种就是视频网站自制的综艺节目。我们主要分析第三种,网络自制综艺节目的发展现状。

截至 2018 年 6 月,中国网民规模达到 8.02 亿人,网络视频用户规模为 60906 万人,占整体网民比例达到 76.0%。在如此大的用户规模下,我国阿里巴巴、百度、腾讯三大互联网巨头纷纷投入到网络影视制作中来,不仅打破了原来"低成本低水平"的网络自制节目模式,并且大大提升了网络自制节目的制作水平,推动了视听文艺节目在视频网站中的发展。在长期的资金供养之后,网络视频平台无论在娱乐资源、用户资源、营销经验等各方面务实了基础,先是纷纷实现了盈利,而后在 2014 年爆发自制节目的井喷。

那么网络自制综艺节目在视频网站中所占比例又是如何呢?目前各大视频网站都实行频道制,会按照内容分类,进行频道化分众。为了研究视频网站对于网络自制综艺节目的重视程度,让我们以腾讯视频为例,分析 2018 年 12 月某一天腾讯视频网站首页内容,网络自制节目按其内容和艺术形式的比例分布(如图 4-1 所示)。

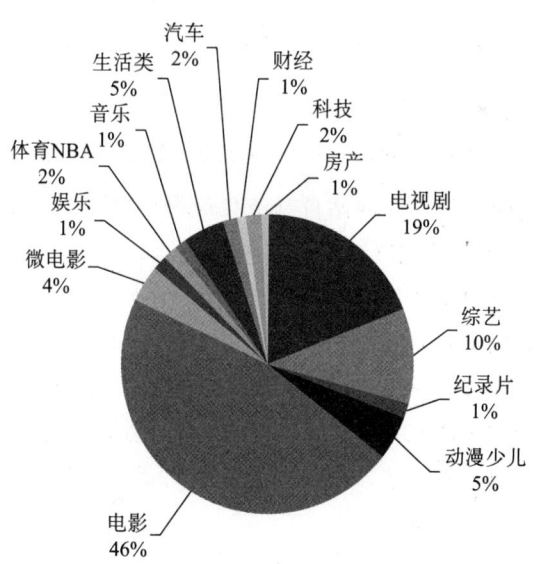

图 4-1 腾讯视频 2018 年 12 月某日首页各节目类型比重分析表

从以上数据我们不难看出在网络自制节目中最为重要的三类便是网络自制剧，网络自制综艺节目及网络自制电影三大类。

那么网络自制综艺节目在各大视频网站中按照类型又是如何分布的呢？哪类综艺节目更受"自制"的青睐呢？我们先参考以下数据①：

从图4-2数据可以看出5个视频网站自制综艺节目中，脱口秀节目与真人秀节目所占比例最大，爱奇艺真人秀节目在自制综艺节目中占到了50%，而腾讯脱口秀节目也占到本网站自制综艺节目的36%，究其原因主要和节目自制费用与网络视听文艺节目的特征有关。

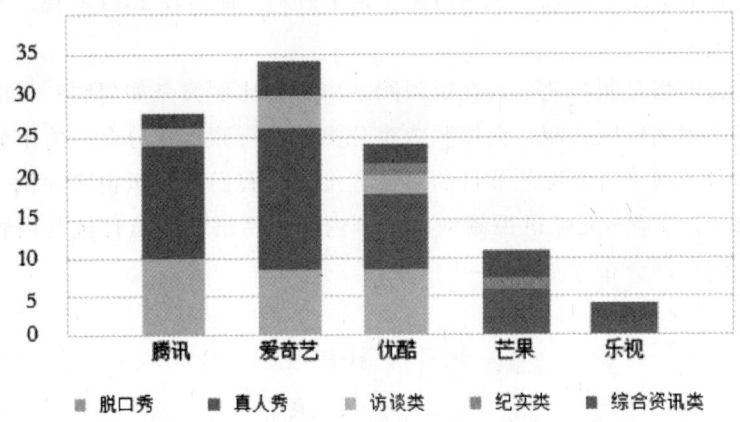

图4-2　2016年12月至2018年6月5大网站自制综艺节目数量与类型比例图

我们以优酷网为例，该网站自制节目最早可以追溯到2010年，先后制作《恋爱辩法》《牛人故事》等50多档节目。2013年，优酷网的《晓说》更凭借优秀的表现，在"第六届《综艺》年度节目中暨电视人评选"中获得"年度网络自制节目"。而在2016年4月8日推出，由优酷与银河酷娱联合出品的脱口秀节目《火星情报局》，上线4天，播放量破3700万次。该节目于2018年10月12日播出第四季，单期播放量突破5000万次。

通过对优酷网、爱奇艺、腾讯网中自制综艺节目的统计与分析，得出以下六点：

---

① 由于各大视频网站节目自制与更新速度很快，有些节目还会按照季播的方式制作播出，所以在数量的统计上，课题组成员只节选了一定时间段网站正在推出的自制综艺节目作为统计对象，但仍然可以反映出一些规律与问题。

一、节目形式：嫁接突出

网络自制综艺节目作为一中新生节目形式，没有一个完整的体系和标准，所以在节目类型和形式上比传统电视节目更加灵活。而制作者就是利用了这个特点，打破传统电视节目的分类和界线，有效地完成节目内容和形式的嫁接。这种嫁接现象在网络自制资讯类节目中比较突出，主要有娱乐与资讯、娱乐与专题类等的嫁接。《大片嗨起来》是一档优酷网自制的日播娱乐资讯节目，全方位地向观众揭秘电影电视剧拍摄的台前幕后，2018年年播放量5.5亿次。《笑霸来了》是爱奇艺出品的互联网爆笑图文视频主题式播报栏目。该节目与网友紧密互动，打造网络最搞笑的资讯栏目。网罗各大社区最新热帖，搜寻各大社区让人捧腹大笑的热门话题。爱奇艺现已经推出"笑霸来了官方空间"上传162个视频，有27.6万人订阅该空间视频观看，每期爱奇艺平台点播量100万次左右。视频网站中综合资讯类节目巧妙地将娱乐与各类专题进行嫁接，比如与美妆、时尚、旅游等内容的嫁接，使受众在娱乐轻松的氛围下了解当下的娱乐热点与时尚旅游咨询，这应该算是一种比较成功的嫁接模式。

二、节目来源：尝试原创

近几年，各大电视台之间的竞争愈发激烈，强者希望保持势头，弱者企图以巧取胜。于是，越来越多的电视人把目光投向了海外电视节目上。相对于电视节目的这一现状，视频网站则恰恰相反，根据互联网的特征和网民的需求策划原创节目。比如爱奇艺出品的《偶滴歌神啊》，目前已经出到第三季了，它不仅回归了综艺节目最本质的特征"好玩儿"而且节目以"非大型、不靠谱、伪音乐"为口号，成为最不像音乐节目的音乐节目，与之前在电视上热播的《中国好声音》《我是歌手》明显地区别开来。

三、节目内容：娱乐为主

在网络自制综艺节目领域，绝大多数的网站都将综艺娱乐类作为主推类型。就节目内容而言，它涵盖了娱乐圈的热门资讯、明星八卦绯闻、生活服务、流行音乐等内容。为了适应更多年轻网友的接受心理，网络自制节目的风格上也别具特色，大多采用幽默搞笑的语言、碎片式的画面拼接等方式来营造出轻松愉快的节目氛围，在一定程度上减轻了观众的观看负担。

四、节目受众：年轻化

目前，我国网络视频用户年龄主要在10~40岁，整体比较年轻化。如《火星情报局》作为优酷网比较成功的一档自制脱口秀节目，它从开播到现在已经推出第四季，40多期，总播放量达到了44.9亿次。以此来推算网络自制节目受众的分布情况比较具有合理性。据优酷网数据显示：《火星情报局》受众在年龄上，22~29岁年龄段占了近一半的比重，30~39岁年龄段次之。再比如爱奇艺出品的《吐槽大会》，不管从所请的明星艺人还是吐槽嘉宾，几乎都是90后新生代，不管从调侃的方式与词语，也都是年轻人的话语场，受众年龄定位明确。

五、节目时长：短小精悍

网络自制综艺节目作为一种"快餐文化"，节目时长比较短，以此来吸引年轻受众的关注，通过对优酷网自制综艺节目的分析：节目时长5分钟（以内）的占29%，6~15分钟的节目占47%，16~30分钟的节目占18%，30分钟以上的节目占6%，因此可看出网络自制综艺节目的时长比较短。

六、节目形态：丰富多彩

与传统电视节目相比，网络自制节目更为灵活、自由，在节目表现形态中更为丰富。真人秀、脱口秀、动画、搞笑视频、幽默的语言、特效包装都可以运用到网络自制综艺节目中去。它们不仅丰富了画面语言，同时对节目内容也是一种很好的补充，解决了观众因某些知识缺陷造成的收视障碍问题。总之，交互式的传播方式，用户思维的创作理念，都为网络自制综艺节目的节目形态提供了越来越多的可能。

目前来看，网络视听文艺节目还处在蓬勃发展的上升阶段，我们要始终客观看待"网生新事物"，正确把握其传播特性及审美特征，注重"把关人"的重新回归，走"内容为王"的新常态之路；结合媒介平台特性，细分受众，精准定位；创建专业网络制作团队，制作精品网络视听文艺节目，塑造网络节目品牌形象；立足"使用—满足"理论，运用用户思维，走广告兴趣化之路。建立网络视听文艺节目评估制度，多元化管理，走上一条良性发展的道路。

第四节 山西省网络视听文艺节目的发展现状与问题

在"互联网＋"时代背景下，制作优秀的网络视听文艺节目作为山西省构建现代传播文化体系的重要内容和提升本区域传播力的重要策略，具有重要意义。然而，无论是就媒体技术平台、内容和产业等的整体表现而言，还是就传统媒体和互联网媒体的各自现状而言，山西均面临推荐媒体融合发展与制作优秀网络视听文艺节目的一系列问题。

分析作为传统产业发展的重要驱动力，山西省传统文艺节目和网络视听文艺节目之间融合发展的现状，直接影响到今后关于山西新旧媒体视听文艺节目发展策略的思考，因而有必要对其进行一番细致的审视。

一、山西省网络视听文艺节目的发展现状

从整体状况来看，现阶段山西省传统媒体与网络新媒体的融合发展，至少在技术平台、产业发展及内容建设方面存在较大的提升空间。针对山西省网络视听文艺节目，课题组成员抽样调查了15个省市，分析了这15

个省市网络视听文艺节目的发展状况,目前各大卫视都与视频网站合作,作为他们电视节目向网络进军的主要渠道,所以基本上在我们调查的过程中,省市对于网络视听文艺节目的发展大多止步于网络平台上,很少有针对网络传播特征去制作网络视听文艺节目的省份,而视频网站购买了播放版权之后,也只是去做内容片断的分割,来服务于用户,对节目内容的介入几乎没有。如图4-3所示:

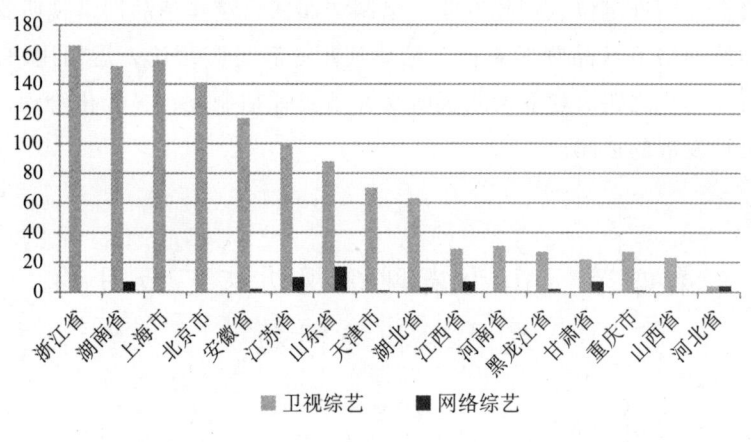

图4-3

山西省网络视听文艺节目的发展相对落后,我们目前的网络视听平台是山西网络广播电视台,各市也有自己的视听网,如晋中视听网,朔州视听网等。从媒介融合的技术平台建设方面来看,尽管山西省主要媒体均已能够实现自产新闻的多媒介传播,且传播方式多呈现为报网互动、台网互动或利用手机报、APP软件实现二次传播或多次传播。但是文艺节目的传播在媒体融合平台的运用并不纯熟,进而影响了其应有功能的发挥和社会影响力的提升。

从产业发展方面来讲,部分媒体在媒体融合的组织及经营管理方面仅进行了小规模的探索性试验,比如长治有大学生创业做了一个微信公众号"在长治",影响力在地方上还是不错的,而且也有了自己的盈利模式。还有山西籍自媒体自制的节目《搁料TV秀》,主要上传平台有优酷、酷6、爱奇艺等,是一档以本土为元素的网络综艺脱口秀节目,但该节目微博条数与评论条数不是十分可观。而多数传统媒介的业务重心尚未转型,因而其对媒体融合具体发展策略的探索还仅停留在自我摸索和自我发展的初级阶段，缺少具有市场号召力的数字传播平台和可观的盈利模式。

从内容建设方面来看，尽管山西省主要媒体均已打通新旧媒体之间的新闻生产链，但是文艺节目生产与传播还是一直处于瓶颈期，它们对于微信、微博、移动客户端及其他相应APP社交应用软件的内容供给不足，并且存在较大的同质化与呆板化倾向，因而不能够有效满足青年群体等部分受众群体的需要，从而影响了其内容的多次传播幅度和受众覆盖面的扩展。

究其原因主要有：第一，山西历史文化深厚，但同时也制约了网络视听文艺节目的发展，加之政策方面并没有有力的推动，所以一直举步维艰；第二，在山西的传统媒体而言，它们在相关技术设备等方面占据一定优势，且其主要受众人群多为占据社会主流地位的中老年人士，故权威性相对较强。没有为网络视听文艺节目的发展提供适宜的受众环境；第三，从山西互联网媒体方面来看，由于历史上多种主客观因素的影响，其发展总体一直处于国内相对滞后状态，而其主要受众群体也多是尚未进入主流社会的年轻人。

二、山西省网络视听文艺节目发展中的现实问题

（一）山西省网络视听文艺节目的精细度有待提升

虽然山西的网络视听文艺节目产生一些精品，比如《在长治》《阁僚兄弟》等依托地方方言融入娱乐元素的节目，但是主要就集中在有限的几个地区与传媒团体，无论作品的内容、主打风格或者作品的档次都集中在有限范围的几个制作团体，少了视听作品风格的多元性，少了你来我往的过招和拼比，看起来不够繁荣。因为缺少主流电视媒体那样强大的背景、深厚的策划能力和熟练的驾驭能力，直接导致山西网络视听文艺节目看着不丰富、不过瘾、内部竞争不激烈、不扣人心弦。面对腾讯视频、优酷、爱奇艺等网络视频巨头的冲击，网络视听节目的分享已经不分地域，山西网络视听文艺节目仅靠散落在媒介中的自媒体来独当一面，未免显得身单

势薄，力不从心。

（二）山西省网络视听文艺节目缺乏制作的专业度

当前对新媒体的规范和监管已经引起政府的重视，但是网络视听文艺节目不仅仅需要管理，同时还需要对其进行正确的指导。很多网络视听文艺节目创作者以电影和电视为师，一味追求画面视觉冲击力，有其形无其骨，剧本缺少创意，主题挖掘不够，作品内涵不深厚，故事内核缺少时代感，缺少对社会责任的担当。山西是中华民族的发祥地之一，三晋文化是华夏文化的重要组成部分。本来应该有源源不断的故事来源，但是山西网络视听文艺节目缺少这样特色的题材。太原、大同、晋中等市区发展快速，创业创新是这些城市取之不尽的故事题材，但是反映城市产业变化、发展创新的节目却很少。社会公司作品多集中做企业或政府的命题作文，宣传意图无不渗透到作品中，指向性强，客户的需求就是公司网络视听文艺节目的指挥棒；大学生作品多表现校园青年学子的文化生活，呈现出浓浓的小清新色彩，缺少青少年学子观察社会的视角，看起来不厚实，似乎还停留在象牙塔内；山西的传媒公司的网络视听文艺作品存在量少质低、节目环节简单。思维僵化，技术缺少历练的问题，大多都是摸着石头过河，作品不够规范。

（三）山西省网络视听文艺节目未形成整合传播营销的思路

当今是移动互联网时代，微传播、微话语等手段全方位的推广已经不可缺少。腾讯视频、优酷、爱奇艺等视频媒体几乎垄断了网络视频的空间。相比之下，山西网络视听文艺节目缺少自己线上和线下的营销，其生产的网络视听文艺节目白白送给了腾讯视频和优酷，似乎上传到大的视频网站就达到目的，即使是官方的二次传播也是本地一些媒体的转载，缺少自己的广告营销策略，缺少后续话题的延续，那产生的影响力自然也就减弱了。

第五章

媒体融合环境下的发展策略

近年来,新兴媒体的裂变式的发展给传统媒体带来极大冲击,虽然传统媒体从业人员对媒体融合发展趋势的认识日渐清晰、积极推进,但传统媒体的"寒冬论"日渐高调,国内大多传统媒体的转型依然是"两张皮",收效甚微。

推动媒体融合发展,是巩固宣传思想文化阵地、壮大主流思想舆论的战略举措。以习近平同志为核心的党中央高度重视媒体融合发展,习近平总书记多次就推动媒体融合发展做出深刻阐述,强调融合发展关键在融为一体、合而为一,传统媒体和新兴媒体要尽快从相"加"阶段迈向相"融"阶段,拥抱互联网、进军主战场,着力打造一批新型主流媒体。这些重要论述,为推进媒体深度融合指明了方向、提供了遵循。

本章主要以案例分析为主,选取在全媒体融合环境下优秀的网络自制综艺节目作为研究对象,并从不同角度进行剖析,以期抛砖引玉,启发文艺编导在媒体融合环境下,创造出更多更好的视听文艺作品。

第一节 媒体融合环境下国内素人真人秀的发展策略研究——以《完美假期》为例

如今在"互联网+"时代下,从新旧媒体的简单叠加到全媒体的转型过渡,直至融媒体的资源共享,传媒的改革热潮开始席卷中国媒体业界,真人秀节目如果不思进取、墨守成规，终将被淘汰。2015年7月，国家新闻出版广电总局颁布《关于加强真人秀节目管理的通知》，以规范真人秀市场，在《限真令》中明确提出如下要求"坚持以人民为中心的创作导向，关注普通群众，避免过度明星化"。《限真令》一方面给明星真人秀"降温"，也给了素人真人秀一些发展空间，另一方面则是引导国内真人秀的总体制作思路，让素人真人秀回归，这"一压一引"，使得国内素人真人秀再次有了回春的迹象。

2015年8月15日，由芒果TV与湖南经视合力制作的一档素人真人秀《完美假期》应势而生，节目借鉴《老大哥》的竞赛机制，精心挑选12位青年素人，在一栋别墅中度过90天的封闭生活，而他们的同居生活被安装在别墅中的130台摄像机以及监控探头完整记录下来并且在芒果TV和湖南IPTV上进行24小时实时直播，而湖南广播电视台经视频道（以下简称湖南经视）则在每周日的22：51—24：22播出一档经过剪辑的《完美假期》，据统计，这档节目上线20天总播放量就突破2亿，同时在线峰值达273万，网友互动弹幕总数4200万条，网友参与选手投票总数达8220万，在地面频道播出的剪辑版《完美假期》也在长沙地区获得2.11%的收视率（市场份额11.19%）①而在湖南省收视率则为1.52%（市场份额11.81%），获得这样优秀的收视成绩，我们理应对它的制作方式进行研究，以得出一些素人真人秀的发展策略。

一、素人真人秀《完美假期》制播策略分析

如果说，野外生存类真人秀是展现人在非日常化的环境中，突破"旧我"，开拓潜在意识中的"自我"，展现人与自然的矛盾；那么，室内体验型真人秀则是再现一个日常化的环境，让选手在现实与情感之间"徘徊"，慢慢地远离"旧我"，重塑更真实的"自我"，展现人与人之间的冲突。在室内真人秀中，选手的真实性格得到了一定展示，出现了交错的人物关系，使得选手不得不做"抉择"。可见，"人"作为节目要素起着非常重要

---

① 北京晨报网. 芒果TV一"网"分饰多角《完美假期》开辟新模式［DB］. http：//www.morningpost.com.cn/2015/0917/101 8761.shtml.

的作用。

（一）选角策略

在如今工业化的"造星"时代，明星作为一个个标准化的商品被塑造，他们具有相似的特质，表现出近乎相似的性格特点为大众所追捧。明星真人秀节目的优势就在于"明星"可以直接被当作一种没有实体的符号消费品供他们的粉丝消费。而素人真人秀是制造明星的一座"星工厂"，选角之于素人真人秀就像是挑选原材料之于工厂，选角对于素人真人秀的重要性不言而喻。

室内真人秀的特点就在于它在空间上对人进行了限制，同时又限定了在一定时间内，选手的任务与去留，所以对选手的毅力、体力、承受力、耐心、智慧提出了要求。一方面，人在封闭的空间中，失去了日常化的生活环境与人际交流，重新调整适应自身的生活状态；另一方面，在规定的时间内，要完成相应的任务并做出判断取舍，不能随心所欲，承受很大的心理压力。相对于明星而言，素人在日常生活中没有经过这样的锻炼与培养，可以在室内真人秀中最大化地展现最为原始的本质和情感的显露与发泄。

1. 选手配置

室内真人秀节目对拟态世界的营造不仅包括人造环境的搭建，还包括选手的选择。这些素人选手们将在规则的约束下，在生活空间的限定下，展现不同于日常生活的叙事。既然是虚拟的社会环境，那么首要就是建立合理的人际关系，即为人物搭建舞台，使得他们不得不由于自身的性格特点而产生冲突，由此生发出精彩的故事和展露人物性格特点，使得人物脱离扁平化、标签化而是丰满有棱角，多面化的展现，进而吸引受众。所以从戏剧冲突的角度看，我们需要对选手进行配置，包括人物价值配置、人物角色配置和人数结构配置。

《完美假期》中的选手在选择时，就考虑到了他们不同的社会价值，在具体操作时就考虑到了他们的地域、职业、年龄、性别、收入等要素，12位选手有在校大学生、有博士、有高中毕业就工作的打工一族，也有网店老板等。为了保证节目的冲突性与故事性，节目中也给选手进行角色定位，如节目中第一对荧幕 cp：许晓诺与张思帆 cp 的诞生。

2. 使用"半素人"

在真人秀节目中，素人与明星相比较有着很多先天的劣势，没有受过专业训练以及缺乏拍摄经验是大部分素人的特质，而这些特质使素人有了不擅长在镜头前表现自己、外形条件没有明星出色、不了解节目制作的基本规则以及缺少粉丝基础等通病。

《完美假期》虽然在栏目宣传上称是一档全素人真人秀，但在严格意义上并不算是真正的纯素人。在节目组挑选的 17 位素人中（12 名老房客与五名新房客），有 13 人都曾经参与过其他节目的录制，如第一季总冠军许晓诺曾经参与过《blingbling青春纪》《校花与学神》等节目的录制，章扬、王濛都曾担当过《奇葩说》的嘉宾，翁炜炜、金用训、林泽峰、郭蕾等人都曾参与过《非诚勿扰》或《我们约会吧》等节目。由此可见，《完美假期》在选角策略上首先不会选择纯素人，而是使用有一定的上镜经验，但人气远不及明星的"半素人"，那么半素人的使用能为素人真人秀带来怎样的化学反应呢？

首先，《完美假期》的嘉宾在外形上都比较有明星气质，出众的外表往往能更轻松地给观众留下深刻印象，也更容易与观众接触，让观众喜欢，如图 5-1 所示：

图 5-1 《完美假期》部分选手形象宣传照

其次，这些半素人在镜头前的表现力远远胜于纯素人，他们更擅长在镜头前面表现自己，常常通过别墅内的镜头与观众交流互动，加强了观众的参与感，另一方面，在镜头之后，这些半素人也比纯素人更加明白节目制作流程，而且他们自己也有很强的想要成为明星的欲望，这导致导演希望在节目中制造的矛盾冲突点他们往往能完美地配合完成。

最后，使用半素人可以降低节目成本，半素人虽然有不亚于明星的镜头表现欲，但使用半素人却并不需要支付高额的出场费，《完美假期》花费在17位嘉宾身上的制作经费仅仅为100万元奖金以及90天的饮食费用，这使得节目组将其余的制作经费都用于节目制作上，打造了一档精致的网生综艺。

3. 注重角色之间的冲突性

正如所有的戏剧类节目一样，真人秀的核心同样也是矛盾冲突。在有限的时间里，去展现丰富多样的社会生活，人与环境之间、人与人之间、人与自我的矛盾，产生紧张感，在激烈的氛围中，摄影机就如同隐形的后窗，放大观众比较在意的细节、加以典型化的处理，从而吸引观众的眼球与观看兴趣。

在《完美假期》所选择的选手中有一个很有趣的现象，在最初入选的12名选手中有两位身份非常特殊的选手，其一是节目总冠军"许晓诺"，许晓诺可以说是12位选手中最接近"明星"的素人，因为她除了有过多次上镜经验之外还拥有着数量庞大的粉丝团，在人气为王的比赛规则下，许晓诺成为了别墅中人缘最好的人，几乎所有的房客都非常团结地围在许晓诺周围。其二则是节目亚军翁炜炜，作为一名心理学博士的她在节目中获得了先天劣势：首先作为一名高级知识分子的她在节目中就已经与其他人有些格格不入，其次主修心理学使她的一切言谈举止都带了一丝神秘气息，让人不敢与之接触过深，总而言之，她在入住别墅前就已经成为了人缘最差的一位选手。一正一反两个特殊嘉宾的存在，实际上是在一定程度上产生了"鲶鱼效应"。由于人和人之间本身就存在着差异性，所以素人真人秀在选角时不应该单纯地考虑每个人的个体性，而是应该考虑嘉宾之间的个体差异能不能碰撞出火花，是否天生自带矛盾点，有了这些自带矛盾点的人物，才能便于导演把真人秀的故事讲好。

（二）节目环节设置策略

《完美假期》在制作过程中首创了"818"环节，"818"环节指的是在每晚的8：18，每名参赛嘉宾都必须同时在节目组为他们准备好的房间中与网友进行一小时的直播互动。这实际上是导演把控节目价值观走向的一只有力的手，818环节的存在削弱了节目的竞赛性质，为这档生存节目换上了一个选秀节目的内核，翁炜炜在刚刚进入别墅后为了摆脱自己被郭蕾以及曾嘉琪排挤的处境曾经与朱可儿在卧室进行了一番密谈，然而在当天的818环节之后，她立刻就受到了更多房客的排挤。可见，设置818环节实际上是选秀类真人秀与生存类真人秀的一次成功融合，参加这场生存竞赛的选手的目标已经不在第一名的奖励上，他们的目标是能在比赛过程中被更多的人喜爱，受到更多的关注，名次对于他们而言只是延长出镜时间的有力工具。

（三）节目故事策略

按照里蒙·凯南的定义："故事是指从作品本文的特定排列中抽取出来并按时间顺序重新构造的一些被叙述的事件。"[①] 简而言之，就是叙述了一段时间内发生的事件。人对于"故事"具有天生的"无免疫力"，他们一方面希望在故事中寻找"日常化"的真实，替代参与其中进行审美体验，另一方面也希望在故事中突破"日常化"的束缚，完成虚拟自我的实现，进行审美想象。正如威廉·米勒所指出的那样，"任何审美体验都包括期待和期待的实现"，为了在有限的时间内调动观众的兴趣，在素人真人秀中，就必须将各种事件可控与不可控的一面全展现给观众，这就不得不有一个设计好悬念和矛盾冲突的故事剧本，这种剧本虽然不用精心设计每一句台词，但却要让导演预知每个演员的行为动向，在《完美假期》中，张思帆和许晓诺成为cp后，节目导演希望二人的感情更加亲密，就设计了一出在电视偶像剧中常见的桥段：英雄救美。

（四）播出策略

1. 充分利用网络平台的播出优势

网络媒体对于电视媒体的冲击力越来越大，据《2017年中国网络视频和手机网络视频用户规模及使用率分析》：截至2016年12月，全国的网

---

① ［美］阿瑟·阿萨·伯杰著，姚媛译. 通俗文化、媒介和日常生活中的叙事［M］. 南京：南京大学出版社，2000：2.

络视频用户规模已达 5.45 亿，同比增长 8.1%；网络视频使用率为 74.5%，手机视频用户也达到了 4.9 亿，"三、四个人中就至少有一个人拿手机看视频，但这个"网"不是广电的有线网，是互联网。"① 那么，网络平台能给素人真人秀带来什么呢？

网络平台相比电视平台具有更强的交互性，陈作平在《媒介分析》中指出：对于观众而言，互联网与电视的体验方式是不同的，电视的体验方式是用活生生的影像和声音作用于人的感官和情绪，而互联网则是将各种传播符号融合：文字、图片、音视频均可调动情绪。②《完美假期》在直播中引入了弹幕系统以及投票系统加强与观众的交互性，弹幕系统使得观众可以一边收看直播，一边与其他网友即时互动，既可想象文字，又可感知影像，而投票系统则是指在观众使用芒果 TV 收看节目直播时有一定几率能够获得"完美币"，完美币可以用来为自己喜欢的参赛选手投票，得票较低的选手有被淘汰的风险，投票系统一方面增强了节目的交互性，另一方面，节目进行到后期，"完美币"购买系统开放之后，投票系统也成为了节目的盈利手段之一。可见，网络平台的素人真人秀相比较电视素人真人秀更能赢得观众的收视热情。

网络真人秀给予观众收视自由。《完美假期》虽然是一档直播真人秀，但芒果 TV 会将已播出的节目以五分钟为一小节放在网站上，观众可以随时观看他们错过的部分，可以说给予观众极大的自由度。

2. 善于发挥传统媒介的播出特质

《完美假期》的节目除了在网络平台上以直播的形式 24 小时播出之外，还将每周的精华内容制作成为 12 期剪辑版的《完美假期》在地面频道湖南经视播出。在芒果 TV 上热播的《完美假期》在地面频道自然也取得了不俗的收视成绩，虽然电视因为同步传播以及线性传播的特征使观众的收视时间和收视行为受到限制，然而电视作为传统媒介仍然拥有不可忽视的数量庞大的固定收视人群，它仍然比网络平台更能吸引广告投资商的青睐。

2、素人真人秀《完美假期》节目营销策略分析

---

① 盖琪. 综艺节目"爆发"背后的逻辑和困局 [J]. 文艺理论和批评 2016 (1), 61.
② 陈作平. 媒介分析 [M]. 北京：中国人民大学出版社, 2015.

（一）广告营销策略分析

吴闻博在第 50 期"青年文艺论坛"中指出，电视综艺如今已经进入了以"资本为王"时代，它之前经历了以"内容为王"，重视节目的内容生产与传播，发展到以"制作为王"，加强节目的形式制作，重视节目的呈现效果，一直发展到现在，已经必须依靠强有力的资本来支撑，才能打响每周五晚上的"核战"。[①] 可见真人秀节目的营销和节目本身的制作同样重要。而《完美假期》在营销上做得可谓相当出色。据报道，《完美假期》在获得高关注度与高收视率的同时，也凭借多维创新的整合营销斩获了"2015 年中国十大营销事件"的殊荣，成为了国内唯一获奖视频节目。[②]

1. 节目环节中的硬广告营销

在节目直播过程中，除了 818 环节之外，节目组还设置了一档"叽里呱啦扒小节目"，这档节目每次时长 5 分钟，播出时间为每天的早 9 点至晚 22 点，每隔一小时播出一次，节目一般由两个年轻女性主持人主持，两人在插科打诨中，以旁观者的角度对一小时前的节目内容进行回顾，如果在接下来的直播中节目组会给选手们安排活动，她们还会进行节目预告以及一些特殊游戏规则讲解。总而言之，这档小节目的第一个功能就类似与电视中的节目导视，除此之外，这档节目最重要的功能就是硬广告植入，五分钟的节目内容中必定有一分钟是口播广告加压屏广告时间，再加上进入节目前还会播放一分钟的广告短片，这相当于在一天的直播中有 24 分钟的硬广告时间，灵活运用电视思维下的广告播出方式，也让《完美假期》获得了多家赞助商的巨额赞助。

2. 节目空间中的软广告营销

由于《完美假期》节目的特性，在广告植入上除却"叽里呱啦扒"小节目中的口播广告、压屏广告，网络点播时的片头硬广告以及片尾鸣谢广告等广告形式，在节目直播的空间内也充满了各种创意广告：首先节目中所有的饮品均由某品牌饮品提供，某互联网品牌的电视也一并出现在了别

---

① 盖琪. 综艺节目"爆发"背后的逻辑和困局 [J]. 文艺理论和批评，2016（1）：60.
② 搜狐公众平台. 芒果 TV <完美假期> 斩获"2015 年中国营销事件"成为国内唯一获奖视频节目 [DB]. http：//mt.sohu.com/20151127/n428514093.shtml.

墅客厅，选手房间及818直播间场景与叽里呱啦扒播报间，而某金融品牌的赞助软广告则更加别出心裁：在别墅中的毛绒装饰品玩具上印上了自己的logo，这些广告的植入完全融入到选手在别墅内的日常生活中，虽然镜头扫过的地方随处可见这些品牌的商标，但由于与生活场景的融合使得这些广告做到了"无痕植入"。

（二）利用新媒体进行节目营销

目前"两微一端"已经是节目媒体运作的标准配置，《完美假期》也不例外，比如在微博部分，节目组将每个淘汰日的下午都设置为利用新浪微博微访谈进行的观众互动环节，网友通过关注《完美假期》官方微博并参与话题讨论就可以在微访谈中向节目选手说出自己想说的话，提出自己想问的问题，而网友的问题会放映在房主房间的电视机上，选手在房主房间内回答网友的问题，网友每向选手提出一个问题微博都会自动将问题转发，使网友在不知不觉中也成为了节目营销的一部分。

三、结语

《完美假期》作为芒果TV的第一个融资项目已经完美收官，而素人真人秀在国内才开始初显魅力，我们需要始终把握"台网融合，多屏互动"的制作理念，秉承"跨"的创新理念，"跨节目形态""跨媒介形式""跨艺术形式"等，利用自身资源优势跨行业经营，从而带动整个文化产业价值链的形成与扩张。素人真人秀虽有着天生"真"的优势，但随着观众对这类节目形态越来越熟悉，节目只能靠内在的实力，注重节目的内容传达与环节设计，坚守积极健康的精神家园，在融媒体的视阈下去创新发展，去赢得市场。

第二节 网络综艺节目的传播策略与发展
——以《奇葩说》为例

一、《奇葩说》节目概况

《奇葩说》是爱奇艺视频平台于2014年12月左右播出的一档说话类选秀节目。每集长度约60分钟，到现在为止，已经播出了五季，并获得了很高的收视率。《奇葩说》由牟頔导演，马东主持，高晓松和蔡康永担任常驻嘉宾，由马东、蔡康永、金星担任导师，以辩论的形式寻找华人华语世界中观点独特、口才出众的"最会说话的人"。其前三季播放量分别达2.3亿次、6.2亿次、16亿次，打破了"一鼓作气，再而衰，三而竭"的综艺魔咒并多次登上微博的话题榜和热搜榜。节目话题新意迸发。借助爱奇艺平台的影响力，利用网络独播、自媒体点播、弹幕互动等方式，在大数据下寻找命题，引发观众热烈讨论。而且直到现在这档节目热度依然不减并产生巨大影响力。

节目每期都会寻找一个辩题，辩题新颖包罗万象，又与现实生活紧密联系。节目对选手进行"选秀"选手和并且把导师分为两组，来对辩题进行正反辩论。充分表达自己的想法。根据实时的投票决定胜负。胜方可以获得"BB king"的称号并赢得相应的奖励，失败方则要淘汰一名选手。

这实现了年轻人的发言权，选手们这里充分自由地表达他们的思想观念、个人意愿，甚至为少数群体伸张权益。幽默有趣，犀利豪放，感染力强，特色鲜明，是如今最具代表性的网络综艺节目之一。

二、《奇葩说》的传播策略

(一) 内容设计为王

《奇葩说》在内容设计方面具有很强的独创性，内容为王。独创性是网络综艺节目发展和具有生命力的根源。《奇葩说》是一档以说话为主的达人秀,话题是该节目的灵魂,体现节目的可看性和有趣性。也是表现其独特内容最重要的一点。传统辩论节目讨论人格品质、时事政治这样官方严肃的话题没有出现在节目中,节目组整合了搜索引擎记录以及知乎、天涯、百度贴吧、微博等各大媒体话题,依托大数据,通过合作媒体,从后台中整合出网友热议的话题,尤其是论坛里热烈讨论的话题。这些都充分体现节目内容原创性。我们称之为"头部内容",即具有教育意义的非同质化内容。这也是内容为主的传播策略的体现。

节目还出现"单身是狗还是贵族""老婆收入比我高三倍,还该在一起吗""世界需不需要超级英雄""女性专属停车位是不是歧视""爱上人工智能算不算爱情""应该改变成恋人想要的样子吗""高学历女生做全职太太是浪费吗"等一系列前所未现的辩题。因为网络媒体拥有相比较传统媒体更加宽松的语言环境,所以话题尺度也就更大,选手们的语言也就更豪放,有趣味性。节目中的议题是当代的90后几乎都能遇到的问题。观众在观看的同时,在娱乐消遣之外,也能够重新审视、思考自身的世界观和对人生的看法,表达自己的思想。而且节目牢牢抓住时代的特征,选手们对观点的评价态度,受众价值观的体现等,这些带给观众的影响是远远超出比赛本身的。也是"头部内容"在节目设计方面的取得成功的原因,更是内容为王传播策略的重要表现。

(二)传播路线平民化

媒体已经迈入"后大众"化时代,节目的制作也应该根据受众的年龄和职业等来划分,给观众足够的评论空间,从而达到更好的传播效果,让传播范围更广泛。随着网费的降低和手机网络客户端的普及,受众的分化更加快速,网民会根据自身需要和个人所好,凭借意愿选择综艺节目。而且网络上的搜索设置会依据受众曾经的搜索记录来锁定大众的普遍的偏好从而推送更符合受众的内容,这使得普通网民的自身需要更加得到重视。用更平等的眼光对待观众。

网络媒体不必像传统媒体一样过于承担社会教育责任,受限制比较少,传播环境较为宽松。因此,可以走平民传播路线,让最普通的观众也可以在节目中得到认可。《奇葩说》是一档面对90后打造的网络综艺节目，受众群体自然是年轻人，这一点从《奇葩说》的口号"Youcan you Bi-Bi"以及"请40岁以上人群在90后陪同下收看"中就可以发现。而且节目定于每周五、周六晚九点的播出时间，也更加符合年轻受众人群的收视时间。"百度指数"显示，《奇葩说》的受众"以20～29岁人群为主，30～39岁人群其次。"事实也证明，年轻人在节目中可以畅所欲言，在节目中展示自己。如今，有着追求个性价值多元化的90后年轻网络原住民对节目的有趣辩题和犀利的语言十分青睐。同时节目让最普通的大众青年，也可以有权利在节目中展示自己的存在感。在这个舞台上表现自己，走草根化平民化的传播路线，不仅仅是一个重要的传播策略，也是众望所归。

（三）品牌化传播策略

品牌是一档网络节目甚至视一个视频网站整体形象的集中反映，有着区分、识别的功能。作为无形资产，具有价值，是信息的聚合，也是一种承诺和保证。品牌是有个性的，它需要在传播中加入人性化的元素，体现鲜明的特色。品牌化传播策略是网络综艺节目为了提高自身核心竞争力、顺应时代潮流，围绕着综艺节目和其线下衍生产品展开的形象塑造活动。

《奇葩说》运用了品牌化传播策略。在品牌推出前，将节目品牌定位确立。这是品牌传播运作的需要。品牌定位是指为某个特定节目品牌在受众心中确定一个合适地位，《奇葩说》根据节目自身的情况，包括硬件设施、主要创作人员的背景、剪辑师的专业水平，节目风格特点等定位自身开放年轻化的发展方向。同时，也考虑了节目所处环境，因为《奇葩说》是在网络视频平台播出，环境宽松，其自由度也就更大，因而走在社会前沿。然后要考虑到受众的需求，定位以年轻观众为主。同时可以争取到比年轻目标受众更广泛的受众数量。

在品牌推出前后，学会预热，利用线上线下，各大网络论坛、自媒体宣传品牌，产生轰动效应。《奇葩说》就是利用爱奇艺视频网站，微博，贴吧以及论坛和平面媒体去造势和推介，因而取得了良好的传播效果。

在品牌推出后，要增强其优势，不能够懈怠。考虑品牌节目自身运作周期，随着市场，时间，观众需要的变化进行改造。《奇葩说》继续运用素人大咖结合,"反明星策划"制作理念,继续运用品牌的增值衍生,扩大竞争力量,让品牌化的延伸性更强,这也是《奇葩说》成功的传播策略之一。

(四) 改变传统单向传播方式

《奇葩说》注重观众的需求,是一个融合了辩论的严肃性与综艺的娱乐性两种特性的脱口秀节目,是"一个把道理包含在笑话的果实中呈现出来的节目"。它根据观众的需要和反映,在承袭传统辩论赛形式的基础上进行了大胆创新。形成一档形式包括谈话节目、真人秀、即兴短剧、动画等节目特质的全新类语言节目。同时根据网民观众对选秀节目的意见,按照海选初赛复赛决赛的程序顺次进行,通过辩论比赛决得"奇葩之王"这一称号。给观众足够的期待,让观众充当节目形式的制作者。同时,辩论过程中的轻松,辩论规则的随意性,也让观众感受到不同于以往传统辩论赛的严肃氛围,娱乐性更强。首先,每期节目主要采用辩论对抗赛的形式进行,选手的输赢由观众和正反方的团长决定,且辩题的出现方式类型多样,有街边随机采访,动画展示,自制短剧等形式。这些都体现了观众对于节目的引导作用。其次,《奇葩说》作为网络综艺节目创新使用了弹幕形式,"弹幕"是指网友一边观看节目,一边发表评论并实时出现在节目画面上;观众可以通过发送实时"弹幕"进行吐槽和评论。增强了互动性,调动观众的积极性,也是节目取得成功的重要原因,它使传统媒介下单向的传播习惯出现变化,变为受众和节目本身的双向互动。改变传统单线传播模式,让观众主动参加节目的话题讨论而不是被动接受、不能发表任何看法,因此赢得观众的心。同时观众对于辩题辛辣的吐槽段子也成为节目的一大亮点。

三、《奇葩说》的发展模式

(一) 互联网思维模式

1. 与网络直播平台合作

《奇葩说》的马东携旗下艺人，组成一个名叫"污力天团"的组合。全员入驻某直播平台，直播首秀就吸引了 600 万人，获得了大批粉丝和关注度。《奇葩说》这个网络综艺节目有固定的时间点，以直播的形式播出，运用当下最火的互联网直播方式，通过互联网思维下的"观众主导"模式趋势和特点，拥有了强大的竞争力，降低用户观看门槛和难度，让观众实实在在地通过网络直播平台观看节目，参与节目讨论。这是网络综艺节目的新符号，是互联网思维下的典型发展模式。

2. 运用大数据选出辩题

新媒体技术下，大数据的运用非常普遍，云计算技术改变传统综艺节目的制作内容。也是网络综艺节目互联网思维下的独特标志之一。《奇葩说》的节目受众群体年轻化，这些人也是现代互联网的主力军，《奇葩说》的辩题内容非常接地气，贴近生活。其内容透明可选化，根据大数据在微博、贴吧、知乎等各大网上论坛里征集节目辩论话题，不选择官方严肃的历史文学等阳春白雪的话题。转而将目光投入现实生活，选择普通人身边的话题，提高受众参与度和场景代入感。打破了老旧的原有思维方式，给选手提供了更多的话语表现空间，一些奇葩词语更是满足了多数"网络原住民"的价值观，许多辩手根据辩题结合自身经历现身说法，增强认同感，也符合 90 后特别的口味。而且《奇葩说》也没有用传统综艺节目"炒冷饭"的行为来取宠观众，更现实、更多元化。运用"云计算"技术进行资源整合，体现了互联网思维。

3. 弹幕多维立体的互动思维

多维立体的弹幕是基于网络视频平台发展出现的一种互动形式。"吐槽"则是弹幕最大的特点之一，通过人与屏的互动来实时反馈信息，包括一些吐槽选手和导演的主题，都可以帮助观众的思维进行发散。针对一个论题进行多方面互动，往往能成为一期节目的兴趣点和吸引观众的地方，大大增加了网络综艺节目的娱乐性。弹幕同时提供了一个观众表达自己情感意愿的渠道。线上线下的实时互动，是网络综艺节目发展模式的一张王牌，体现数字时代观众渴望表达，渴望群体认同感的特征，弹幕也是互联网思维模式的一种。

（二）用户主导内容的 UGC 模式

1. 重视自制团队建设

UGC（User Generated Content）是指用户原创内容，提倡个性化为主要特点。现在很多主流的视频网站都成立自己的创作节目团队，包括生产爱奇艺的《奇葩说》的米未传媒，由爱奇艺前首席内容官马东创立，是爱奇艺的自制团队。类似还有优酷的"华一影业"，乐视的"花儿影业"等。这种团队脱离官方影业制度束缚，有着更大的自由度，考虑吸收用户想法，让内容更加多元化个性化。

2. 与 PGC 相结合

PGC（Professional Generated Content）是专业生产内容，节目制作传统化专业化，传播民主化。"内容为王"这个规律短时间不会改变。单纯利用 UGC 模式传播范围不够，获得流量也较少。这就需要和 PGC 结合，按照传统节目制作播出模式，采用季播、周播、日播的模式，对用户产生黏性，树立节目品牌形象。

《奇葩说》就是这样一个典型例子。用传统专业制作模式保证了内容的品质，利用传统的季播方式，提升了节目影响力，增加对观众的黏性。内容方面，以用户提供的内容为主，这样一来，流量变现成为可能。两者相结合的模式也是十分成功的。

3. 外部资源的利用

随着视频网站自制节目的发展，许多传统的媒体人以及电视人都纷纷把目光投向网络综艺节目。《奇葩说》里的蔡康永就是著名的电视人，高晓松也是有影响力的主持人，还有一些有名的微博自媒体博主，这些是用户重视和选择的，所以给 UGC 模式注入了动力，也带来了契机。有利于网站打造自己的品牌，也给节目带来了吸睛的内容。

（三）以版权为基础的发展模式

《奇葩说》是爱奇艺独播的网络综艺节目，独播的引流量非常大，从经济利益的角度来说，促进会员制的发展，增加网站会员数量，带来巨大的流量效益。

独播的版权模式，就是以版权为基础。版权在自己手里，再通过在爱奇艺pc端、移动端的滚动宣传产生了巨大的传播效果，而且在节目播出后，通过线下很多渠道，如微博、豆瓣、天涯和相关贴吧论坛、微信订阅号等进行宣传。方式也是多种多样，如发布鸡汤文章，爆出节目制作花絮，分享辩论题等形式，这样一来可以获得巨大流量，产生巨额效益。

纵观我国综艺节目市场，许多高收益、高收视的综艺节目都是从国外引进版权的，比如各式各样题材的真人秀节目和韩式综艺节目早已称霸荧屏、雷同不少，我国综艺节目完全丢失了自身的版权独创性。所以网络综艺节目的独播，重视版权就显得难能可贵，这也是一个网站综艺节目发展模式中具有核心竞争力的体现。

版权是一个网络综艺节目打造自己影响力，推广自己品牌的有力武器。有了版权才可以衍生到线下产品。增加观众对于节目和生产此节目的视频网站的黏度，才能有更多利益可得。以版权作为基础不仅仅是《奇葩说》这一个网络综艺节目的发展模式，更是许多节目都已经注意到的，并且努力去争取的东西。

同时网络综艺节目也可以传递价值观，同时具有传播教育功能。注重以网络综艺节目版权为基础，让我国综艺节目体现我国文化魅力，展现我国精神风貌。更可以通过文化输出，让世界了解中国，这样便实现了国家文化软实力的提高。实现节目自身效益与国家利益相结合，使节目的意义内涵增加。以版权为基础的发展模式独创性很高，也很具有代表性，是网络综艺节目发展模式中特别需要注意的一个。

四、网络自制节目未来发展趋势和展望

（一）专业化水平不断提高

网络综艺节目和电视综艺节目相融合，网络综艺节目本身就是脱胎于传统电视综艺节目，是在此基础上进一步发展的。近些年，传统电视媒体开始寻求和网络视频平台进行合作，因为网络视频平台的覆盖率广，更新快，效率高，受众数量大，播出环境宽松，利益空间大。因此网络综艺开

始向传统电视节目进行反向传播。例如,《演员的诞生》在浙江卫视播出,《亲爱的客栈》与湖南卫视展开合作,在黄金时间播出。《我的新衣》在东方卫视播出特别剪辑版。这些网络综艺节目在传统卫视投放表明网络综艺节目很多慢慢转换成了卫视的综艺节目。这就需要在传播内容和综艺节目的剪辑创意方面来进行一系列专业化的制作。

拒绝粗制滥造,网络综艺节目的制作水平要不断提高,更加专业化才能顺应与卫视融合的这个潮流。在画面风格、剪辑、字幕、场景、舞台布置方面要体现专业一流的制作水平。制作团队的专业化能力也会成为衡量以后网络综艺节目发展好坏的一个重要准绳。随着科技的发展,设备的更新,知识的提升。有理由相信未来网络综艺节目会越来越专业化。

同时,因为网络综艺节目也是视频网站重要内容,可以帮助网站获得更多流量,可获益空间大。所以视频网站会投入更多,让自家的网络综艺节目专业化水平更高。这是一种必然的发展趋势。

(二) IP 衍生成熟化

综艺节目 IP 是指数字产权(Intellectual Property),是娱乐综艺节目的核心,具有强大的穿透力、延展力,存在于各种文化创意形态中,与网络综艺游刃有余,高度契合地结合,从而形成一档具有生命力的节目。同时 IP 也是商业化与产业链的关键部分。节目内容不同,IP 衍生渠道也要逐渐增多,才能使网络综艺节目商业模式变得更加成熟。

打造 IP 需要很长时间,现如今国内"IP 产业浮躁"就像快速烹饪一道"一鸡多吃"的菜,鸡汤、鸡肉等炒好后、快速上桌、迅速变现。但是 IP 成熟需要时间,形成产业链也是一个过程,IP 衍生怎样多样化,产生 1+1>2 的化学反应,怎样提高贯通性,如何请目标用户一起"协同作战",参与到产品的设计、研发、营销等环节等,还需要网络综艺节目制作方和各个方面的进一步共同努力。

(三) 互动更现实

充分考虑受众的"使用与满足"的需求。了解受众对于节目内容的需求,把辩论结果在第一时间公布,结果也由 100 位观众现场决定。在选择辩题时候，根据线上线下与观众受众的互动沟通来确定下一期辩论题目。充分满足观众的需要，体现节目互动性。而且，节目独创的实时弹幕的形式，将传统媒体单向受众变为双向，人们通过这种手段，表达自己的看法和思想，让网络综艺节目更加贴近现实生活，草根化，带动公众的积极性，让观众参与其中，增加节目趣味性和娱乐性。这种互动现实化的魅力影响着大众，带给网络综艺节目更多的发展空间。

未来网络自制节目会越来越具有互动性，因为网络技术发达，交互传播方便，互动性成为节目的亮点之一，这是未来节目不可或缺的一种特性，是保持生命力的源泉。它将综艺节目的娱乐化发挥到最大，并将会形成一种普遍的发展趋势。

（四）视频网站重要战略资源

网络自制节目的 UGC 模式降低视频网站的内容成本，同时可以实现内容差异化竞争。而网络综艺节目自身就是一个视频网站的代表，是一个视频网站的"门面担当"。许多人会因为一档网络综艺节目去下载某一视频网站的 APP，这是毋庸置疑的。一档成功的网络综艺节目给其视频网站带来的效益不可小觑。所以将其作为重要的战略资源，才能推动视频网站良性发展，增强竞争力。

网络综艺自制节目在一定程度上也会反映出其制作网站的实力。一个视频网站只有拥有一定的制作功底和足够多的宣传渠道，才能推动自家的网络综艺节目走上更高的台阶。在一定程度上，两者是相辅相成的。所以在未来，网络综艺节目是视频网站自身寻求突破发展的重要战略手段和战略资源。视频网站的蓬勃发展也会带来网络综艺节目市场的繁荣，各个视频网站围绕网络综艺节目展开创新和创作的竞争。社会主义文化市场会更加多样繁荣。

在"泛娱乐化"时代，纯网综艺节目都在寻求自己的特色，《奇葩说》通过娱乐性的外表传递新时代的思想，激起全网的"头脑风暴"，用轻松的氛围代替传统辩论赛紧张严肃的氛围。在节目类型，大数据下的话题范围，节目制作，后期剪辑等方面都走在了我国综艺节目的前列。节目抓住网络时代潮流，形式足够新颖。观众通过节目获得娱乐感，获取知识，活跃思维。嘉宾导师阵容同时也吸引大批受众。《奇葩说》作为一档成功的具有代表性的纯网综艺节目，作为网络综艺节目的范本给我们展示了从形式到内容的创新发展模式和可供借鉴的传播策略。同时预见未来网络综艺节目的发展趋势，给我国综艺节目发展提供了新思路。在同质化严重的网络综艺中，想要突破则需要节目制作方去寻找有效的传播策略，去思考如何从节目内容、形式、互动方式等方面进行创新，将受众的想法和节目所传递的思想高度结合，承担起社会责任。加强探索，网络综艺节目才能脱颖而出，增强传播效果，将网络综艺节目从内而外提升到一个新的高度。

第三节 《明星大侦探》中植入式广告的受众分析

在互联网飞速发展的今天，网络综艺节目成为一大趋势，为植入式广告创造了更大的平台，广告主和媒体也可以借此以全新的广告形式吸引受众的眼球。受众是植入式广告的目标主体，而受众在接触此过程中的心理和消费行为的变化是植入式广告实现自身价值的重要表现。因此本书以《明星大侦探》这档节目为例，分析这档节目中植入式广告的受众定位，以及植入式广告的特点和传播效果。

一、植入式广告和《明星大侦探》的概述

（一）植入式广告的界定

不同的学者对于植入式广告的定义有不同的看法，如路莉（《传播学视野下的植入式广告研究》的作者）就曾表明："植入广告本质是传统广告，但事实又是属于营销方式。植入广告通常是通过其他的传播载体来宣传品牌，将品牌完美地融入其他载体，又能让消费者接受它所传播的广告

信息，既体现了传统广告的特点也表现了它的营销特点。"① 此外，植入广告也被大家称为嵌入式广告、隐性广告。这也是因为植入广告改变了传统广告单纯直接的宣传方式，转而把所要推销的产品通过其他的传播方式来宣传，例如电视节目以及电影等等，把品牌信息明显地在节目展示出来，通过传播载体的宣传和传播来达到品牌的宣传效果。而通常情况下这种宣传方式是潜移默化的，消费者也更容易受此类推销方式的影响，也更容易达到商家所预期的宣传效果，是近几年十分流行的推销手段。②

植入广告在本书中定义为某一品牌为了达到宣传的目的，把自己的产品或者商标等通过各种方式加入到别的传播媒介中，品牌和产品可以在观众心中留下印象，从而实现广告商的目的即营销。通常，植入式广告是与各类传播媒介如电视，网络等相互配合的，通过各类创新方式的植入可以为受众创造出现实生活中的一些场景或是一些情景模拟，通过特殊的广告方式将产品或品牌表现出来，如在嘉宾的谈话中或节目的情节模拟中植入广告，使受众在无意识的情形下，悄无声息地将产品灌输给受众。

（二）《明星大侦探》的概述

《明星大侦探》是芒果TV推出的大型自制明星推理真人秀节目，目前共有三季播出，主要参照于韩国的综艺节目《犯罪现场》来制作。节目主要是明星在节目中通过案件遗留的证据，来寻找出作案的凶手。《明星大侦探》主要是以"烧脑"和悬疑推理为噱头，通过明星的参与来展示明星的聪明才智，相比于传统的悬疑节目更有吸引力，也深受观众的喜爱。

《明星大侦探》这档由芒果TV推出的节目，是继由爱奇艺出品的首档网络自制综艺节目《奇葩说》之后的又一档收视率很高的网络自制综艺节目。在网络自制综艺全面发展时期，芒果TV依靠其主体湖南卫视以及将韩国综艺改编的本土化，有着可以直播的优势，为众多网友受众打造出了一档比电视综艺节目优秀的网络自制综艺节目。除此之外，这也是国内首档有关悬疑破案的综艺节目，这就为各类品牌商带来了机遇，可以更广泛地传播自己的品牌。这档节目中有很多的植入广告，但是比较深入，都会

---

① 路莉. 传播学视野下的植入式广告研究 [M]. 重庆：西南政法大学出版社，2011.
② 张莉. 隐性广告的传播学审视 [J]. 今传媒，2006（11）：61.

根据品牌诉求设计独特的植入剧本，依靠节目中情节的发展，只要是涉及的产品都可以植入，可能是道具植入，游戏情节植入，或是嘉宾对话中植入，总会在不经意间体现品牌理念，同时节目的编剧也根据各位明星嘉宾独有的特点，围绕品牌诉求，为每位明星都设计了个性标签，这也就自然而然地把明星与品牌联系在了一起。

二、《明星大侦探》中植入式广告的受众定位

（一）《明星大侦探》中的植入式广告

《明星大侦探》这档节目一共播出三季，每一季的植入广告都有一些不同。第一季的植入广告很少，主要是在《都是漂亮惹的祸》这一期中植入的整容医院；第二季中植入的广告明显比第一季多，主要是OPPO手机、飘柔洗发水、雪佛龙润滑油以及NOW直播APP；第三季中OPPO手机依然是最大的赞助商，除此之外还有抖音短视频、京东金融、火山小视频以及怡宝。

《明星大侦探》虽然三季植入的广告都不同，但是在植入方式上基本上是一致的，主要有四种植入方式：

1. 场景道具植入

传统节目的道具植入，通常是在节目现场镜头容易拍摄到的位置直接摆放广告商的logo或产品，通过在荧幕上反复出现来加深受众对产品的印象。在《明星大侦探》中，道具植入也十分常见，但相较传统的道具植入方式，节目制作方结合推理节目的风格和广告商的特点对道具包装和摆放位置进行了调整。如图5-2所示，在《又是漂亮惹的祸》这期中，广告商怡宝把它的矿泉水放在了游戏场景中，游戏场景是便利店，几箱怡宝矿泉水植入也不会让人反感。

2. 嘉宾对白植入

对白植入一般是将品牌或者产品的信息以各种创新的方式，带入到节目人物的对话中，台词大多是由观众喜爱的节目嘉宾来说，利用名人效应，无形中让观众收听到趣味化的广告，不论广告隐形或显性，都不会让

图 5-2 《明星大侦探》第三季第 14 期《又是漂亮惹的祸》

人反感，反而会增加受众对产品的好感。在《明星大侦探》中，OPPO 手机是最常见的被用在对白植入中的，如在《深夜麻辣烫》这期中，魏晨在给客户打电话，用的就是 OPPO 手机，而且把手机的特色通过对话表达了出来，"前后 2000 万像素摄像头，肯定清晰"（如图 5-3 所示）。

图 5-3 《明星大侦探》第三季第 4 期《深夜麻辣烫》

3. 情节模拟植入

情节模拟植入是植入式广告中较为高级的植入方式，是把广告商的品牌理念设计到综艺节目的情节当中，成为作品的一个构成要素。情节植入的难度较高，想要达到良好的广告传播效果，就需要让广告植入与游戏情节完美融合。例如在《无忧客栈》这期中，撒贝宁作为一个侦探为女人破解她的老公为什么最近干什么都很快，像闪电侠一样，最后竟然发现是因为他在开雷凌汽车，这也就自然把雷凌汽车的动力足这一特点表现了出来（如图 5-4 所示）。

第五章 媒体融合环境下的发展策略

图 5-4 《明星大侦探》第三季第 8 期《无忧客栈》

4. 新后期植入

网络自制综艺节目的后期包装，尤其是特效字幕在广告植入上的使用，为节目增色不少。同时在节目进行中出现的带有广告的特效符号，也是植入创新的一种，可以给受众留下深刻的印象。如在《又冲不上云霄》这期中，何炅出场时做了一个后期特效，各种粉丝用带有 OPPO 字样的手机来拍照，表现出何炅的帅气，同时也会给受众带来乐趣，符合综艺节目的特点（如图 5-5 所示）。

图 5-5 《明星大侦探》第三季第 7 期《又冲不上云霄》

（二）《明星大侦探》中植入式广告的受众定位

《明星大侦探》作为中国首档关于悬疑推理的明星综艺节目，是一档很烧脑又会提高智慧的悬疑推理类搞笑节目，特别受年轻用户的喜爱。艾瑞 IVT（pc 端）8 月数据显示，受众在 30 岁以下的占到了 71% 的很高比重，其中 19~30 岁的受众又占到了 55.8%，并且主要分布在华北、华东、华南等经济发达地区。

171

从第一季到第二季，不论是播放量，还是在节目制作和明星选择上，都有了很大的提升，到第二季时播放量已经突破了20亿，在豆瓣上的评分是8.9分，节目流量大大提高，口碑也更好。第三季则是在原来两季的基础之上，主要在节目的细节上进行了改进，剧情更逼真，情节更紧凑，让观众产生了更多的代入感，同时也让植入的品牌和节目更好地融合在一起，更容易走入年轻用户的内心，各种游戏情节也更明显的面向年轻人。正是因为《明星大侦探》主要是芒果TV针对年轻用户口味进行改编打造的，而每季最大的广告主OPPO手机主要针对的消费群体就是年轻用户，双方才会一直在合作，以青春的名义，用前后2000万像素的高清拍照性能做好"年轻人的青睐名侦探的最爱"的角色，成为了每一季《明星大侦探》的独家冠名商。

OPPO手机最大的特点就是拍照清晰，在第三季中主打产品OPPO R11完全符合节目内容，还为每位嘉宾特制了手机，并且这个手机始终贯穿全案，更是成为破解加密文档的密码，随时推动案情的发展，这简直就是侦探破案的"年轻人的青睐名侦探的最爱"的最佳伙伴，它的产品主要功能与节目剧情完美融合，在各位侦探探案过程中承担着取证这一重要角色，不断帮助侦破案件。而随着节目的热播，OPPOR11也让受众有了更深刻的印象，让年轻受众对这款手机产生了更大的兴趣，大大提升了其品牌美誉度。

在《明星大侦探》第三季中，另一个植入成功的品牌是抖音APP，它是节目的首席合作音乐短视频，在品牌植入方面软硬兼施，收效不俗。在节目中这款APP的广告语是"抖音越玩越High办案脑洞大开，酷到没朋友的、年轻人都爱玩的音乐短视频抖音APP"，它的受众主要是面向年轻人，芒果TV基于《明星大侦探3》节目剧情与年轻用户群体的喜好偏向，为抖音品牌制定了符合其诉求的植入方式，一些抖音灵魂出窍、鬼畜、RGB分离、幻觉、时间倒流等特效也是现在年轻人的流行玩法，这些特效会在嘉宾在紧张的办案时刻抖动起来，通过后期处理呈现出来，在增加节目趣味的同时，也表现出了抖音APP的特色，彰显出它是一款潮流选择、分享酷炫生活的音乐短视频软件。节目组用全面丰富的植入形式，提高了趣味性，也提高了受众的参与度，符合了广告主的要求，也吸引了受众，实现了与节目的完美融合，同时芒果 TV 依靠湖南卫视的强大运营，全面覆盖了年轻用户，实实在在地拓展了营销范围，进而提升了用户对 APP 的下载量，这无疑将成为网络自制综艺内容中又一经典案例，是值得行业学习的。

三、《明星大侦探》中植入式广告对受众的影响

本研究采用问卷调查法，通过统计数据来体现《明星大侦探》这档节目中植入式广告对受众的影响。本次调查发放问卷 761 份，回收问卷 761 份，其中有效问卷 576 份，有效率 76%。通过问卷调查发现受众主要集中在 20~30 岁的年轻人，学历主要分布在大学。

（一）对受众认知上的影响

受众更愿意接受新鲜事物。根据图 5-6 所示，在有效样本中相比于传统电视节目中的广告，更愿意选择植入式广告的有 455 人，占 79%，愿意选择传统电视节目广告的有 121 人，占 21%。说明随着网络的发展，传统广告的缺点日渐明显，传统广告并不在乎受众对广告的接受程度，只是重复多次地出现在受众的视野内，目的性和功利性太强，消费者容易对产品产生反感，受众会自动忽略关于品牌的一切信息，这样反而会不利于产品销售。而植入式广告是编剧或者导演特意制作，根据节目游戏情节的发展，让广告顺着剧情发展，在观众看来已经成为了剧情中自然而然的一部分，让观众在毫无准备的状态下对产品信息和品牌形象有了印象，最终达到了"润物细无声"的营销效果，同时受众对广告的需求也发生了变化，不再一味地被动接受广告信息，而是会自主选择自己感兴趣的广告，因此人们更愿意选择有创新特点的植入式广告。

（二）对受众态度上的影响

第一，受众的接受程度与广告重复率成正比。

根据图 5-7 所示，在有效样本中对节目中的广告品牌印象最为深刻的是抖音短视频共有 369 人，占 64%，其次是 OPPO 手机有 300 人，占

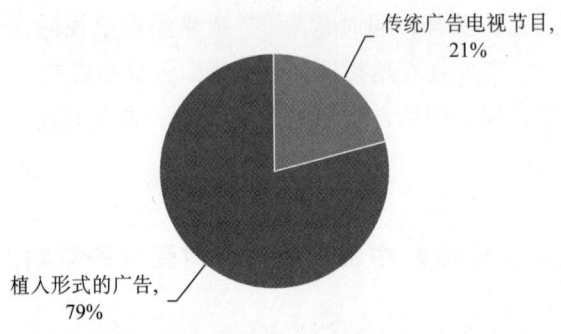

图 5-6　植入形式的广告与传统电视节目中的广告相比，哪种类型更吸引你

52%，怡宝有 186 人，占 32.3%，火山小视频有 85 人，占 14.7%。在网络综艺节目中广告植入的一大优势在于可以按照广告商的要求多次植入某一产品，广告出现的次数越多，就会在无形中给受众带来心理暗示，对这一品牌的印象更加深刻。在《明星大侦探》这档节目中，抖音短视频和 OPPO 手机是重复频率最高的品牌，因此受众对该品牌的印象程度是最深刻的。受众对品牌的印象深刻程度实际上代表着受众对植入式广告的接受程度，也就说明了广告的重复频率越高，受众的接受程度就越高。

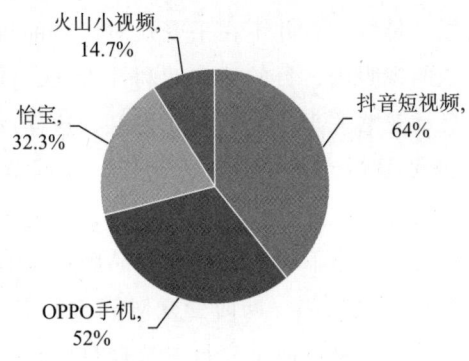

图 5-7　对这档节目第三季中的广告品牌，你印象深刻的有

第二，受众更愿意接受植入游戏中的广告。

根据图 5-8 所示，在有效样本中有 294 个人对节目的情节模拟中植入的广告很感兴趣，占 51%，有 197 人对在主持人和嘉宾的对话中植入的广告感兴趣，占 34.3%，而只有 85 个人对舞台上的 LOGO 或现场摆放的商品植入感兴趣，占 14.7%。植入式广告的生存根本在于节目的文本内容，

这就要求产品与节目在品牌文化、个性、内涵上的契合。节目文本内容必须要适应广告的植入，它的品牌价值理念和影响倾向性要适合广告产品本身。同时，也不会破坏节目本身的完整性。选择合适的节目文本，也意味着对于受众的一种尊重。在这样的前提下，受众更有可能在自觉不自觉的情况下接受所植入的广告。在《明星大侦探》这档节目中，会有几期节目在播放中突然出现和探案有关的情节模拟，以推理案件的形式出现广告植入，例如在第三季的《狼人前传》这一期中，魏大勋就出演了一个情节模拟，以侦探的身份调查谁是狼人，最后自然植入"狼人杀"这款软件。根据问卷可以看出受众更偏向于这类型的广告植入，不会引起反感同时还有趣。

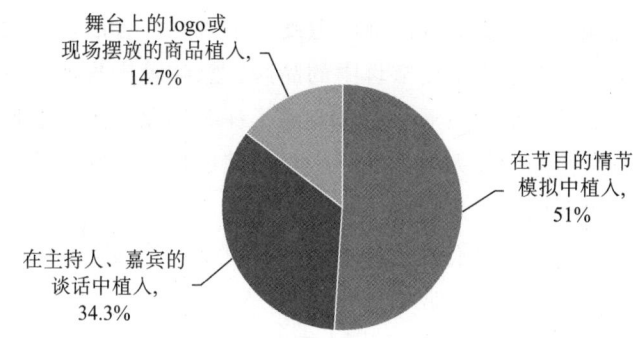

图 5-8 在这档节目中认为哪些方式的广告植入让你很感兴趣

（三）对受众行为上的影响

第一，受众对节目中商品的购买力度可以最直接地体现植入式广告的宣传效果如何，植入式广告的目的同传统广告是一样的，就是引导受众产生消费行为，所以植入式广告对受众影响力度最直接的体现就是受众最后会产生消费行为。

根据图 5-9 可知，在有效样本中偶尔会去购买或使用节目中产品的有 368 人，从没购买或使用过的有 133 人，经常会购买或使用的有 75 人，从中可以看出节目中的植入式广告对受众的影响并不大甚至很小，一些受众即便是看了节目也不会去购买任何产品，这也就说明节目中的广告植入方式是有缺陷的，这些广告植入只会对受众产生表面的影响，对真正的购买行动并没有产生影响,没有激发起受众的购买欲望。

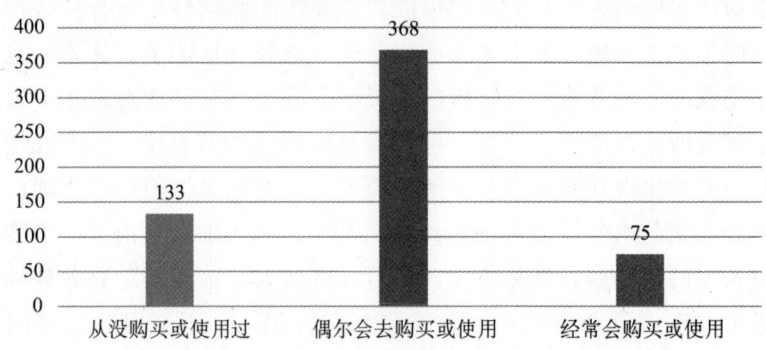

图 5-9 对节目中品牌产品的购买程度

第二,受众对节目中品牌的推广力度是植入式广告的宣传效果更进一步的体现,倘若受众愿意推广节目中的品牌,意味着广告植入对受众产生了影响,广告品牌无形中在受众心里留下了深刻印象,受众信赖该品牌并且愿意推广分享给周围的人。受众对广告品牌的推广,利于植入式广告达到更大范围,更深层次达到营销效果。

根据图 5-10 可知,在有效样本中偶尔会向他人推广的有 344 人,从不愿意向他人推广有 163 人,经常向他人推广的有 69 人。从中可以看出受众即便是对节目中的品牌有印象,也不会经常向周围人推广,可能会受明星效应或是其他原因才会偶尔向他人推广,由此可见节目中的植入式广告并没有对受众产生大的影响,没有达到广告的最终目的,广告要想达到最佳的营销效果是很难的,不仅需要各类品牌符合节目风格,而且在植入过程中广告要"不漏痕迹",受众才乐意接受,否则只会让受众对广告毫无兴趣甚至是反感。

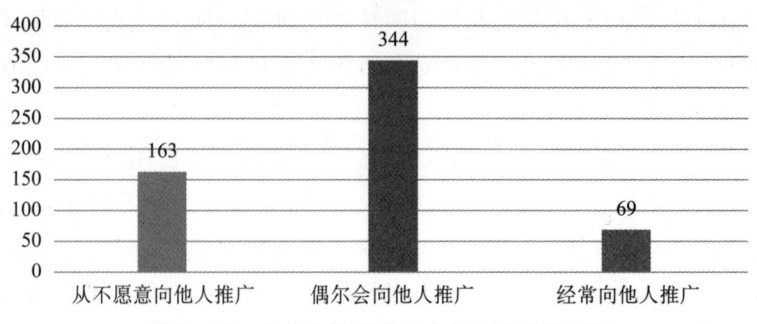

图 5-10 向他人推广节目中广告品牌的程度

四、《明星大侦探》中植入式广告的借鉴意义

《明星大侦探》这档网络自制综艺节目在植入广告上是有许多独特创新之处的,为今后其他的网络综艺节目提供了一个参考。

(一)品牌与节目剧情完美融合

在这档节目中,不论是在道具上,还是台词上,都将品牌与节目剧情完美地融合在了一起,并且在节目不中断的情况下利用各种综艺手段包括歌舞、彩蛋、提案类等突然植入一些广告品牌,在第三季中表现最明显的就是抖音短视频的植入,通过后期剪辑将明星的闪耀瞬间放在了抖音APP的界面中,这样的做法能够给用户留下很深的记忆点,同时也不会影响节目的观看。这些植入方式对受众的认知和态度上产生了很大的影响,让受众对节目中的各种品牌产生了深刻的印象,并且热衷于接受这些广告,多种符合现代年轻人价值观的广告植入并没有让受众反感,反而吸引了受众对广告品牌的关注。

(二)植入广告的品牌特色选择

这档节目在要植入的广告品牌的选择上也是很有特色的。从节目的第二季开始植入的广告开始变多,其中OPPO手机是第二季和第三季的独家冠名商,因为这档节目是探案类型的,所以在探案过程中最重要的工作就是用手机拍照,记录下证据,所以OPPO手机是贯穿了整个节目的,已经做到将手机与节目融为一体,通过多频率的广告词和画面的植入,受众已经对这款手机品牌有了很深刻的印象,甚至广告词都可以随口说出,这就是这款手机植入的成功之处,它已经对受众产生了很大的影响。《明星大侦探》这档节目中不只是这款产品选择的成功,而且一些主要赞助商的品牌都是可以与节目情节糅合在一起的,似乎是节目中不可缺少的一部分,这样的植入就是成功的。

(三)衍生周边产品

《明星大侦探》这档节目的广告植入还做到了衍生出许多周边产品,

这在其他的综艺节目中是很少能做到的。这档节目在定制周边产品上实现了多样化，例如在节目中出现的"金条U盘""贴纸""手机壳""文件夹""马克杯""手提袋""本子"等产品，都是与与节目内容很相关的，这样的植入，相对于普通植入来讲，受众更容易接受，也会产生更持久深刻的效果。而且在第三季的植入中，芒果TV与视频电商系统进行了合作，让观众在观看节目的过程中，可以对自己感兴趣的产品进行网上下单购买，这样做既不会打断观众观看节目，也对产品做了推广，这也是一种很有效的植入方式。

总之，要做一个成功的植入式广告，是需要多方面的努力的。不仅植入的广告要与情节有机融合，使受众沉迷于节目情节，植入的品牌或产品也会在受众脑中留下印象，而且要不局限于几种传统的植入形式，要设计与节目情节相关的植入形式，也可以在用画面表现的同时运用嘉宾对白或者字幕等形式配合，形成声音、字幕、画面相结合的植入方式，将会提高植入式广告的效果，可以带动观众的积极性，让观众可以感觉到同节目一样并没有什么不同，有利于提高消费者的品牌态度。同时也需要综艺节目制作人与广告商互相监督，互相交流，精心策划，增加广告的趣味性，广告植入只有似有似无地存在节目当中，与节目主题相互融合，与情节、人物配合得当，使广告和节目和谐共存，受众才会融入在节目中，从而加强宣传力度，增强广告的信息传播效果。总而言之，综艺节目只有与广告完美融合，才能获得更加广阔的市场。因此，广告商与节目组只有志同道合，制定独特的广告策略，并在节目中完美配合，在观众心中树立起自己的品牌形象，才能获得长足的发展前景。

第六章

转型升级中的发展策略

近年来网络媒体发展迅猛，网络自制节目与网络自制电影、电视剧在 2017 年开始爆发，与此同时自 2016 年今日头条宣布投资 10 亿元投入短视频后，行业内刮起了一阵短视频飓风。越来越多的平台和创业者涌入这一领域，2017 年，短视频也成为了最热风口之一，关于它的讨论不绝于耳。本章节主要以短视频作为网络媒体转型升级的代表进行分析，并结合山西网络视听文艺节目的发展策略进行研究。

第一节 短视频节目的传播策略分析
——以《透明人》为例

一、研究对象分析

（一）短视频的界定

短视频是指在互联网上通过 PC 端和无线端，即电脑和手机端进行媒介传播的、高频率推送的 15 秒到 12 分钟不等的视频内容。① 短视频内容

---

① 艾瑞咨询 .2017 年短视频行业发展研究报告［M］.社会科学文献出版社，2018：5.

多样，包含分享才智、风趣诙谐、个性新潮、聚焦社会、街拍热点、公益教育、创意 idea、品牌叙事定制等。短视频可以相对独立化，单独成片，也可以是共同的主题，制作系列的短视频节目。本书的研究对象《透明人》是以单元为形式的系列短视频节目。

当前的大环境下，短视频创作和发布的门槛低、在各大社交平台上互动性强、带有一定的社交属性、适应人们时间的碎片化，有碎片化消费与传播的特征。和现场直播相比，短视频在时间和空间上传播更自由，便于全网内容分发和消费。和长视频相比，短视频在受众互动指数更高、参与性更强，更符合人们观看习惯。

（二）《透明人》节目介绍

《透明人》由逆溯文化出品。米未传媒于 2017 年创立逆溯文化，逆溯文化的 CEO 是网红姜思达。《透明人》继承了米未传媒一贯的时尚个性化制作风格，节目呈现效果、制作内容高度重视，冲破短视频同质化的瓶颈；在形式上采取系列节目制作的形式，在内容的选取标准和途径上，则采用社会调查的方式，确定主题，区别于各大平台扎堆的美食、搞笑节目。自 2017 年 6 月 27 号开始，《透明人》采取单元制形式，每单元固定主题，周四晚更新。截至 2018 年 3 月 8 日，已经播出到第五单元。

（三）短视频行业的发展背景及发展现状

自 2016 年，短视频行业进入黄金爆发期，成为内容创业新风口。短视频 APP 抖音、梨视频、西瓜视频、火山小视频等相继上线，短视频流量爆发式增长；各大互联网巨头纷纷涉入短视频领域，阿里巴巴将集团旗下土豆网全面发展为短视频平台，腾讯投资快手 3.5 亿美金，各大社交平台布局短视频，百度秒懂百科、好看视频深入合作；新浪、搜狐、腾讯、今日头条等，在 2017 年相继公布短视频补贴计划。

2017 年，投资方的焦点逐渐从平台方向内容方的转移，因为短视频平台已经发展到了瓶颈期，但优质内容稀缺，当前主流短视频内容，泛娱乐内容广而集中，垂直领域优质内容较少。以短视频主流平台之一的微博为例，化妆教学、旅行攻略、创意烹饪、插画艺术等垂直领域均有不少大 V

出现，但就同领域大 V 推送的内容而言，内容的同质化仍然比较严重。《透明人》是一档深入探讨社会议题的访谈类的比较成功的短视频节目，选取当下最有价值的话题，用独到的嗅觉，期期有新意，也就是"习以为常中的出其不意"。

二、短视频节目《透明人》的传播策略分析

（一）强威信力的传播主体

《透明人》的传播主体分为采访者及制作团队、采访对象。

1. 主持人——新晋网红

《透明人》的主持人是姜思达，也是这个节目的创始人，也是新晋网红。姜思达个人的网络影响力对于节目的制作与宣传起到了很大的积极作用。姜思达是《奇葩说》一到四季的极具个性和思想的领军人物，是第三季的亚军，累计了很多粉丝，微博粉丝也暴涨。目前，姜思达的微博粉丝达到190万。个人有了一定的影响力，大部分受众极有可能受光环作用、晕轮效应对其爱屋及乌，并关注此节目，获得即时地短期的传播效果。

2. 制作团队——职业把关人

《透明人》整个制作团队所有的传播行为都遵循其定位和传播目的，而且他们均从专业传媒院校毕业，接受过传媒院校的训练与教育，具备专业的媒体素养。整个制作团队分为导演组、市场部、后期剪辑和平台策划部，虽然只有9个人，但麻雀虽小，五脏俱全，相当于一个微型的新媒体公司。从传播学的角度，作为传播主体整个制作团队《透明人》传播内容的"把关人"。从已经流向受众的内容来看，这个制作团队具备把关人应有的素质，《透明人》的制作团队拥有一定的职业技能和专业知识，同时又依照社会上新闻传播者的标准进行信息的传播活动，是职业传播者，当之无愧的"无冕之王"。

3. 话语权较强的采访对象——话题争议的当事人

《透明人》每期的应邀嘉宾都是话题争议的当事人，权威性和可信度强。从传播者的赢效因素上来看，首先，邀请的采访对象，话语权较强，

有一定的权威性。仅《揭秘网络大电影暴利：投资20万元暴赚500万元》这一期主要揭秘这两年为什么网络电影这么多。采访对象邀请的正是从业网络电影十几年的导演，投资20万元赚500万元也是此导演的亲身经历，是从资历和威望上来说，这个导演是网络电影圈比较有威望，资历比较深的导演，从受众接受的程度来说，投资20万赚500万元可以看出受众的认可度还是比较可观的。另外，采访对象大都是议题本身的当事人，就驯兽师这一期来说，主要探讨马戏团驯养野生动物，是不是爱护动物的行为，整个制作团队是去到马戏团，在看了马戏表演后，采访了驯兽师、马戏团管理员及来观看马戏表演的观众。

（二）多元个性化的传播内容

在传播的整个过程中，传播内容的制作对于传播者来说，是最重要的环节。《透明人》每一单元每一期选取的都是当下最有探讨价值的的话题，以单元的形式，每一单元有固定的主题，每一期围绕这一主题选题、拍摄、剪辑。

1. 当下最有价值的话题的选取

《透明人》选取最有争议的话题、当下讨论度最大的话题、选取合乎时宜、热度大的话题、选取带有社会问题的话题。第三单元以"网"为主题的第三期，《双11背后的网店客服》这一期是在2017年双11前两天发布的。双11现在演变成了每年网购的最大的节日，消费者接触最多的就是客服了，通过对客服公司的采访，将客服文化剖析给受众，满足受众对神秘地购物产业链地了解和认识，尤其在双11前上线，使得点击量爆点。第四单元"成长解决方案"中探讨的是老人和儿童的话题。老人儿童是社会上的两大弱势群体，如何解决老年生活、如何保护幼童不受性侵是现如今我国社会上的难题。经过采访老年大学发现，社会上很多人认为老年人学习就是打发时间，而这一期打破了这样的刻板印象，更多的老年人每天倒好几趟公交车为的不是自己思维灵活，而是不让自己的子女担心。经过采访小时候多次被性侵的成年人发现，性侵多是来源于熟人、性教育地缺失以及根深蒂固的好面子观念。通过对社会问题的采访，发掘其背后的本质。

另外，《透明人》每期的题目直接明了地反映了话题的争议点，使人有点开视频的冲动。《透明人》每期的话题都紧紧围绕人们的生活、情感、工作和日常交流，让节目更接地气。

2. 高信息密度与快节奏的剪辑方式

《透明人》通过信息高密度与快闪的方式剪辑，10分钟的短视频将话题深入全面地叙述出来。短视频开头话题导入声音用语速较快的旁白，配上采访经典画面和关键词，多维度地将有效信息传递给受众，使得受众在短时间内接收到大量的信息，弥补短视频传递信息量少的缺点。短视频的中间内容如有遇敏感话题，被采访者不愿意出境，就会给被采访者加上马赛克。例如女童遭受性侵的采访，受访者幼年遭受过性侵，很想将当时遭受性侵的所思所想和对以后的影响传播给广大父母和孩子，但受访者更希望大家关注事件本身，这时，制作团队很尊重受访者，打上了马赛克，剪辑也将更多的空镜头剪进去，突出声音和内容。采访难免会有采访者的主观情绪的波动，剪辑师从来没有避免将主持人的情绪呈现给大家。从第三单元开始，《透明人》中间内容部分的画面采用灰色背景，中间为内容画面，上下均有10%的留白，Logo在画面内容与上面留白的中间，转场采用以Logo为线索，翻转的形式。从第三单元开始，每一期都采用了这样的剪辑方式，简单、大方、干净、利落。这说明《透明人》节目的制作也在不断地探索中。

3. 极简主义的时尚风格

《透明人》的拍摄场景、剪辑的画面、标志的风格都是现在很流行的性冷淡时尚风格。拍摄场景多是主持人和受访者在纯色背景的室内或者宜景的室外坐下，后期用性冷淡的滤镜覆盖。《透明人》的Logo是一个立体的C，C里有立体的钻石，也代表了要从多个角度去考虑问题。Logo的在整个视频里在开头2秒的呈现，黑色的背景下很细白色的线条顺逆时针同时画出Logo，别致、简单又引人注目。性冷淡风是很多"90"后"00"后喜爱并追求的风格，选用这种风格受众会更容易接受并观看。

4. 极具创意的广告语设计

《透明人》从第二单元开始，迎来赞助商，一定程度上也说明了节目的成功。在广告语的设计和广告的表现形式上，都展现了特别的新意和创意。在广告语的设计上,《透明人》是一档年轻化的节目,因此广告也要符合受众的定位。《透明人》广告的投放主要分为3个部分,赞助商的商品会在短视频中间桌子上的摆放、拍完后制作团队后期的花絮拍摄、专门的赞助商商品的情景剧拍摄。花絮是每期拍完后,制作团队都会去吃火锅,就产生了"火锅配雪碧,爽到发脾气"的广告语。另外,花絮的拍摄十分真实,并不是把完美的花絮呈现给大众,这样反而会让观看者对广告印象深刻,不想跳过。例如一期吃火锅中,大家都聊得很 High,摄像就过来说,挡着雪碧的 Logo 了,众人就把话题和行动转到雪碧这里了。花絮和情景剧一般会在 10 秒到 20 秒,放在段视频的最后。情景剧的设计上采取的是足够吸引观众、出其不意将雪碧产品传递给观看者借用职场很多人不讲真话这个点,出其不意传递出喝雪碧的意义。例如一期中,姜思达扮演老板,用快节奏的语速安排给员工很多事情,员工二话不说拿起雪碧就喝,这时候广告语就出来了,"雪碧喝爽,想讲就讲"。

(三) 精准的受众及观念定位

从《透明人》短视频性冷淡的时尚风格、高密度的信息量和快节奏的剪辑手法来看,受众定位为思想开放、年轻、活泼、现代化的年轻人。从这些人群的年龄上来看,大多在十几岁到 40 岁之间,而这些人的要么是学生要么是在职人员,白天要忙于上班或者学业,只有晚上空闲,所以选在晚上推出。之所以选在周四,是因为从周五晚上开始,第一是这一群体的大部分人已经进入双休的状态,而且周五周六周日会有很多综艺娱乐节目推出,为避免受众分流,选在周四晚上推出。另外,从《透明人》的花絮以及微博爆料可以看出,整个制作团队都是非常年轻的,制作出来的产品能够更靠近年轻人的审美。

由于《透明人》针对的受众是社会上的年轻群体,据心理学数据统计,这一群体往往有强大的逆反心理,而观念定位是针对逆反心理的传播策略。《透明人》在很多期题目的制定及后期花絮的拍摄上,都采取了逆向定位这一传播策略。在与同类情况相比较时,如果确实存在差距,那么就干脆充分承认这一点,这样反而能引起人们的同情、关切。

第六章　转型升级中的发展策略

（四）多平台同时上线的传播战略

《透明人》在传播渠道上采取的战略是多平台同时上线，第一单元在探索时期，没有战略合作的媒体或者视频平台，而且平台不固定，短视频结束时，鸣谢的媒体也无先后之分。前两单元每期短视频出现频率最多的媒体有：网易新闻、企鹅自媒体频台、新浪微博、爱奇艺、QQ空间。第二单元开始，传播渠道逐渐固定，传播渠道的模式也有所成熟，分为战略合作、合作平台、合作媒体。战略合作战略合作社交媒体平台有微博、酷燃，战略合作媒体互动平台有企鹅号。合作平台有：QQ兴趣部落、QQ空间、优酷视频、美白、梨视频、新浪看点、QQ看点。合作媒体有界面新闻、中国网、新闻晨报以及新浪新闻。从每期短视频结束时的字幕来看《透明人》采取的传播渠道的策略是战略合作平台长期合作，合作平台和合作媒体多多益善，既稳定了效益，又扩大了影响力。

在战略合作社交媒体平台上，制作团队会发每期的文字及视频的预告、话题讨论、花絮以及该节目的成长记录，以提高受众的忠实度，增加用户黏度。每期的预告会用带有《透明人》标志的图片，发本期为什么会发这个选题，吸引受众参与讨论。短视频发布后，《透明人》官方微博上会发导演或者姜思达手记及花絮，增加话题讨论度，另外，新浪微博上也会发起该期该主题的超级话题，从传播学的角度来说，可以搜集受众的反馈。《透明人》的成长记录，比如获得近半年上过几次热搜、均以哪个话题上的热搜或者该节目获得什么奖项，以此扩大该节目的影响力。最后，该节目的成长记录的发布不止是短视频行业对《透明人》的认可和肯定，也是不辜负受众的一种体现，对于制作团队来说，无疑证明了制作的这档短视频节目所选取的传播战略是正确的，也增加了制作团队的信心。在合作平台和合作媒体上，《透明人》的目的是宣传和推广，让品牌形象通过多方平台的推送，让该节目有更多的可能进入受众的眼球，再通过内容，将其变为有黏性的受众。

（五）现象级的传播效果

《透明人》自开播后就有很高的点击量，并多次上新浪微博热搜，吸引了很多战略合作伙伴和赞助商。节目前 4 个单元全网累计播放量超过 4 亿，从第二单元开始，在酷燃视频的播放量累计超过 6000 万次，目前已取得企鹅号视频自媒体璞玉榜第一名、"金秒奖最具先锋精神短视频"，第二单元结束时，荣获"2017 微博电视影响力盛典年度优秀微综艺"。据《透明人》官方微博发出的微博舆情图，本节目在微博上已经累计播放 6200 万次，微博热搜上了 12 次，而且从第一期到目前，在热搜上持续霸榜的时间不断增加，热搜指数也不断飙升，远远超过同一时期同行业短视频节目的话题活跃度。

三、短视频节目的传播策略

经过对短视频行业内的成功案例《透明人》从传播主体、传播内容、受众、传播渠道、传播效果五个维度的分析，可以发现该节目从内容制作、宣传渠道以及形式设计等方面都对其他同类型的短视频节目具有丰富的借鉴意义。

（一）充分发挥短视频的本体优势

互联网时代的到来，使得短视频的发布门槛、制作门槛不断降低，一方面使得短视频制作的技术人员、创新人员层出不穷，另一方面，就要求短视频制作企业要做好伯乐，善于发现千里马。

短视频的制作可以单期为话题，也可以单元形式系列成片。这要求短视频制作企业如果系列成片，以单元形式，将每期的主题连贯起来；如果单独发布，主题的阐述一定要到位、有针对性。有效利用各平台的长处，如社交平台要加强对节目自身的宣传和做好与受众的互动，既要扩大节目影响力，又要注重增加粉丝黏度。同时，要研究推送内容，使推送内容与目标受众相一致。

（二）制作团队充分引起粉丝效应

制作团队的素质直接决定了短视频节目的质量。团队里的每个人都是节目传播出去的把关人，只是分工不同，所以团队里每个人的观点和思想都会影响节目最后的呈现。《透明人》制作团推整体偏年轻化,都是思维活跃、专业性强的年轻人,既能保证节目的质量,与目标受众又是同一群体,深知目标受众的口味。

另外,采访对象必须拥有一定的权威性和话语权,《透明人》邀请的采访对象均是话题争议的当事人,拥有话题的发言权,保证了话语的权威性。最后,如果有各界有影响力的主持人就再好不过了。

(三)快速并有节制地跟热点、高信息密度与快节奏的剪辑方式

短视频的主题的选取一定要选择当下最有价值的话题,换句话说就是选取最有争议的话题、当下讨论度最大的话题、选取合乎时宜、热度大的话题、选取带有社会问题的话题,只有主题选好了,才能制作出优质的短视频,树立其品牌形象,加大影响力,吸引更多目标受众。

当下中国的经济高速发展,人们的生活节奏日益加快,大多数白领、上班族总是希望在碎片时间内尽可能地多接受有效的信息,高信息密度与快节奏的剪辑方式无疑是对这一问题的解决,在10秒内闪过本期主题的、吸引受众的关键词和画面,让受众有看下去的冲动。

(四)多维度的时尚风格

近两年,人们越来越追求个性,小众的风格逐渐被人们所接受,极简主义就是一个小众的风格。极简主义的时尚风格即性冷淡的时尚风格,是今年80、90后流行的一种优雅范儿,小众逐渐在大范围内被人们所接受,它以简单、大方为年轻人所喜爱,是去繁求简的高级智慧。极简主义是通过简单的元素、单一的色调,给受众留下更多的表达和想象的空间。短视剪辑背景画面、字幕及画面转场应该选择目标受众喜爱的、易于接受的风格,极简主义的时尚风格就是一个很好的选择。

另外,极简主义形式简单,不会出现任何扎眼和哗众取宠的设计,都是以简单而高级为诉求。除了《透明人》以外,无印良品和无数文艺青年竞相追逐的性冷淡风格的品牌也日益走红。这一方面,非常值得短视频制作企业借鉴。

（五）多平台同时上线的传播策略

《透明人》在传播渠道上采取的战略是多平台同时上线，分为战略合作、合作平台、合作媒体战略。合作社交媒体平台上，制作团队会发每期的文字及视频的预告、话题讨论、花絮以及该节目的成长记录，以提高受众的忠实度，增加用户黏度。在合作平台和合作媒体上，《透明人》的目的是宣传和推广，让品牌形象通过多方平台的推送，让该节目有更多的可能进入受众的眼球，再通过内容，将其变为有黏性的受众。

但同时我们也应该意识到，在这个多元化的网络世界，不同的短视频节目应该有自己独特的内容定位，用自己的独特与同行业的独特相碰撞，探索可取之道，走出自己的道路。

第二节　山西省网络视听文艺节目建设的策略分析

在"互联网+"时代背景下，制作优秀的网络视听文艺节目作为山西构建现代传播文化体系的重要内容和提升本区域传播力的重要策略，具有重要意义。然而，无论是就媒体技术平台、内容和产业等的整体表现而言，还是就传统媒体和互联网媒体的各自现状而言，山西均面临推荐媒体融合发展与制作优秀网络视听文艺节目的一系列问题。本节从地域性研究的角度，针对目前山西网络视听文艺节目制播中出现的问题，从传播策略、制作策略、播出策略、营销策略四个方面进行深入阐述，旨在大力推进山西网络视听文艺的发展进程。

一、以受众为出发点的网络视听文艺节目的传播策略

"大众传播学的使用——满足理论认为，受众选择接受什么样的媒介，是由于受众对媒介所传播的内容进行了能动性选择。这种能动性来源于在

获得信息过程中受众的期望值和满意度。"① 随着新媒体时代的来临，受众的求知、审美和娱乐需要都变得更加强烈和多元化。目前中国网络节目最大的受众群是 20～30 岁的大学生和白领，他们最喜欢的网络节目集中在网络短剧、综艺娱乐、脱口秀等。② 相对于山西来说，受众结构也同样如此，网络视听文艺节目必须关注自己的忠实受众群，而这个群体则是年轻、充满活力、思维活跃的一个群体。因此，在节目创意、内容安排、主持人风格以及语言特征都必须与这个受众群体的需求相适应，这样的网络节目才有市场。

首先就是要充分考虑受众放松压力的需求，针对学生与白领群体，他们面临巨大的学习压力、工作压力及生活压力，所以网络视听文艺节目传播过程中要明确他们的收看习惯、收看时间及收看空间；其次要充分考虑受众反复品味的需求，在节目时间设计、环节设计及看点设置上，都要有深度有笑点，让他们愿意花费时间与精力去分享去回味，制作经典节目的魅力也在于此。

（一）发挥地域特性引发受众共鸣

1. 抓住地域性特点

山西省网络视听文艺节目要讲述山西自己的故事，传播真正属于山西地域的历史与文化。这样山西本土的受众才会有心理的归属感与自豪感，而非本土的受众会对山西产生好感与认同感。以地方文化与地方特色吸引本地受众，进而带动全国受众，是省级自制节目的重要策略。

2. 结合地域性特点设计栏目

山西省是中华民族的发祥地之一，三晋文化是华夏文化的重要组成部分。所以在设计栏目上可以充分利用如此丰富的文化艺术资源，虽然目前山西卫视的几档节目，比如《歌从黄河来》《走进大戏台》《伶人王中王》等，但是在制作思路上都是纯电视的思维方式，没有涉及并考虑网络传播的特点。

---

① 曾轶. 新闻娱乐现象的受众心理分析 [J]. 东南传播，2007（5）：80.
② 张智华. 中国网络电影、网络剧、网络节目初探——兼论中国网络文化建设 [M]. 北京：中国电影出版社，2017：153.

3. 结合地域性设计选题

山西省除了丰富的文艺资源，佛教文化与商业文化也是历史悠久，满负盛名。有句俗话说："地下文物看陕西，地上文物看山西"。山西旅游资源丰富，文化底蕴深厚，国家级重点文物保护单位数量居全国第一，被誉为"中华文明的主题公园"和"古建艺术博物馆"。所以在选题上可以充分考虑：佛教文化、商业文化及旅游文化，充分挖掘本土文化资源，做到"山西人懂山西，外地人看山西"的文化氛围。比如制作一档关于"山西匠人"的网络体验真人秀节目。

（二）创新互动模式增强受众参与感

网络用户的最大特点在于他们意在迫切表达个人观点，更直接的"去中心化"的影像社交，在观看网络视频的同时实现自我的建构与展演。所以要充分重视受众的参与感，实现得力有效的互动模式，线上与线下的联动，是地方网络视听文艺节目的优势。

（三）调整主持风格满足大众需求

1. 专业性

这里的专业性并不是强调语音语调与语言表达的专业素质，而是强调主持人对于主持这档节目所涉猎的领域，要具有全面的了解与专业的认知。不能说是专家，那也一定是具有话语权的。这样，才能在短小精悍的网络自制节目中"语出惊人""先发制人"，从专业领域方面自由掌控节目流程，来满足受众挑剔的眼光，得到受众的认可。

2. 亲和力

与传统的电视节目不同，由于互联网媒介的特性，网络自制节目天生就会缺少严肃性与权威性。所以，作为网络自制文艺节目的主持人，要放下主持身段与播音腔，用更加亲切的方式来传递有用信息，用更加亲和的态度走进受众，安抚他们急躁的生活状态，为他们增加带来生活或者工作中的正能量。

3. 个人魅力

作为网络自制文艺节目的主持人，既是节目内容的传播者，也是节目的核心与灵魂。要培养节目粉丝，首先要做的就是推出新偶像——节目主持人。所以，节目主持人要有自己独特的个人魅力，可以是资质外貌也可以是谈吐气质，又或者是风趣幽默，总之有独特之处可以让人印象深刻。

二、以打造精品节目为目标的网络视听文艺节目的制作策略

（一）提高网络视听文艺节目的编排技术

由于网络视听文艺节目"快餐式"消费的特点，对节目进行简约而不简单的编排原则是事半功倍的方法。首先，制作组团出现的内容节目。典型的是优酷土豆与理想国合作出品的《一千零一夜》将三档脱口秀节目打包在一起，强化了品牌效果。其次，适合网络人群观看习惯，推出午夜场和周五午间场。成功案例有腾讯视频2014年收视冠军《夜夜谈》。该节目一上线数日内点击过亿，全年表现突出，这与节目策划紧紧抓住网络用户的午夜刷屏习惯有关。最后，独特统一的视听觉风格。视听整体的一致性是品牌最直观体现。

（二）增强网络视听文艺节目的内容内涵

目前，网络视听文艺节目中脱口秀节目是发展最迅猛的，由于脱口秀节目具有即时性，它一般都是对当下的热点与社会现象进行评述，可以满足观众对于节目的新鲜感，并最有效地适应了观众碎片化的收视习惯。但是这类节目由于时间短，评析不够深刻更多是调侃的意味，所以不会有固定的观众及良好的文化价值。

"系列"组合的节目，可以有效调和上述矛盾，利用不同节目样式，递进式地传达深刻内涵。比如对于一个主题，可以进行组合编排，有时长短而精的日播脱口秀，有时长延伸的对话节目深入交流，有综合展示的综艺节目等。

（三）丰富网络视听文艺节目的跨媒介合作样式

网络自制文艺节目所达到的媒介互动远不止于电视媒介的输入与输

出。网络自由地选择媒介样式进行合作。可以借鉴的案例有：爱奇艺与百度联合制作的《某某人知道》；有土豆网和出版社合作的《一千零一夜》。网络自制文艺节目显示出在跨媒介合作方面的巨大潜力，显然更多形式需要深挖。

三、以拓展"三屏合一"为原则的网络视听文艺节目的播出策略

（一）拓展播出渠道

目前，单一通过一种媒介进行宣传播出的方式已经不复存在了，对于省级网络视听文艺节目而言也同样如此。除了有传统电视媒介播出优势之外，山西网络电视台也可以积极配合响应甚至制作节目。当然，微信、微博也要充分利用各自传播特点，呈现节目内容与亮点。

（二）拓展反馈平台

网络视听文艺节目本身就具有即时反馈的功能，如弹幕、评论等。但是由于多方的播出渠道与媒介不同，同时也要关照各个媒介的反馈信息整合。所以，最好有专人或团队建立科学合理的反馈平台。包括实地问卷调查、座谈调查、公众平台运营等。定期与制作团队沟通探讨，为新节目制作或者原节目改版升级拓展提供实施有效的方案与策略。

四、以产业化跨界为格局的网络视听文艺节目的营销策略

网络视听文艺节目在新媒体环境下，不再满足于传统的盈利模式，很多视频网站已经开始规划、布局视频产业链，努力向产业链上下游拓展，增加节目的附加值。另外还可以通过刺激"粉丝经济"，利用网络用户的黏合度，用"节目+电商"模式实现多渠道盈利。

山西省本土物产丰富，特色鲜明。近年来，山西科技与文化产业也发展迅速，同时，各大电商也在山西省内设置分销部。我们可以借助本土优

势，制作具有产业化跨界的网络视听文艺节目。比如，制作涉及山西美食、山西手工艺品、山西文化产品的节目。

山西省网络视听文艺节目要具有浓郁的地方文化价值，满足受众的地域化多样性需求。网络视听文艺节目的特性体现着网络节目文化价值的新特点，既与传统媒体一样承担着文化性与娱乐性的要求，又因为自身的平台特征增添了新的文化内容。山西省本身所蕴含的多重文化价值，为山西省网络视听文艺节目呈现出良好的未来走向，需要坚持它的"说话之道"，多元的表达始终包孕着人性的光芒。期待它即将为受众提供他们喜闻乐见的文化产品，实现其文化价值。

第三篇

文艺编导专业人才媒介素养培养实践

媒介素养是近几年来国内外研究者非常关注的课题。研究者们也给出了对这一概念的不同定义。比较权威的概念有：美国媒体素养研究中心的定义——媒介素养是21世纪的一种教育途径。它为获得、分析、评价和制作各种形式的信息——从印刷媒介到电子媒介到互联网提供了一种框架。媒介素养建构了人们对媒介在当今社会角色的理解，它也是民主社会公民进行质疑问题和自我表达的必备技能。中国传媒大学的张开副教授在《媒体素养教育在信息时代》一文中的观点表示："媒体素养是传统素养（听、说、读、写）能力的延伸，它包括人们对各种形式的媒介信息的解读能力，除了现在的听、说、读、写能力外，还有批判性地观看，收听，并解读影视、广播、网络、报纸、杂志、广告等媒介所传输的各种信息的能力，当然还包括使用宽泛的信息技术来制作各种媒体信息的能力。"

作为未来从事媒体行业的专业大学生对各种形式的媒介信息的解读能力，及批判性的观看收听来自各种媒介所传输的信息的能力，都反映出未来媒体从业人员的喉舌意识，作为文艺编导专业的大学生更是肩负着未来视听文艺的发展形态与意识导向作用。本篇从编导专业课程的教学改革开始谈起，接着讨论作为文艺编导应该具有的媒介素养，并展示从事教学工作以来带领学生共同创作的文艺节目文案及大学生创新创业项目成果。

第七章

文艺编导专业"电视写作"教学方法探析

目前我国广播电视文艺编导专业学生的数量激增,其与就业困境的矛盾日益严重。针对山西传媒学院广播电视文艺编导专业刚刚升本,教师在本科层次学生教学方面经验不足的现状,本书试图从专业教学方法方面进行思考,以专业基础课程"电视写作"的教学为例,探讨文艺编导专业人才培养的模式和课程教学方法的改进。

第一节 研究现状及意义

一、研究现状

近年来,我国传媒事业迅猛发展,对传媒专业人才需求日益加大,从而带动了高校传媒教育的快速发展。作为一个相对年轻的专业,广播电视编导专业在课程设置、教学方法等方面还不完善,而在当今的广播电视节目制作系统中,编导岗位是集节目的策划创意、思想把握、组织安排等方面于一身的。这就要求该专业的学生既要有深度的理论基础,又要突出业务技能实践。所以编导专业应把"培养具有深度的文化基础、广泛的知识链接、较高的思想水平、较硬的业务能力、执着的创作精神和扎实的操作能力的复合型广播电视编导人才"作为培养目标。

目前,对于高校传统写作教学的研究并不多,针对广播电视文艺编导专业教学方法的研究虽不少,但并没有形成合理的系统,而结合广播电视文艺编导专业电视写作课程教学方法的研究可以说几乎是空白。

本书顺应了新形势下对电视思维与写作能力兼具的人才的迫切需要,从广播电视编导专业人才培养方面入手,以"文艺编导专业《电视写作》教学方法探析"为题,填补这方面研究的空白。本研究将采用理论研究与教学实践相结合的方法,在立足培养应用型人才的基础上,借鉴高校多种教学方法的理论研究成果,结合传统写作教学特点,对广播电视文艺编导专业电视写作教学中存在的问题和多种教学方法进行探析,对电视写作课程性质与地位、编导专业学生学习特点进行分析,对电视写作课程可运用的多种教学方法进行探析,以求对今后广播电视编导专业电视写作课程的教学有所裨益。

二、选题意义

根据我国广播电视文艺编导专业学生数量激增与就业困难矛盾日益严重的现状,本课题试图从专业教学方法方面进行思考;针对广播电视编导专业基础课程《电视写作》教学方法研究几乎空白的现状,探讨该课程教学方法的改进。

第二节 "电视写作"课程在文艺编导专业设置中的地位

英国传播学者 S. sphichal 和 C. sparks 在考察了 22 个国家的新闻传播教育后提出了 21 世纪传播人才应该具备的四个方面的素养:广博的知识、客观的视角、批判的态度、准确的判断;三种才能:清晰准确的写作才能、传播才能和创造才能。这些意见虽然是对新闻传播教育而言,但对于广播电视艺术教育仍然是适用的。

一、新就业形势下对于电视写作能力的需求

编导专业早期由于需求量小,只有北京广播学院(中国传媒大学)和稍后发展的浙江广播电视高等专科学校(浙江传媒学院)等少数学校开办。20 世纪 80 年代到 90 年代后期,我国广播电视事业超常规发展,专业人才空前缺乏,这些学校培养的多数毕业生留在北、上、广、深等大城市,连省级电台电视台也满足不了需求,地方更是寥寥无几,县级几乎没有。在事业飞速发展而人才告急的背景下,迎来了我国高等教育由精英教育向大众化教育调整的机遇,大学开始扩招,包括编导在内的广播电视文艺编导专业人才急缺的矛盾找到了解决的途径,很多学校办起了相关专业。20 世纪 90 年代末到 21 世纪初的几年时间,编导专业出现在了各类院校,无论是综合大学、民办院校还是高职、中专都在开办。

办学规模过大与业界用人数量有限的矛盾日益明显,有些学生毕业即失业,能进广播电视机构的毕竟是少数毕业生。民营影视公司、广告公司及各种文化传媒公司成了较好的去处。这些公司多数规模小,经营不景气,用人少且挑剔。

目前,广播电视文艺编导专业学生欠缺电视写作能力在就业中存在以下几个问题:

第一,文艺编导人才的招聘上倾向于多元化。面对近年来激烈的市场竞争,各级电视台、民营传媒公司为了适应各种类型节目的需要以及提高节目质量,不再局限于招收广播电视文艺编导专业的毕业生。中文、新闻、经济、音乐、美术等专业的学生都是传媒行业青睐的对象。这些机构或公司在试用人才过程中,多半不会让刚毕业的学生上手操作机器设备,一般借用写一些新闻消息,节目策划案或脚本来初探求职者的能力。

第二,毕业生上手快,但后劲不足。由于现在广播电视编导专业的学生们比较热衷于实践活动,而理论基础相对薄弱。在媒体行业中,很多传媒专业的毕业生在工作之初能够很快适应媒体的从业环境,表现突出,有

较为明显的专业优势。在如今采、编、播一体的制作流程下，使用机器设备成为电视人必备的业务能力，由于电视制作使用的设备与电影制作相比相对要求低一些，加之拍摄剪辑的业务学习已经进入工业流程化，与电视写作能力的训练相比要更快捷、容易。所以具备让节目内容更加丰富创新、具有内涵的电视写作能力才是凸显业务能力的关键法宝。

二、新时期下文艺编导专业"电视写作"的课程定位

"电视写作"课程是广播电视文艺编导专业的专业必修课，学分4，学时72。"电视写作"课程作为广播电视编导专业的专业基础课，其课程的设立首先衔接了大学语文的相关知识，并且在此基础上更加系统地教授写作原理与技巧；其次，该课程作为"剧作"课程的先导，奠定了剧本创作的语言文字功底；再次，该课程也与"电视栏目策划""纪录片创作""电视文艺"等课程中最基本的的文案写作环节密切相关，很大程度上决定着其文案质量。

第三节 文艺编导专业"电视写作"课程的教学现状

对于广播电视文艺编导这种应用性及艺术性很强的专业而言，仅仅培养学生掌握采、编、播的专业技能是远远不够的，最重要的是培养学生策划能力和创新意识，这对于地方性院校编导专业人才的培养提出了新的挑战，传统的"储蓄式教育"已经不能适用于广电人才的培养。

一、课堂教学——教师口头教授为主和学生倾听为主

一方面，鉴于电视写作的课程性质，思维特征，以及特点要求和功能作用等知识都需要这种讲授方式，教师课堂上展示的系统、全面知识可以

使学生获得对本门课程比较清晰、完整的印象。

另一方面，经过长期的研究实践，电视写作在不同板块中的基本方法、手段和步骤也已经形成了一定的模式或规律。为了使学生获得比较专业的电视写作的理论知识，为将来的写作实践提供理论指导和支撑，教师有必要把这些知识系统地传授给学生。

但由于电视写作的最终目的是要把思维成果转化为声音和画面，不管画面语言还是声音语言，都以鲜活的意象存在于构思者的脑际，教师在讲授的过程中，需要学生的精神、精力都相对集中，熟悉每一种电视语言的规律和特点，一旦走神便无法跟上教师的节奏。

目前，高校电视写作教学模式，存在重理论，轻实践的现象，教学内容以传授写作理论知识和写作技巧为主，不注重对学生写作实践能力的训练，致使一些大学生虽然掌握了一些电视写作理论知识和技巧，但在具体写作实践中仍然存在"厌写""怕写""无话可写""罗列画面内容"等现象。

二、教学资料——文字与视频资料结合

文字能够给人以想象的空间，可以表达抽象的、逻辑性很强的原理、特点及功能等，具有其他影像资料无法取代的作用。但是，在调动编导专业学生的学习积极性上效果不佳。学生对于理论知识的学习有抵制情绪。

目前在编导专业的教学中，教师都可以做到文字与视频资料相结合，理论与实践相结合，但由于目前电视写作课程使用的教材相对陈旧，课程内容完全囿于课本或讲义的框架，教学案例也都是陈年旧事，缺乏新意，不但不能激发学生的学习兴趣，而且有的案例明显过时，已经不能适应新的媒介环境。

比如目前电视写作课程多使用的是姚治兰著的《电视写作教程》，其中在讲到解说词与画面关系的知识点中，使用的案例为《庐山》《竹乡赏竹》《舟舟的世界》《最后的山神》等纪录片或专题片，这些片子多为20世纪90年代初期的作品，在拍摄或剪辑技巧的应用上与现在相比略显粗糙，有的甚至找不到原片，上课只能"纸上谈兵"。虽然这些片子具有经

典性，但对于学生来说，太过陈旧与老套，与最新的片子和理论相脱节。若教师"偷懒"，照搬书本上的所谓经典案例，势必会影响学生对于课程内容的消化与吸收。

三、实践教学——教师指导监督不够

电视写作课程一般设置为 4 课时，共 18 周。教师利用课堂上有限的时间来讲授理论与案例，一般不占用课堂时间做实践练习，所以实践教学多为课外时间，教师以布置作业的形式来检查教学效果，作业统一交由教师统一评阅，给出一定的分数，最后返还学生。这样的实践自由度很大，给了很多同学，尤其是有一定创新精神的同学自由发挥的空间，但是也给了一些学习态度不端正，学习不自觉的同学偷懒造假的机会。电视写作的实践是学生自行安排（设计）的，在缺少教师指导和监督的情况下，有的同学觉得盲目，有的同学干脆偷懒，编造假的写作成果，教师也无法一一验证，这无疑使得教学效果大打折扣。

第四节　文艺编导专业学生学习的特点

文艺编导专业的学生在个性上和生活习惯方面都具有一些异于其他本科专业学生的特点，这些特点多多少少会影响他们对知识的接受效果。

一、拒绝被动的教学方式

文艺编导专业的学生在个性方面大都表现得活泼好动，开朗善言，因此传统的以听为主的课堂学习方式不能够调动他们的学习积极性，这种被动的接收方式影响他们对知识的兴趣，教学效果当然也不会太好，这一点，我们教学一线的老师是深有体会的。

二、缺少对理论知识学习的兴趣

文艺编导专业学生的兴趣广泛，加上他们的专业特性能够接触到很多最新、最前沿的影像资料，所以对于理论知识的学习兴趣不大。这种情况下，只选取传统的文字资料与陈旧的视频案例作为教学辅助资源是远远不能达到他们的要求的。他们希望教师在课堂上能够采取多种多样的教学资料，吸引他们的注意力，培养他们对本门课程的兴趣，将理论知识融入这些鲜活的材料中。

三、实践学习中自主性强

文艺编导专业的学生都自主性强，这一点决定了他们在学习中比较有自己的主见，往往有自己的判断，并且会坚持自己的这种判断。这一方面有利于养成他们的批判怀疑精神，这是创新的关键；另一方面使得他们在平时的学习中表现得不愿意"合作"，从个性上来说是没问题的，但却容易影响教学计划的制定和执行。

第五节 文艺编导专业"电视写作"课程的教学方法和教学模式亟待创新

一、课堂教学方面急需改革

第一，传统的以教为主的"灌输式"教育，忽视了广播电视编导专业学生学习的主动性，教学效果不好。

本书针对山西传媒学院编导专业已经必修过电视写作课程的学生进行了问卷调查，参与调查学生为11级、12级编导本科专业学生与12级编导专科学生，共316人（见附件）。

问卷第一题为：你在每节课前，是否清楚地了解本课的学习目标（见图7-1）？

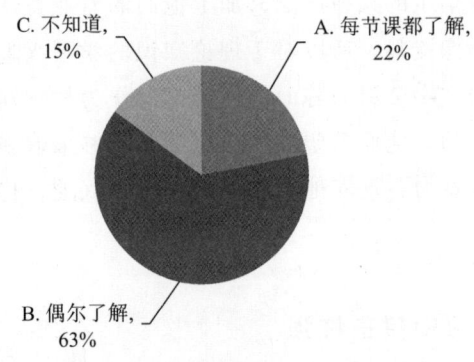

图7-1

有超过一半的学生表示偶尔了解课程学习目标，只有不到四分之一的学生表示了解。这样的情况对于学生每节课的学习主动性的调动是不利的。

问卷第三题：你认为自己的课堂学习效率主要取决于（见图7-2）？

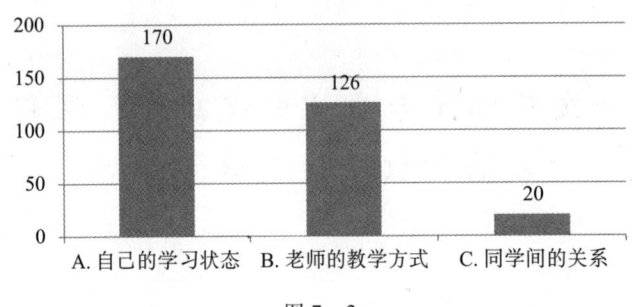

图7-2

有超过一半的学生认为课堂的学习效率取决于自己的学习状态，也有将近一半的学生认为课堂学习效率取决于老师的教学方式，可见在传统的教学过程中，学生的主动性有限，被迫接收知识，对于个性鲜明的广播电视编导专业学生更是不能接受的，而教师的教学方式对于课堂学习的效果起非常重要的作用。

第二，教学资料与理论相对陈旧，不能调动广播电视编导专业学生的学习兴趣，影响其学习效果。

本书问卷调查表的第六题为：在课堂教学中教师使用的视频材料与理论观点如何（见图7-3）？

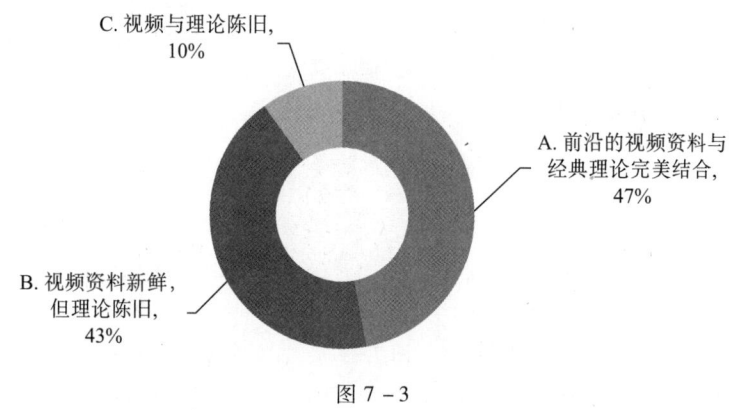

图7-3

"电视写作"课程的视频资料大多为纪录片或者专题片，而这些片种对于处在大学一二年级的编导专业学生来说，在日常学习与生活中接触还是不多的。但从图7-3的数据中还是可以看出有43%的学生认为课堂中教授的理论相对陈旧，有10%学生认为视频资料与理论都陈旧。

随着现代传媒技术的发展，电视写作的理论与形式也越来越多样，在教学活动中，首先教材相对陈旧，其次教师要将电视写作的各种形式、特点、写作技巧、方法传授给学生，只依靠一张嘴或者陈旧的视频资料，形式单一的教学方式根本不能调动编导专业学生的学习兴趣。

二、实践教学方面急需改进

传统的教学活动中，电视写作实践占整个教学活动比例较少，课堂有限的时间，难以发挥学生的自主创造性，电视写作实践流于形式。而且目前电视写作实践的形式单一，基本上都是学生自己写分镜头本插入解说词的方式，其他形式的写作方式和手段都因为技术设备有限或学生动手能力有限而难于体验，这对于未来的电视人才无疑是重要的损失。而从本书问卷调查表中涉及在课堂或者实践中遇到问题学生的解决方式中，除了可以得出编导专业学生自主的学习能力以外，也可以看出教师与学生在课堂或者实践中交流不足的现象（见图7-4）。

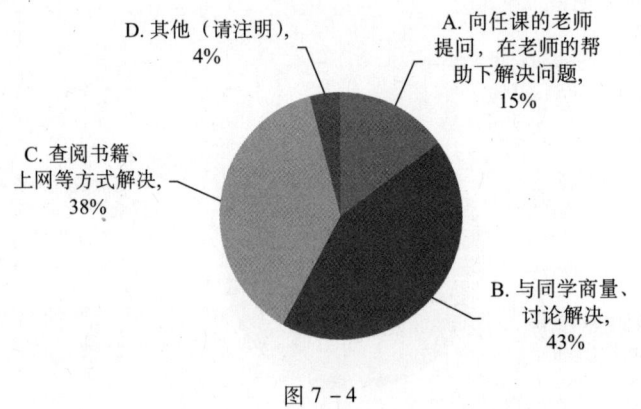

图7-4

第六节 创新文艺编导专业"电视写作"教学方法，提升教学水平

一、创新课堂教学方法

（一）项目教学法在电视写作课程教学中的应用

"项目教学法"可表述为：师生通过共同实施一个完整的项目开进行教学活动的学习方法。在这些项目中，学生把日常所学理论与项目完成紧密关联，从完成任务中学会和会学。它最大限度地体现了现代职业教育"以能力应用为本位"的价值取向。[1]

---

[1] 程有娥. 浅谈项目教学法在高职课程教学中的应用[J]. 吉林工程技术师范学院学报（社会科学版），2006（8）：52-54.

第七章　文艺编导专业"电视写作"教学方法探析

项目教学法是以培养学生综合能力，发挥学生、教师双主体作用，让师生共同成长的教学方法。它从职业实际出发，选择具有典型性的事例作为教学的内容，学生在教师的指导下，按照问题的要求搜集、选择信息资料，通过小组的共同研究，或个人的努力，创造性地去解决问题，得出结论或完成任务。①

对照实施项目教学法的必备条件，这一方法在电视写作教学中广泛采用。

第一，它能贯通电视写作理论与实践，体现实践性原则。项目教学过程是人人参与的创造性实践活动，不注重最终结果，而注重项目完成过程。学生在实践中理解和把握课程要求的知识及技能，培养分析解决问题的能力。因此，这种在建构主义学习理论指导下的教学方法，被称为"基于项目活动的研究性学习"。

第二，能调动学生学习主动性和积极性，体现主体性原则。项目教学法对于客观存在的世界，其被赋予的意义是由学生自行决定的。它通过关注某一学科的中心概念和原则，把学生融入有意义的任务完成过程中，让学生更积极地、并有目的地展开自主学习。这种学习目标定向性特点，让学生在项目进行之前，就能清晰地意识到自身的学习任务，在实践过程中也必须依靠自己的能力掌控目标完成度。只有当完成的目标任务与预期成果吻合时，学习才真正成功。因此，任何敷衍态度、懒惰心理对完成学习任务都是不利的，甚至是有害的。而且，项目教学法强调学生的主体作用，提倡学生在集体的，相互的，个体的三种自我教育方式下获取知识。而衡量自我教育的尺度主要是学生实际参与度和体验，这些也正与电视写作教学的自主性原则相吻合。②

第三，项目教学法能鼓励学生以独特的视角探索世界、思考人生，充分发挥学生的创造潜能，体现创造性原则。由于项目教学法强调教师和学生的互动，体现了个性化和层次化的人才培养理念；提倡和引导学生进行研究性学习，使他们能按照自己的个性走上主动发展、自主创新的道路。

---

① 程少伟. 谈行为引导型教学法之项目教学法的应用 [J]. 职业教育研究，2005（11）：104.

② 贺平. 项目教学法的实践探究 [J]. 中国职业教育，2006（22）：43-44.

这种教学方法，不但能改变学生的学习习惯，提高他们的学习兴趣，更能激发他们的创造性，发挥他们各方面的潜能。

为更具体地说明项目教学法在电视写作教学中的运用，举一个子项目设计例子：

1. 几项准备

（1）项目选题。在项目教学中，选题至关重要。把电视写作教学计划统一安排，按照学生的认知能力及心理发展顺序。本书负责人在教学中拟定了电视写作能力培养教学项目表（见表7-1），在总的能力培养目标下，分别有四个大的项目，包括：策划案写作、新闻写作、电视专题类写作、电视综艺晚会写作，而在每一个大的项目下设计了一系列子项目，这些子项目注意与社会现实密切相连，贴近学生的日常生活，又有一定的科学顺序。

表7-1　　　　　　　电视写作能力培养教学项目表

总目标	项目	子项目
具备电视写作能力的电视工作者	策划文案写作	电视节目框架设计
		电视栏目策划书
	新闻写作	消息新闻写作
		深度报道新闻写作
		评论类新闻写作
	电视专题类写作	电视选题报告
		编导阐述
		拍摄提纲
		采访提纲
		解说词
	电视综艺晚会写作	串联词

（2）教师素质。在理念上，变"以教为主"为"以练为主"；在内容上，忽略系统性和完整性，以够用、实用为基本要求；在管理上，以灵活多样的形式开展丰富多彩的活动；在方式上，教师是组织者和协助者，以学生各方面的能力获得充分锻炼为教学原则。

（3）硬件和软件支持。硬件包括必要的多媒体教室和参考书籍等；软件主要体现为学校和其他教师的评价系统。

2. 子项目"电视栏目策划书"教学设计、教学步骤

（1）理论准备阶段。教授电视栏目策划书的原则、内容、设置板块等相关知识点，并用案例给学生分析一份成熟的电视栏目策划书。

（2）设置类型。电视栏目的类型有很多，所以选择学生比较容易上手的生活型电视栏目类型，并抛砖引玉，引导学生开拓思路。

（3）分设小组。学生自由组合，以三人为一组，在一周时间里分工合作，共同出一份生活类电视栏目的策划书。

（4）课堂讨论。在学生各自分享策划书的基础上，请大家讨论优缺点。

（5）写作评价。评价包括学生自我评价和教师评价。教师对各小组完成项目情况进行评价，并根据项目设计特点，给予指导性建议。

在本项目教学中，学生通过"知识学习——小组讨论——课堂交流——作业评改"，对项目任务"电视栏目策划书"有了新认识。即它是调动各个渠道的信息，调动以往的知识积累来"研究"。随着写作完成，项目任务基本完成。

（二）案例式教学法在电视写作课程教学中的应用

与一些理论性较强的专业相比，广播电视编导专业更为强调其实践性和创新思维能力，同时就目前社会对该专业所需人才的素质能力而言，拥有创新思维能力和分析问题、解决问题的能力是必不可少的。对于该专业的用人单位而言，毕业生的理论素养固然重要，因为它决定着一个人的专业根基和可持续发展的基础，但由于这是一个强调不断创新和重视实践操作的行业，因此学生对于实际问题的分析能力和上手能力也就显得十分重要。而"案例式教学法"中涉及的大量的实践案例和实操案例，不但可以使学生直观地了解本行业领域的经典作品、典型事件以及最新的行业发展动向，而且有利于使学生形成和保持对该领域实践前沿的关注习惯和敏感度，从而使学生积极主动地将理论学习与行业实际发展相结合，综合素质将会得到极大的提高。

"案例式教学法"在电视写作课程教学中的实施要点：

第一，案例选择。"案例式"教学的基础和核心是所有教学活动的开展都是以具体的案例来进行的，因此，针对教学内容选择最合适的、最科学的"案例"对于整个教学目的的实现具有举足轻重的作用。"案例"的选择并非越经典越好，它要求针对不同的教学目标选择最能够达到本专业或本课程教学要求的合适案例。就广播电视编导专业教学而言，课题组认为，案例的选择主要应遵循以下三个方面原则：其一，典型性。典型是对某一类事物最具代表性的问题，这样的案例对相关理论问题具有极强的说服力。在教学中，典型案例的使用不仅可以使学生了解到本专业最具代表性或最具争议性的内容，而且可以加深学生对相关问题的理解，并有利于培养学生专业化的眼光。对于电视写作课程而言，典型性案例主要应包括：中外电视栏目策划成功或相对成熟的策划案范本、中外经典的电视新闻消息或评论文章、中外优秀纪录片的经典解说词等。通过这些经典案例的展示、分析或印证说明相关重要理论或启发学生的创新思维和意识。如在讲授电视栏目策划文案包含的基本内容知识点时，举例国内已经上星的《职来职往》这个大家熟悉的电视栏目，并展示该栏目的策划文案，这样的案例展示很具有说服力。其二，启发性。针对教学内容，有时候我们在选择案例的时候，有些案例可能不具备典型性的特征，但是这类案例却对学生在某些方面具有很强的启发作用，可以激发学生主动学习的学习热情，调动学生的积极思维，进一步提高他们对相关问题的认识和理解，或使其对社会、人生、历史、未来有某种感悟。其三，贴近性。考虑到目前的学生现状，同样层面的案例最好选择最新的或是与学生兴趣最为贴近的案例，这样才能拉近与学生的距离，使其在接受时更易感同身受，更具有发言权。

第二，案例展示。本书从教学实践中总结出，案例展示环节需要注意的两个问题：其一，案例背景资料的完整性。对于很多案例而言，其背景资料不仅仅是对案例产生、特点等相关内容的介绍，有时候还可能涉及对某一社会时期或是某一现象的揭示。例如，在展示《舟舟的世界》的案例时，给学生详细介绍当时这部纪录片的拍摄背景、拍摄过程以及在整个纪录片制作过程中一些小故事小插曲等资料，有助于学生理解舟舟生活的社会环境以及人们对于特殊人群的态度。其二，展示手段的多样性。很多人往往会忽略案例展示的手段使用,基本上对一个案例都采取一种展示的方式,其实,对于不同的教学内容和要求,我们应该使用多种展示手段,以此来强调重点,引导学生关注某一部分。例如,在讲到解说词写作的知识点时,可以分别使用三种方式:一是利用PPT单独展示电视片的解说词文字部分;二是展示电视片的视频片段;三是先展示电视片的解说词文字部分,然后再播放这段视频。通过这样的方式,可以引导学生的注意力,使其集中于教师教授的重点内容。

第三,案例分析。最先可由教师做教学案例分析示范,选用典型案例,由教师讲解如何进行案例分析,如从哪些角度分析,运用什么理论分析,采取什么方法等,其目的在于使学生熟悉案例教学的学习方法,以使其后进行自主式的案例分析。分析点评这一环节是教师对写生的案例分析情况进行点评和总结的过程,主要包括四个方面的内容:一是对学生的案例分析过程进行总结,指出各种观点分歧并予以评价;二是对案例分析中涉及的重点、难点作补充性或提高性阐述;三是向学生讲解教师本人对此案例的看法,结合相关理论进行分析,并引导学生举一反三,触类旁通地去思考和理解相关问题;四是通过案例联想,启发学生对某些实践问题的深入探究,激发学生自主学习的热情。

(三)行动导向教学法在电视写作课程教学中的应用

行动导向的教学强调:"学生作为学习的行动主体,要以职业情境中的行动能力为目标,以基于职业情境的学习情境中的行动过程为途径,以独立计划、独立实施与独立评估即自我调节的行动为方法,以师生及学生之间互动的合作行动为方式,以强调学习中学生自我构建的行动过程为学习过程,以专业能力、社会能力整合后形成的行动能力为评价标准。"[1]

第一,系统化工作过程的提炼。

行动导向的教学方法要求,课堂技能目标要对应学生的就业岗位,电视编导专业的就业岗位是各类传媒和影视制作机构的电视节目编导、策划、摄像、撰稿及后期制作等,而电视节目编导则是其中需要具备综合技

---

[1] 袁江. 关于行动导向的教学观 [J]. 中国职业技术教育, 2005 (10): 1.

能的岗位。

工作过程是指"在企业里为完成一件工作任务获得工作成果而进行的一个完整的工作程序"。在电视台和电视制作公司，电视节目编导的任务就是以现实生活中的人物、事物、事件等为主要内容，创作一部完整的电视新闻纪实作品，基本要经过以下工作程序：策划节目→寻找新闻线索→确定选题→联系采访人→现场采访和摄制→写作解说词→编辑画面→字幕制作和音响合成。

第二，教学情境的设计。

设计教学情境要紧密结合技能目标。一项技能目标的培养往往需要多个教学情境承担，要遵守学生由浅入深的认知规律，把这些教学情境排好顺序。"电视写作"课程的主要教学情境设计依次为栏目策划书写作、新闻消息写作、新闻深度报道写作、纪录片解说词写作，从第一个情境到第四个情境，复杂度和难度在递增，也意味着学生所学的知识难度的递增和能力的循序渐进。

再具体一点，例如在解说词写作教学中如何运用行动导向教学法呢？在课堂上提供《百年中国》的电视片解说词的三种表现方式，打比方说，慈禧西逃，有好几种表现方式。一种方式是八国联军几月几日打进北京，慈禧换上农妇的服装，往西北方向逃去。第二种：德胜门，明清皇帝远征还朝的必经之路，今天成了慈禧西逃的出发点；还有一种，河北的一个县令正在堂上办公，突然来了一道圣旨，要他准备几口大铁锅，买多少菜。他一下就懵了，说到底出了什么事？然后慈禧来了。面对三种方式，模拟学生如果是这部电视片的编导的话会选择哪一种并说出理由。学生们以一个电视编导的岗位角度纷纷讨论发表意见，最终指出第一种是官话，只不过是正史的口语化版本；第二种是行话，一种较为生硬的历史感；第三种叙事的方式还原了当时的日常生活场景，生动而逼真。在行动导向的教学方法引导下，学生明白了电视解说中的文字往往不是文字和文字间的呼应，而是和画面的呼应，作为画面的解释、揭示和串联，把观众带入一个视角，遭遇一个情境，或是一种情绪，也是电视解说中一种形散神不散的语言蒙太奇。这样便达到了教学的目的。

二、优化课堂教学资料

教学过程中教学资料的选取要做到：文字、图片、视频、影音资料相结合。首先，不同形式的教学资料具有不同的教学功能。学生在学习中既可以体会不同电视片写作文体的特点，也可以体会电视编导的各种不同的写作方式和手段。其次，不同形式的教学资料可以丰富课堂教学的内容，使得原本枯燥的教学内同变得生动起来，满足他们的审美需求，从而最大限度地调动其学习"电视写作"的兴趣。

三、改进实践教学模式

电视写作是注重实践的课程，为了适应广播电视编导专业学生的学习特点电视写作实践教学也应做出相应的改进。

（一）理论要和实际相联系

首先，广播电视编导专业的学生自主性较强，思维敏捷。在电视写作课程的实践教学中可以多给他们提供机会参与学校或系里的相关活动或项目的文案写作，锻炼其灵活应变能力，鼓励其有个性地文案策划、报道新闻、解说词创作。其次，利用他们的专业特长，制作不同类型的电视片并配合文案写作，体会不同形式的电视写作方式和手段。如学校的重大活动或纪念日，可以鼓励学生做电视新闻练习新闻消息写作或是制作专题片配以解说词写作等。

（二）创新要和实践相挂钩

创新精神是我们提倡和鼓励的，但任何形式的创新活动都要和实际相联系，否则再美好的设想都只能是空想。电视写作的实践教学要立足本校或本系的实际展开。首先，可以利用学校或系里的新闻媒体来展示学生的实践成果，如在学院电视台播出学生的电视新闻作品，既丰富了广播电视编导专业学生的生活，也满足了他们表现和展示自我的需求，极大地调动了他们的学习积极性。其次，系里可以适时组织一些竞赛或评比活动，例如，山西传媒学院编播系的"光影随行"活动，对优秀的电视写作作品给予一定的奖励或鼓励，比如"最佳解说词写作奖"，增强学生学习电视写作这门课程的兴趣。

第八章

文艺编导的媒介素养

文艺编导工作具有较强的政治性、政策性、思想性、业务性、艺术性。文艺编导的任务是根据宣传或娱乐的需要，创作和制作符合媒体要求的节目，即把文字、图像和音响转变成可供"视听"的节目。职业要求从业人员了解文艺发展的概况，理解文艺节目的基本理论，掌握文艺节目各种类型的创作规律与制作技巧。并且对各类艺术形式有所了解，掌握多种艺术形式的艺术特征与审美特点并对其进行二次创作，为观众提供审美享受与精神愉悦。

第一节 文艺编导的职业特征与基本素质

一、文艺编导的职业特征

（一）劳动的个体性与产品的社会性

就精神生产劳动而言，一般表现为个体劳动的形式，而其产品又总是社会生活的结晶。编导在对节目的处理过程中，虽然是结合多人的劳动和智慧，但最终仍是以编辑个人劳动形式来完成。正是这样的劳动特点，使各种节目生产人员的劳动和智慧得以集中和发挥，使各种节目呈现出丰富多彩的局面。

（二）信息加工和传播的中介性

精神生产的社会协作，很大程度上依赖于信息交流。编导工作正是组织和实际推进交流的中间媒介环节。由于职业的原因，编导不但能够掌握较多的信息，因而对各种信息的价值有特殊的敏感，而且对信息交流在社会生活中的触媒作用有特别深切的理解。一是通过整理、加工有关资料或成品中，使作品合乎科学规范和社会规范，以避免进入传播渠道后发生受众在理解上的困难或产生不好的社会效果；二是把这些文化知识物化，对广播电视来说，使节目存在于一定的物质形式当中。

（三）节目生产的再创造性

编导工作既是一种精神生产，就离不开创造性思维。编导虽不直接创造精神产品，但在精神产品诞生的过程中，却有编导间接的和隐匿的创造活动。就电视来说，无论是选题、改稿、制作，一个完整和完美的电视节目的产生，都有编导的智慧融汇其中。这种再创造的特性，也可以说是二度创造，或者说是服务性创造。

二、文艺编导的专业属性

在电视文艺界，编导的工作包括艺术和技术两个方面，所以我们将编导定义为"懂技术的艺术家"。

（一）艺术家

编导必须具备理解脚本和创作宗旨的能力，将文字转化成画面的构思能力也决定了编导必须是一位艺术家。他还必须有画家那样的色彩感觉、协调布景、服装和摄影的调子。有一种深刻的本能的直觉。

对于演员、表演，编导所应追求的不仅是形体表现能力或形状，他们还应追求一种在风格上能丰富故事的敏感，以及一种能拓展表现空间的演员之间的感情关系。

编导的艺术功力还涉及编辑、特技、服装设计、化妆、发型以及片名及字幕的造型设计方面。

（二）技术家

成功的编导对电视技术方面的了解不能浅尝辄止。谙熟技术奥秘、掌握先进技术手段的编导可与剧组有关专业人员探讨技术的精妙之道，因此也能使他的作品达到一个更高的水准。

综艺节目制作方式包罗万象，从外景地一二人的电子新闻采集到一个规模达到百人的演播厅制作，剧组规模大小取决于导演在技术方面的需求和创作计划所涉及的方面以及作品本身性质的要求。制作一旦开始，编导技术方面的知识必须涉及许多的特殊领域，从色彩饱和度到话筒性能，从电脑动画到后期剪辑等。制作方面的专业知识对编导大有裨益，学习编导专业的学生应首先要在影视制作课堂上得到很好的培训。

（三）掌门人

任何组织都需要训练有素的行家在压力较大的气氛中起到协调作用。

由于技能与个性的差异，剧组极容易产生矛盾。同时，出现的问题都还有主观性，解决矛盾的方式需因人而异，这又容易使矛盾激化、经费不足、时间有限所造成的压力使人们出言不逊、肝火旺盛，演员出现罢演，编导变得优柔寡断。

成功的编导总是像父母处理家庭问题一样处理剧组的分歧，动用纪律和爱心。编导在剧组中凡事应以身作则，并应事先宣传工作规章，确立一套清楚明确的制作模式，使每个人都能在剧组中享有某种程度的安全和愉快的心情。剧组人员和演员都乐意在轻松愉快的环境中工作。

导演不一定要接受心理培训，但他们必须要有一种实际的判断力和洞察力——一种能洞悉演员心理、把握他们反常行为真正原因的能力。有时演员会裹足不前，他们会认为自己的角色没有其他明星的角色那么丰满，他们有抗拒心理，因为他们认为自己的天赋受到忽视或不公的待遇。有数不清的个人或个性方面的因素会干扰演出，打断正常的拍摄，对此，没有一本书能轻易地给出答案。明智的编导往往寄予同情心，并善解人意，及时处理那些可以解决的问题，因而总是掌握着主动权。

三、文艺编导的基本素质

从事文艺编导工作，除了需要一个充满智慧的头脑外，必备的相关知识也是十分重要的。具体说来，大体应该包括以下几个方面：

（一）导向意识

中国媒体的社会主义性质及其特色是具有"喉舌"的特性与宣传教育的功能，文艺编导一定要牢记综艺节目的属性。这种既是精神产品又是物质产品，既非商品又是商品的两重性，无论在电视台播出，还是作为市场行为体现其经济效益商品销售，都必须是以良好的社会效益为前提，做到既有良好的社会效益又能获得经济效益，促进两者的良性滚动。

（二）审美意识

审美，是影视艺术最本质的特性，而观众从艺术作品中获得审美感受的中介因素是人的感情。白居易说，"感人心者莫先乎情"。法国著名雕塑家罗丹也说，"艺术就是感情"。艺术家有了难以克制的感情流动，艺术家的创造才会发生；当观众被作品中所蕴含的激情所感染，就会引起心灵上的震颤，即感情共鸣，因而产生审美享受和审美愉悦，这种审美效应会引起人的思想升华和行为驱动，激励人们去探索、去追求、去抗争。

与此同时，作为编导还要带领主创人员自觉追求屏幕文化的心理开掘，并以独特的艺术眼光、与众不同的审美视角，按照美的规律，观察生活，熟悉生活，透过表象掌握本质事实，于寻常生活中发现神奇，把对生活的审美感受、体验和理解，用画面、声音、镜头语言形象地反映出来，形成一种美的意境，这样才能使栏目一班人确立和培养起审美的意识。

（三）经济意识

人所共知，一个产业没有效益，就没有存在的必要。中国传媒事业是带有"喉舌"特性和宣教功能的媒体与信息产业。它是以第一、第二产业所创造的产品为基本物质条件，主要通过服务的形式，生产非物质形态的产品。它不仅要创造大量精神财富，还要创收，"以节目养节目"，解决自身日常需要的经费，并向国家缴纳规定的税金，支援社会主义现代化建设。与此同时，还要将剩余积累的资金，不断扩大再生产，产生良性循环。

（四）服务意识

服务不是堂皇的招牌，也不是精美的包装，更不是廉价的口号，它要求编导在创作集体里为实现目标服务的管理制度，做一名勤勤恳恳的公仆。

四、综艺编导的必备本领

（一）要有导演的品格

任何一门艺术都存在着"要表现什么""怎么表达""如何表达得正确和有价值"这样三个问题。一个真正的导演，应该有能力挖掘作品的深度以及深刻地展示人生。所谓导演意识，不仅仅体现在表现手法上，而主要是用自己独特的眼光去理解和阐释得是否准确，主要靠导演的内在精神和知识的蕴藏量。几乎所有成功的文艺作品都有一个共同的特点，那就是导演的精神个性、思想深度及其对人生的独特观察和对社会的高度责任，和谐地融汇在表现技巧之中，而这种具有独特艺术创作个性的作品，正是在强烈的导演意识和导演品格的基础上诞生的。

（二）要有广博的知识

前美国导演工会主席德伯特·曼曾谈到全面的文学艺术知识背景的重要性，他强调，像历史、文学、戏剧、政治等学科知识都是一个成功导演所必须掌握的。

（三）要掌握起码的技能

导演的构思虽然是难以估量和捉摸，但导演的目的却能通过可估量和捉摸的机器来达到。导演正是借助这些机器,使自己的思想形象化、具体化,并将其输送出去,因此,导演要在工作中得心应手,就必须懂得技术,掌握起码的技能。

(四)要善于把握整体

在拍摄过程中,每一个瞬间都是整体的一部分。当拍摄的每一个场景将要出现的时候,导演都要设想未来作品的面貌,盘算将要出现的这一瞬间在作品中的位置,这样来相应地创造许多个一瞬间。

文艺编导不同于舞台剧导演和乐队指挥。在舞台上,戏剧性动作是连续不断的,它只是不通过"幕"和"场"来起分段作用。而文艺节目的动作却被每一个"切换"所中断,直到全剧终了才显出它的连贯性。因此,导演在完成拍摄之后,来组合各个镜头和各个部分时,始终遇到局部与整体的关系问题,这种镜头组合成功与否,往往决定于导演把握整体能力的高低。

(五)要有很强的协调能力

导演在创作集体中应该是主要阐释者、启发者、激励者。

摄制一个节目,导演要做出成百个大的、小的、复杂的、简单的决定,导演做这些决定的水平如何,并能否启发合作者按照这些决定去实施,直接影响到这部作品未来的面貌。导演必须与各个层面保持广泛的联系和交往,拥有与人打交道的足够能力,这样才能保证从社会上、从人群中不断获得足够的信息和其他各种资源,为成功开展节目创作奠定可靠的社会资源基础。

社交能力是编导从事节目创作工作的一个重要的基础。编导的社交能力首先体现为编导是否以一种开放式的心态和行为与社会接触,形成自己的社会交际圈,并从中获得大量的节目资源。

第二节　案例：山西传媒学院导演系2018年新年晚会策划方案

一、晚会主题

岁月·风华

导演系正式更名调整后以全新的风貌迎来了对山传怀揣无限憧憬的17级新生。回首往昔，我们不能忘却这一路征程！

岁月：梳理导演系不凡的发展历程，编播系——编导系——导演系致敬那些为导演系无私奉献，默默坚守的师生。我们要恪守导演系的传统：师风学风端正，对专业的敬畏，对自身的严格要求。

风华：归去来兮，不停更迭。年轻的力量不断注入，展现17级导演系新生的风貌，我们不忘初心，奋力前行，对新年做出美好愿景，导演系砥砺奋进，继往开来！

整场晚会将聚合导演系所有师生，在新的一年来临之际，我们一起助力。由爱而生，因爱而延续。诗酒趁年华，我们正风华！

二、晚会时间

2017年12月26日下午6：30

三、晚会地点

山西传媒学院素质拓展中心

四、晚会章节及风格

【追忆峥嵘岁月】

开场将观众带入老华广年代，一同重温昔日美好。回望过去，是先辈们义无返顾的青春铸就了今时今日的山传。

——大屏播放老华广的视频资料及展示金字塔式"老"照片。同时由老师代表开启代表时间的物件流，沙漏/放映机。

风格为温馨怀旧。

【风流还看今朝】

从最初的编播系到编导系再到现在的导演系。我们系朝着越来越专业的方向发展，力求做到教学投入和学习内容的精准化。现在的导演系仍然是学院不可或缺的大系，且在砥砺奋进的过程中，变得愈加坚实自信。

——简短回顾学院砥砺奋进那五年，切不可过于死板。

风格为积极风趣。

【独秀指日可待】

随着山传实力的不断攀升影响力也不断扩大，山传步入"双一流"院校之列，指日可待。

——观众席主持人采访老师同学读愿望卡。

教师团队引领大家对新的一年甚至未来做积极畅想，引出第十届"光影随行"征片阶段正式启动。

风格为憧憬鼓舞。

五、晚会海报门票设计

年画风格：
把具有华广岁月痕迹的老物件与新青年文化的碰撞

第八章 文艺编导的媒介素养

新年愿望卡：历年学院出品的电影海报

六、晚会场地设计

本场晚会场地分为外会场与内会场两部分。外会场为素拓南门外围，用于摆放海报板，以及照片板用于嘉宾签名。入口处摆放信箱，收集愿望卡；内会场为素拓内部。

1. 入场流程设计

参演人员五点到达素拓进行准备活动

223

领导老师6：15到达素拓进行签名

现场观众填写愿望卡投入信箱后就座
2. 内会场布置要求
灯光要求：舞台全套灯光及追光
音响要求：配套设备及耳麦胸麦手持麦
3. 内场舞台设计
方案一：两侧为场记板式异形 led 屏

方案二：两侧为普通 led 竖屏

七、晚会详细流程设计

准备环节：

所有人员入场发放愿望卡，填写并投入山传邮筒后落座。

迎新晚会正式开始（6：30）。

开始环节：

播放过去的视频资料。主持人（导演系两名女老师，两名男同学）以讲述的姿态出场。利用过去的故事引出山传先辈，带领大家观看老师树状照片图。请上**教师代表开启代表时间的物件流，同时响起钟表的声音。**

节目一：女生独唱 + 小提琴《从前慢》

主持人串场

节目二：话剧：《驴得水选段》（置景 + 大屏配合）

节目三：男生独唱《驴得水》电影主题曲《我要你》

中间环节：

响起钟表声音，灯光打亮代表时间流的物件，表示第二环节开始。

节目四：导演系说唱团《写给山传》 + 女子街舞

主持人串场

节目五：小品《笑傲江湖》

节目六：舞蹈专业《盛世鸿姿》

主持人串场

节目七：朗诵《中国梦》

结束环节：

再次响起钟表声音，灯光打亮代表时间流的物件，表示第三环节开始。

节目八：女生独唱《有你的快乐》（情景配合）

主持人串场：谈未来抽取愿望卡，交给现场主持人采访在座师生的愿望卡内容。

节目九：导演系《仰望星空》合唱 + 朗诵

第十届"光影随行"征片阶段正式启动。

节目十：全体演员谢幕合唱《平凡之路+SEE YOU AGAIN》
致结束词，上台合影留念。

八、晚会工作组

总策划：
总导演：
执行导演：
视频导演：
节目编导：

九、晚会注意事项

1. 安全保卫的落实，紧急情况应急措施的准备情况。
2. 做好观众组织工作禁止闲杂人员扰乱会场秩序。
3. 确保所有工作人员、演出人员、领导及嘉宾按时入场。
4. 做好舞台演出的指挥，随时检查各工作环节，确保按照预定方案演出，若紧急情况要灵活处理。
5. 节目出现意外时，下一个节目跟进，避免出现冷场。
6. 晚会结束后，工作人员做好收尾工作，保证现场卫生秩序回归原样。

第三节 案例：烈火正青春——某消防支队 11·9 颁奖晚会策划方案

一、晚会主题风格

（一）主题设定

烈火正青春——"关注消防，平安你我"

意为我们的消防官兵这支队伍是一支年轻具有活力的队伍，是一支在熊熊烈火中，在人民遇到危险时，挥洒青春汗水的队伍。他们既有血性、刚性又有柔情、温情；既是烈火铁军也是青春少年。

（二）风格定位

1. 风格

晚会恢弘大气却不失活泼，并带有浓厚的仪式感。

2. 定位

本次晚会的定位为：一场大型的颁奖晚会，以颁发的奖项作为主线，串联内容丰富的艺术节目，力争办成一台融思想性、艺术性及观赏性为一体的大型颁奖晚会；

晚会整体构思以展现消防精神、全民消防意识为主题，以充满青春、亲和力、创新性为内涵，歌唱蓬勃向上、不断开拓勇于创新的消防官兵的精神风貌。

晚会不分篇章、但根据颁发的奖项大体分为三部分。

开篇展现消防官兵正值青春，勇于担当的精神面貌，在人民群众遇到危难时，挺身而出，过硬的业务素质，是一支"青春无敌、无私为民"的人民消防部队。节奏明快的舞曲，挥洒着青春的激情，有热血有温情。——对夏季比武业务标兵进行表彰（有现场解救视频与官兵，解救者的互动采访。

第二部分全民消防、正在发生，"关注消防，平安你我"的意识传达。展现消防官兵是一支"真心奉献、无限忠诚"的人民消防部队。——对微型消防站比武团体表彰。

第三部分节奏张弛有度，结尾振奋人心，展现我们是一支"无悔逆行、敢打必胜"的人民消防部队。——对"十九大"安保工作做出突出贡献的官兵进行表彰。

二、晚会时间

2017年11月7日下午15：30—18：00

三、晚会地点

山西传媒学院演艺中心600 ㎡演播室

四、晚会场地设计

本届颁奖晚会场地分为外会场与内会场两部分。外会场为演艺中心一层大厅，主要为消防成果展示。内会场为600 ㎡演播室内部。

（一）外会场布置要求

1. 外场内容：消防相关内容展示

学院提供展示空间与布置，支队提供展示展板等相关宣传内容

入场流程设计

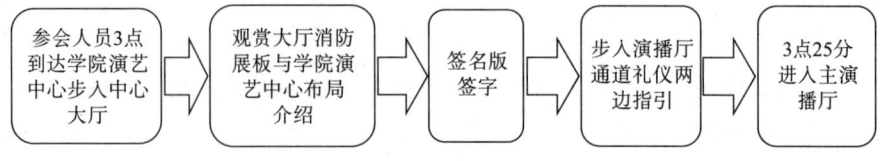

（二）内会场布置要求及表演内容

1. 内场表演内容：颁奖、VCR 播放、朗诵、舞蹈、小品、独唱、大合唱
2. 灯光要求：舞台全套灯光
3. 音响要求：专业音响设备，无线话筒 8 支
4. 舞台设计草拟图

方案：设计包容感强

五、晚会详细流程设计（时长约 110 分钟）

参会人员入场后循环播放消防宣传片

（15：30）颁奖晚会正式开始

开场环节：

节目一：女生独唱《我的消防弟兄》视频：见证某消防队一年来的救援现场与数据罗列

主持人开场（主持人 2 位消防官兵一男一女；播音系一女教师一男学生）

节目二：情景舞剧《烈焰狂潮》

颁奖环节：

主持人串场

（一）夏季比武

1. 大屏播放夏季比武快剪短片。
2. 播放个人奖获奖 VCR。
3. 主持人恭喜获奖人员并邀请获奖队伍及颁奖嘉宾上台。
4. 颁奖嘉宾为获奖者颁奖（注意：获奖者从舞台后侧上台，步行至颁奖区域，敬礼示意后，嘉宾、礼仪依次上台颁奖）嘉宾退场，获奖者再退场。
5. 播放集体奖获奖 VCR。
6. 主持人恭喜获奖人员并邀请获奖队伍及颁奖嘉宾上台。
7. 颁奖嘉宾为获奖者颁奖（注意：获奖者从舞台后侧上台，步行至颁奖区域，敬礼示意后，嘉宾、礼仪依次上台颁奖）嘉宾退场，获奖者再退场。

采访环节：播放救援现场视频，采访救援战士韩冰、被解救孩子及家人。

节目三：儿童演唱《消防歌》官兵家属与消防官兵配合（串街舞）
颁奖环节：

（二）微型消防站比武

1. LED 大屏播放微型消防站比武拍摄短片。
2. 播放获奖集体 VCR。
3. 主持人恭喜获奖人员并邀请获奖队伍及颁奖嘉宾上台。
4. 颁奖嘉宾为获奖者颁奖（注意：获奖者从舞台后侧上台，步行至颁奖区域，敬礼示意后，嘉宾、礼仪依次上台颁奖）嘉宾退场，获奖者再退场。
5. 获奖感言。

视频串场：解救老太太采访视频
节目四：诗朗诵《以生命的名义》（特勤中队 山传朗艺团）
颁奖环节：

（三）"十九大"安保

1. LED 大屏播放"十九大"宣誓短片。
2. 播放获奖个人奖 VCR。
3. 主持人恭喜获奖人员并邀请获奖人员及颁奖嘉宾上台。
4. 颁奖嘉宾为获奖者颁奖（注意：获奖者从舞台后侧上台，步行至颁奖区域，敬礼示意后，嘉宾、礼仪依次上台颁奖）嘉宾退场，获奖者再退场。
5. 播放集体奖获奖 VCR。
6. 主持人恭喜获奖人员并邀请获奖队伍及颁奖嘉宾上台。
7. 颁奖嘉宾为获奖者颁奖（注意：获奖者从舞台后侧上台，步行至颁奖区域，敬礼示意后，嘉宾、礼仪依次上台颁奖）嘉宾退场，获奖者再退场。

结束环节：
节目五：男生独唱《人民需要我》
节目六：大合唱《强军战歌》（消防大队　山传合唱团）
主持人致结束词
领导及嘉宾上台合影留念

六、晚会工作组

组　　长
副组长
办公室主任
办公室副主任
成　　员

七、晚会进度计划表（略）

八、资金预算表（略）

九、注意事项及应急方案

1. 保证晚会质量，注意会场的秩序及安全，确保器材完好。

2. 所有工作人员注意协调合作，如遇突发事件，冷静处理，保证晚会的顺利进行。

3. 做好工作人员的会后工作。

4. 停电应急方案：

（1）若晚会前停电，晚会最多推迟 1 小时举行，此间观众自由处理自己的时间；如果到预定时间仍未正常供电，则由主持人宣布晚会改天举办。

（2）在停电期间，由演出组负责演员的组织与服装道具的看管工作；由内场组负责领导及来宾的服务工作；由外场组负责现场秩序的维持；由后勤组负责舞台、音箱设备、灯光设备等的看管。

5. 灯光应急方案：

（1）四个照灯两个以内无法正常使用时，正常使用剩余照灯。

（2）四个照灯两个以上无法正常使用时，启动事前准备的照明器具。

6. 节目应急方案：

（1）上一个节目演出时，其后的两个节目在后台准备，前一节目由于各种原因无法按时出演时，下一个节目即时跟进。

（2）任一节目在演出过程中发生失误或无法顺利进行的情况时，由节目的领演人迅速组织演员重演此节目；若重演仍出现问题，则该节目立即退场，视具体情况决定其再次重演或取消。

7. 其他紧急情况发生时，由后勤组负责协调处理。

8. 各工作组在尚未开展自己的工作或完成自己的工作时，请主动协助其他工作组的工作以加快整体工作进程。

9. 晚会结束后，各工作人员按照会前安排的相应工作进行收场工作。

10. 晚会结束后立即开展清理会场工作，各负责人完成自己的工作即可离开会场；内场组、外场组协助后勤组共同负责会场清理工作。

11. 所借用服装、道具等要及时归还，若不能马上归还的物品，由后勤组负责组织先运回办公室，妥善保管并及时归还。

12. 由后勤组负责制定危急情况人员疏散路线，和现场救援措施预案。

第九章

大学生联合创业实例

大学生创业是一种以在校大学生和毕业大学生的特殊群体为创业主体的创业过程。随着近期我国不断走向转型化进程以及社会就业压力的不断加剧，创业逐渐成为在校大学生和毕业大学生的一种职业选择方式。

大学生这个群体社会实践经验与能力的欠缺，与创业的成功要素所矛盾，导致大部分大学生创业在初期就自行夭折，使大学生创业成为了国家社会共同关注的话题。在"十三五"规划中，也针对这个现象有着相应的论述，给大学生创业这个创业过程带来了众多的机遇与挑战，大学生创业也将在这些机遇和挑战中走向新的高度。

本章主要为读者展示笔者所带领的文编学生团队积极参与省级与国家级大学生创新创业大赛，获得可喜成绩的两个大学生创新创业项目，其中《匠人印记在线直播体验平台》获得2017年山西省建行杯互联网创业大赛三等奖；2017年环南艺创新创意大赛特等奖；2017年第三届全国创青春互联网创新创业大赛优秀奖；2017年山西省高等学校大学生创新创业训练项目。《兵兵帮退伍军人就业平台》获得2018年全国创青春创新创业大赛铜奖；2018年"创青春"山西省兴晋挑战杯大学生创新创业大赛金奖；2018年山西省建行杯互联网创业大赛三等奖。

第一节 "匠人印记"在线直播体验平台项目策划书

一、执行概要

（一）项目背景

1. 政府政策扶持

《中共中央关于深化文化体制改革推动社会主义文化大发展大繁荣若干重大问题的决定》出台多项关于非物质文化遗产的相关政策，其中包括：

（1）建设优秀传统文化传承体系。

（2）完善政策保障机制。落实和完善文化经济政策，支持社会组织、机构、个人捐赠和兴办公益性文化事业，引导文化非营利机构提供公共文化产品和服务等。

（3）发展健康向上的网络文化。加强网上思想文化阵地建设，是社会主义文化建设的迫切任务。实施网络内容建设工程，推动优秀传统文化瑰宝和当代文化精品网络传播，制作适合互联网和手机等新兴媒体传播的精品佳作，鼓励网民创作格调健康的网络文化作品。发展网络新技术新业态，占领网络信息传播制高点。

2. 直播行业繁荣

众多直播平台的涌现，也刺激了大量用户尝鲜。据前瞻产业研究院《中国网络直播行业商业模式创新与投资机会深度研究报告》整理数据显示，2016年网络直播服务在资本力量的推动下持续发展。截至2016年12月，网络直播用户规模达到3.44亿，占网民总体的47.1%，较2016年6月增长1932万；截至2016年10月，网络直播行业除孕育出欢聚时代、

9158两家上市公司外,斗鱼和映客也已跻身独角兽行列,知名的直播平台每日高峰时间大约有三四千个直播间同时在线,吸引的高峰网友量可达两三百万人次。2016年堪称中国的直播社交元年,直播APP层出不穷、主播网红被各方追捧、资本市场各方争先涌入。

3. 团队人才优势

山西传媒学院原隶属于国家新闻出版广电总局,现为省部共建高校,具有较丰厚的行业办学基础;各专业之间合作性强;学院师资力量雄厚,优质的教学水平保证为培养优秀学生打下坚实基础;学院学生理论与实践并重,专业素养高,毕业生多数已成为本行业的骨干。

项目核心成员全部来自于山西传媒学院在校大学生,分布于学院多个院系,能够发挥各自专业优势,强强联合组织开展活动,其中摄影系、导演系学生组织活动策划与拍摄制作,艺术设计系学生做平台活动设计,传媒管理系学生做平台维护与运营,播音主持学院学生做活动主持与网络直播,文化管理专业学生做财务管理与市场分析,学科专业、梯队组织结构科学合理分布。

学院设有"山西省中小企业创业基地"——山西传媒学院文化科技园和"山西省高等学校人文社会科学重点研究基地",文化科技园以打造一流的文化创意类公共服务平台为目标,大力鼓励在校生自主创业,除提供免费的办公场所、财务服务外,定期举办专业讲学、创业培训、投融资讲座等,为学生创业团队提供了专业平台。"匠人印记"在线直播体验平台充分利用学校提供的创业平台和学院各学科丰富的人才,为团队影视业务的专业性和后备人才资源提供保障,实现资源整合利用。

(二)项目发起

"匠人印记"在线直播体验平台是一个专属匠人直播交流用户体验活动的平台。自2016年国家开始出台针对非物质文化保护遗产的一系列扶持政策后,"匠人匠艺"作为非物质文化遗产的代表,也得到了社会各界的广泛关注。一大批关于"匠人精神""工匠精神"的宣传片、纪录片、相关报道接踵而至,将大众的目光转向了对非物质文化遗产及匠人的关注上。

本项目顺应了"匠人匠艺"持续关注的热潮，依托新媒体直播技术，符合社会主义核心价值观的主流趋势，弘扬了传统文化的时代旋律。

相关行业大数据显示，2015年至今，全国在线直播平台数量超过200家。在相关研究预测中，2020年网络直播市场规模将达到600亿元，甚至认为2020年网络直播及周边行业将撬动千亿级资金。这种新媒体相关产业的趋势对于我们来说是一个具有无限发展潜力的市场风口。而目前以"匠人文化"为运营核心的在线直播平台还没有，我们"匠人印记"在线直播平台，将利用数字网络技术将匠人精神的深刻内涵与大众日常生活结合在一起，慢节奏的艺术品位与快节奏的社会文化基调相磨合，艺术性和商业性并重，突出公益价值。

"匠人印记"在线直播体验平台，在创造匠人产业链条的同时，与旅游产业相结合，挖掘发现新兴旅游路线，开创匠人手工艺体验旅游、亲子互动游学旅游、重温老手艺夕阳团游等路线，带动匠人当地旅游业发展。

"匠人印记"直播体验平台首先立足山西，在山西省内进行匠人的发掘及作品拍摄，充分挖掘山西匠艺宣传旅游文化，不断完善和增加节目播放内容，同时有了固定的收视群体后，推广公益活动。稳定山西市场后，着眼于全国市场，按照省份、地区步步为营，层层深入，将匠人推广到全国各地，让更多的人通过我们的节目对匠人匠艺有所了解，对中国传统文化产生热爱之情，加入到保护非物质文化遗产的行列中。

二、项目简介

（一）项目总体概述

"匠人印记"在线直播体验平台，运用粉丝经济的大趋势带动古老匠艺的弘扬，提高知名度。同时采用时下收视率最高的综艺节目形式，以体验录制的形式带动粉丝直接的参与到匠人的生活之中。通过纪录片的播出预热与宣传，主题综艺的录制更具趣味性与观赏性，线下推出创意伴手礼，定制旅行路线等线下活动的推广，带动服务业和旅游业发展。

（二）项目基本情况概述

1. 项目名称："匠人印记"在线直播体验平台
2. 项目基本属性：公益、传统文化、工具软件、社交网络
3. 所属类别：APP、网站、公众号
4. 项目阶段：创意计划阶段
5. 项目所在地：山西省

（三）项目 LOGO 及设计理念

1. 设计定位
（1）视觉效果：传统文化、工匠精神、新时代、追求、形象。
（2）设计语汇：专注化、互联网化、影像化、国际化。
2. 设计主题："匠心看世界"

3. 构成诠释

logo 以传统印章为概念，以朱红色为基础，同古城墙的颜色，代表历史、文化、积淀；以"匠心"为依据，"匠"字印泥为基本要素，易联想到中国传统文化、匠人工艺和工匠精神，符合项目的运营理念；图案是"匠"字的变形，"斤"化形为一个昂首向上、阔步向前的人，"匚"变形为心的形状，传达了"匠心"理念，可谓形神合一。变形的"匠"心精神，寓意着在互联网+时代下新理念、新发现、新开拓。以充分展示"匠人印记"在线直播体验平台以"匠心看世界"的理念。

（四）项目在线平台APP草图展示

（五）团队组织

1. 组织结构

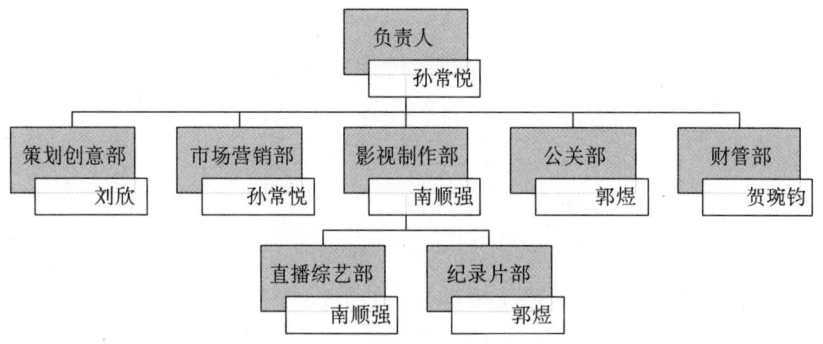

2. 核心成员情况
- ■ 团队指导教师：石丹
  - □ 山西传媒学院教师、讲师、中级广告师
  - □ 指导学生创办奇异果媒体工作室
  - □ 承办敬一丹老师山西传媒学院先锋论坛
  - □ 担任2016年、2017年山西科教频道"小郭跑腿家庭春晚"编导
- • 团队成员：孙常悦
  - ○ 山西传媒学院15级文艺编导专业
  - ○ 担任2016山西高校传媒联盟暨第四届主席团换届大会采编记者
  - ○ 担任中国高等院校影视年会第十六届年会暨第九届中国影视高层论坛采编记者
  - ○ 山西传媒学院微博协会官方直播平台指定主播
  - ○ 新浪微博旅行博主，黄V自媒体
  - ○ 拥有个人线下汗蒸实体店
- • 团队成员：刘欣：
  - ○ 山西传媒学院15级戏剧影视文学专业
  - ○ 山西传媒学院学生会创业实践部副部长

- 2015—2017 年经营线上电商营销
- 获得"五四模范团员"荣誉称号
- 曾多次获得二等奖学金、三等奖学金
- 团队成员：南顺强
  - 山西传媒学院 15 级戏剧影视导演专业
  - 红酒品牌"高崖仙月"山西省经销商
  - 曾获得一等奖学金
- 团队成员：郭煜
  - 山西传媒学院 15 级戏剧影视导演专业
  - 山西传媒学院航拍协会创始人
  - 山西传媒学院航拍社社长
  - 从 2015 年入学至今，每个学期都获得二等奖学金
  - 2016 年孙浩琛老师执导山西传媒学院官方宣传片中负责航拍内容
- 团队成员：贺琬钧
  - 山西传媒学院 15 级文化产业管理影视制片专业
  - 山西传媒学院学生会宣传部部长
  - 联合晋中市福利院举办"爱心进校园衣物捐赠活动"
  - 山西传媒学院小微企业服务站官方网站后台管理
  - 山西中小企业公共服务平台山西传媒学院文化科技园后台管理

3. 团队理念

我们以公益为初衷，以传播老一代手工艺人的手工艺品和匠人精神为出发点，制作出国内首家致力打造以"匠人"为核心的公益团队，积极响应国家非物质文化保护遗产的举措，发掘出更多的老一代手工艺人与手工艺术，让中国传统手工业技术得以传承和发展。

4. 团队优势

我们团队分别由：影视导演、文艺编导、影视摄影与制作、数字媒体技术、视觉传达、文化产业管理、影视制片等 15 名专业同学负责，每一名同学各司其职，利用传媒行业传播速度快，影响力、范围广的优势，同时

作为传媒专业的学生,可以更有效率地短期内完成项目的设计到拍摄以及输出,用最新奇的观点和独特的视角进行项目策划与编撰。

三、产品与服务

（一）产品介绍

"匠人印记"在线直播体验平台项目产品分为:直播平台、影视节目作品、线下活动、衍生文化产品和旅游产品等。

（1）直播平台:我们旨在打造首个以传统手工艺为主要播出内容的网络直播平台。平台中下设纪录片、真人秀、脱口秀、传统节日、生活服务以及传统文化小课堂等板块,多角度多形式,分众传播的方式,满足不同年龄段消费者的需求。

（2）影视节目作品:我们的影视节目主要分为纪录片和直播综艺两大部分,纪录片主要用作前期的预热。直播综艺环节设置我们考虑两部分内容:一部分是对于本期匠人工艺的展示;另一部分是对于消费者而言的主题设计。

（3）线下活动:我们的线下体验活动共设计私人订制伴手礼、亲子共成长、物料打包以及与学校对接的"红色"活动。私人订制伴手礼我们会根据地域特色与匠艺特点相结合,结合消费者的需求,对摆件、电脑包等等进行设计。而线下的物料打包我们则会在微信公众平台上结合微博纪录片预热进行提前的推广,对于有需求的人,可以在微信公众平台上购买,在后续的直播中跟匠人一同参与到节目中。

（4）衍生文化产品:匠艺本身的产品,结合生活所需制作衍生恩文化产品。如在捏泥人我们可以做定制摆件,而刺绣等我们可以做电脑包手机壳等等,在其中加入刺绣的元素。

（5）旅游产品:与旅行社合作,针对每个匠人所在家乡的民俗文化,设计传统文化洗礼主题线路。

（二）服务

（1）在线观看直播:我们制作匠人主题的在线直播以及与匠人有关的

小视频。"匠人印记"在线直播体验平台结合直播形式,做以匠人为主题的视频门户。

(2)学习匠心匠艺:我们每期都会对不同的匠人做有侧重的播出,在传统手工艺远离我们的今天,让平台用户可以利用闲暇时间,享受慢生活。

(3)促进情感交流:我们有亲子主题、夕阳红主题、情侣主题、友谊主题等多项活动。我们会根据消费者的需求进行分众设计产品,拍摄真人秀或者开拓旅游线路,促进人与人之间的情感交流互动。

(4)玩遍城市:告别单调的行走。根据匠人手工艺、城市文化设计特色旅游路线,重温城市历史,近距离接触匠人体验匠人生活,传承匠人精神。

四、市场分析

(一)行业分析

2015年是中国在线直播的兴起之年,年中国在线直播平台数量较劲200家,其中网络直播的市场规模约为90亿元,网络直播平台用户数量已经达到2亿人,大型直播平台每日高峰时段同时在线人数接近400万人,同时进行直播的房间数量超过3000个。

注:该数据仅包含网络直播平台

自进入2015年特别是2015年下半年以来,国内直播行业进入快速发展的阶段,巨额资本加持直播行业,从YY、斗鱼,到红衣教主周鸿祎的花椒直播、国民老公王思聪的熊猫TV,再到百度、阿里巴巴、小米的纷纷入局,国内资本市场似乎都在遵从着一个共同的认知,宁可错投,不可错过。在相关研究预测中,2020年网络直播市场规模将达到600亿元,甚至认为 2020 年网络直播及周边行业将撬动千亿级资金。

随着在线直播平台的兴起，一起随之而来的问题也接踵而至，在线直播存在问题：

1. 内容导向偏低

中国网民对在线直播平台的内容评价较低，77.1%的网民认为在线直播平台存在低俗内容，90.2%的网民认为在线直播平台的整体价值观导向为一般或偏低。

一切的市场和融资数字都预示着直播行业正在成为一个庞大的新兴市场，但另一方面，色情、低俗的内容成为了直播行业头上挥之不去的枷锁。因此网民有这样的认知不足为怪，直播市场背后行业自律、可持续商业模式的建立还远需时日。

2. 低俗文化当道

3. 网红经济发展痛点浮出

首先，低俗文化倾向随时可能遭遇封杀；其次，运作模式的同质化与可复制性，易产生审美疲劳；最后，资本的介入将影响内容创作整体风格；第四是受众转移成本低。

（二）细分市场

目前，网络直播行业的收益主要有传统秀场、游戏直播、移动直播与其他。2015 年中国直播行业市场方面，传统秀场是当前主流，收入占

70.8%；移动直播占 3.1%。随着移动直播的逐渐兴起，到 2018 年移动直播收入将在整体直播市场收入中占 34.6%。可见，移动直播发展潜力巨大。

"匠人印记"在线直播体验平台，不但看准了移动直播这块具有潜力的市场，并且进行有效的细分市场，剔除网络直播中暴露出来的问题，结合网络直播的传播特性，开发功能性市场，让用户可以在观看匠人直播的同时，满足娱乐、学习、线下体验等需求。

（三）需求分析

业务需求。弘扬优秀传统文化是我们传媒人的职责，对于非物质文化遗产的宣传，影视作品及新闻报道已经相对充分，利用新媒体进行宣传推广也在进行中，但是专门运用如今时下流行的网络直播平台作为主要运营产品的还是空白。

用户需求。我国网络用户对在线直播平台的内容评价较低，并且视听需求满足的同时，已经开始追求现实的体验内容。从虚拟世界回归到现实生活中，增进文化交流、教育学习、情感沟通是他们更高的消费需求。

功能需求。游戏直播与移动直播都只能满足单一功能性需求，"匠人印记"直播项目可以提供学习、教育、文化交流、手艺传承、旅游、艺术品推广、衍生文化产品购买等多种功能性与非功能性需求。

五、竞争分析

（一）竞争对手的优势

（1）直播行业处于鼎盛时期，直播平台众多，并拥有大量注册的网络用户与雄厚的资金支持；

（2）真人秀、纪录片制作团队专业，经验丰富，有稳定的受众与播放平台；

（3）现有的旅行社数量巨多，影响力大，具有较广泛坚实的市场基础，具有一定的号召力；

（4）有运营经验的旅行社在市场敏锐度和数据分析上更具优势。

（二）竞争对手的劣势

（1）直播内容低俗、单一，使得用户不断流失；

（2）不能将旅游与直播，综艺节目挂钩，缺少线上的丰富，不能将线上线下结合，从而不能全面调动参与者热情，让活动变得枯燥无味；

（3）传统旅游，游客价值难以体现，多数游客只是"景点的过客"，游客个人存在感低。

（三）项目优势

（1）针对匠人匠艺的直播平台，目前行业市场为空白，由于内容积极向上；符合主流，政府政策会大力扶持；

（2）全程通过直播进行实时呈现，后期再用综艺节目的形式呈现，借助不同媒介优势，组合出拳，线上线下全面发力；

（3）我们是以匠人工艺体验为主题的旅游活动，超越了传统旅游的枯燥乏味，让旅游变得更加多彩，也让游客更加了解当地的风土人情，让旅行更加有意义。例如线下亲自体验旅游，我们更是推出了私人订制成长纪录片的业务，牢牢抓住了家长的消费心理，这样会更具市场前景。

（四）项目劣势

（1）各项维护平台运营的技术不成熟；

（2）资金不充足，运营经验不足。

六、营销策略

（一）运营平台及方式

我们采用微信公众平台，微博和直播平台三平台并行的运营方式。成系列的纪录片与综艺也可以与卫视或网络平台进行沟通做成系列节目。

1. 通过微博账号发布纪录片做前期的预热和宣传推广

在每一期节目推出之前，我们会放出对于本期节目的匠人的纪录片宣传片，在宣传匠艺的同时为接下来播出的综艺与直播进行预热，吸引粉丝的关注度。对此感兴趣的粉丝可以通过扫描二维码进入我们的微信公众平台进行报名，我们将会在微信公众平台与粉丝做点对点的对接。

2. 微信公众平台完成线下报名和客户反馈服务

微信公众平台的传播速度比起微博和直播平台而言具有一定的局限性，但微信公众平台是与粉丝进行沟通交流的最直接最高效的机制。我们会有专门的人员在公众平台上进行分区，分为报名体验，售后回馈和一元起拍三大部分。想要参与到我们的综艺节目中的粉丝可以通过报名窗口进行报名，我们会定期组织主题综艺，例如：亲子主题，情侣主题，夕阳红系列。每隔三个月会进行一次抽奖对粉丝进行回馈。同时在节目中所做的工艺品，如泥人，剪纸，刺绣等我们会在公众平台进行"一元起拍"活动，最终的收益将作为公益捐献回馈古老匠艺或对需要帮助的人群进行捐赠。

目前旅行市场中还未有综艺定制旅行这样的项目。因而在制作综艺旅行的过程中存在着许多的未知。我们在微信公众平台中下设了售后回馈这样的窗口，粉丝可以通过这个窗口提出自己对节目的看法和意见。针对参与过节目的粉丝，我们会专门有专人进行对接，调查他们对于节目的看法，以待在之后的活动中进行改进。

（二）受众人群分析

综艺节目：直播平台：面向互联网时代紧跟新媒体潮流的人群，主要受众群体，多为15-35岁的青年、中年人群。

私人订制综艺体验：面向多个年龄阶层，针对12~18岁的年龄阶层我们将会推出亲子共成长主题，以增进亲子关系的亲子活动为主题；针对20~45岁的年龄阶层我们着重推出情侣系列，包括冒险，相亲等主题；而在45~60岁这样的阶段，我们着重于做重走青春系列；60-70岁主要侧重于夕阳红系列，也包含一定的亲子活动，现代社会青年人社会压力大，工作忙的现状下，带父母进行一定的综艺活动一定程度上缓解家庭的僵局，在家庭成员之间搭建起沟通的桥梁。

（三）市场拓展策略

1. 私人订制伴手礼

通过匠人工艺和匠心的传承，以及我们的手工艺品的制作，定制不同场合的伴手礼，例如婚庆的纪念品、公司企业周年庆的纪念礼物以及根据客户要求量身定制的私人专属礼物。

收益：依据不同工艺礼品的原料，制作流程及工期定价为 688 元 888 元 988 元三个档次。依据具体订购数量可采取优惠政策（依具体情况定夺）。

2. 成长印记亲子视频

录制亲子成长视频，为孩子专属打造不一样的童年，同时体验"明星"般的跟拍待遇，并且采用综艺节目拍摄形式与亲子匠人体验活动相集合，类似"爸爸去哪儿"的形式进行呈现，每一组家庭配备一个摄像，每一次活动都有活动导演对活动的录制拍摄精心安排，其中比拼游戏，线索的寻找等综艺环节的设计以及线路流程的安排都有相关专业的人进行负责，确保活动的质量，体验结束后，我们会将每一组家庭的视频剪辑出来，制作成亲子旅行视频以及小朋友的成长足迹的小片送给家长。

收益：向自愿选购成长印记亲子视频的家庭收取相关费用，每组家庭 899 元。

3. 与学校合作推广

与幼儿园、小学等进行合作，我们提供优质的课外活动，学校则为我们提供客户群体，达到双方宣传互惠互利，并长期合作的合作伙伴关系。我们发展亲子体验活动，让父母陪伴孩子的周末不再局限于游乐场，而是进行更有意义的教育活动，在玩耍中学习知识，让孩子从活动中的各个游戏环节及关卡了解中国传统工艺的制作流程和中国传统手艺的文化传承与发展，同时缩小父母与孩子的距离，磨合亲子之间的默契度，让孩子与父母之间的沟通更加轻松更加有效率。

收益：与幼儿园以及小学进行合作，学校将我们的活动在校内进行推广，我们将最终收益的 30%～40% 分成给学校。

4. 与保险公司合作

我们除了与旅行社和学校签约之外，也可自行组队进行体验交流互动,人身安全最重要,我们长期与保险公司进行合作以保证参与者的安全利益最大化,同时也保证我方利益不受侵害或损失最小化。同时,保险公司除了意外险意外,还有其他类型的保险,可以通过这个机会对我们的客户进行推广和宣传。

收益:我们与保险公司每达成一笔合作固定向保险公司收取20%~30%的分成。

5. 与旅行社、饭店、酒店、匠人合作

1. 手艺匠人:我们与当地的旅行社进行合作,以平遥古城为例,进入平遥古城旅游的游客,不仅仅局限于景区的参观,同时会带领游客拜访当地的匠人,进行体验式教学,匠人师傅会一对一手把手教学,成品可以自己带回家留作纪念。

2. 饮食类匠人:以山西地区为例,面类最为出名,例如刀削面、油泼面、油面栲栳栳等,可以请游客品尝,并教其制作的工艺,让游客的山西之旅不仅仅是参观景区游山玩水,通过匠人的体验形式,让游客真正"玩遍"山西,将山西之旅玩的透彻,玩的更有意义,真正了解到山西的历史文化,体验山西几千年来的历史传承,了解中国几千年的荡气回肠历史悠久的匠人工艺匠心传承的博大精深,源远流长。

收益:需要与旅行社配合的部分景点中的匠人,我们作为客源介绍方向合作旅行社、饭店及匠人收取40%~50%的分成。

6. 与当地酒店合作

跨省过夜的匠人体验活动也可以与酒店签约合作,在录制的过程当中可以为酒店进行宣传,在其他人观看我们的节目和视频时,达到宣传和推广的作用,同时,酒店的其他客人在入住时看到我们的拍摄,也可以对我们起到宣传的作用,也会有更多的人想要尝试和加入我们的"匠人体验"活动中,达到良性循环,为酒店提供更多住宿的客人,为我们提供更多的想要参与进来的酒店客人。

收益:每笔按30%~40%收取分成。

7. 当地特产

配合每期的视频拍摄推广线下的当地特产,利用互联网和传媒推广的优势,帮助农民解决销售渠道和销量的根本问题,可以联系当地的土特产供货商进行合作,以山西地区为例,如大枣、陈醋等,一部分可以让游客了解山西的特产,一部分还可以带动农村农民对于土特产生产的销路及市场,带动农村经济的发展,和生产力的进步,需求越大,产量越大,赚到的钱也就越多,间接性帮助农村的发展。

收益:每笔按20%抽成。

8. 还原课本内容

秉持一切为了孩子的理念,在现实中还原课本内容,不仅局限在一个地区,而是拓展到全国范围内,同时带动当地旅游业、文化产业的发展,让学与玩相结合,开拓全新的教学模式,推动教育事业的创新与进步。我们会与幼儿园、小学、初中合作,以小学为例,以山西地区为例,小学的中文课有一课讲述壶口瀑布的故事,我们以"还原书本内容,带领同学们走到课本中的情景,最真实地展现课本中的形态以及内容"让孩子们不仅仅是看图看文字学习,而是来到课本中所展现的地方去学习,真正融入到其中,更透彻地解读课本的知识,同时增加自己的阅历和知识储备,让学习和背课文成为一件快乐的事,而不是漫无目的为了应试而学,而是为了兴趣而学习。

七、财务计划

(一) 财务汇总

1. 融资需求

团队筹集:3.3万元　　　　　　　风险投资:150万元
银行贷款:50万元　　　　　　　　合计:203.3万元

2. 投资及利润分配方式

按协议规定,投资商以投资资本所拥有的公司股权比例参与公司的利润分配,并在协议期满后,按照协议规定的计算方法,由公司回购投资所持有的公司股权。若公司公开股票上市,投资商也可以在二级市场上卖出所持公司的股份。根据每年的收益情况支付股利,如需扩大投资则本年不分配股利。

3. 财务报表及发展规划

财务报表主要包括：资产负债表、利润表、现金流量表，经过相关调查研究和科学预测分析，我们对2017年的报表分季度预测编制，对2017年后未来五年的报表则分年度预测编制。

本公司董事会研究决定，2017年公司经营活动范围专注于纪录片、直播真人秀的发展，培养粉丝用户打开市场，经过一年的发展，用户数达到巨大规模后，通过合作分成的方式进军旅游教育等市场。2018—2022年逐年加大投资，坚持稳打稳扎的原则。由于互联网线上体验有其局限性，因此随着公司实力发展壮大，可以发展其他业务，如发展私人订制伴手礼、成长印记亲子视频定制、与学校合作推广亲子体验活动与旅行社合作路线定制、匠人体验式教学、影像器材租赁等。在公司现金流充裕的前提下，向其他省市扩张。公司将紧紧抓住互联网传媒行业的本质，着力将本公司打造成"匠心"文化为核心的传媒公司。

（二）财务分析与预算

1. 2017年现金流量表（见表9-1）

表9-1　　　　　　　　　2017年现金流量表　　　　　　　　单位：万元

项目	第一季度	第二季度	第三季度	第四季度
一、经营活动产生的现金流量				
提供服务受到的现金	4	15	25	35
经营活动现金流入小计	4	15	25	35
购买商品接受劳务支付的现金	2.5	5	8	10
支付给职工以及为职工支付的现金	0.5	0.6	1.2	3
支付其他与经营活动有关的现金	1.5	0.4	1	2
经营活动现金流出小计	4.5	6	10.2	15
经营活动产生的现金流量净额	-0.5	9	14.8	20
二、投资活动产生的现金流量				
构建固定资产、无形资产和其他长期资产支付的现金	3	2	25	10
支付其他与经营活动有关的现金	0.2	0	0.5	1

续表

项目	第一季度	第二季度	第三季度	第四季度
投资活动现金流出小计	3.2	2	25.5	11
投资活动现金流量净额	-3.2	-2	-25.5	-11
三、筹资活动产生的现金流量				
吸收投机收到的现金	150	0	0	0
取得借款收到的现金	0	0	0	50
筹资活动现金流入小计	0	0	0	50
偿还债务支付的现金	0	0	0	0
分配股利、利润或偿付利息支付的现金	0	0	0	5
筹资活动现金流出小计	0	0	0	5
筹资活动产生的现金流量净额	0	0	0	45
加：期初现金及现金等价物余额	0	149.3	162	134
四、期末现金等价物余额	149.3	162	134	184

2. 2018—2022年预计现金流量表（见表9-2）

表9-2　　　　2018—2022年预计现金流量表　　　　单位：万元

项目	2018年	2019年	2020年	2021年	2022年
一、经营活动产生的现金流量					
提供服务收到的现金	200	600	800	1000	1300
经营活动现金流入小计	200	600	800	1000	1300
购买商品、接受劳务支付的现金	70	150	200	300	500
支付各项税费	17	56.6	64	80.6	143.6
支付其他与经营活动有关的现金	0	0	0	0	0
经营活动现金流出小计	137	243.4	321	404.4	426.4
经营活动产生的现金流量净额	137	243.4	321	404.4	426.4
二、投资活动产生的现金流量					
构建固定资产、无形资产和其他长期资产支付的现金	40	50	70	30	230
支付其他与经营活动有关的现金	2	0	0	0	0

续表

项目	2018 年	2019 年	2020 年	2021 年	2022 年
投资活动现金流出小计	42	50	70	30	230
投资活动现金流量净额	-42	-50	-70	-30	-230
三、筹资活动产生的现金流量					
吸收投机收到的现金	0	0	0	0	0
取得借款收到的现金	0	0	0	0	100
筹资活动现金流入小计	0	0	0	0	100
偿还债务支付的现金	0	0	0	50	0
分配股利、利润或偿付利息支付的现金	0	0	0	0	0
筹资活动现金流出小计	0	0	0	50	0
筹资活动产生的现金流量净额	0	0	0	-50	0
筹资活动现金流出小计	0	0	0	50	0
筹资活动产生的现金流量净额	0	0	0	-50	0
加：期初现金及现金等价物余额	180	250	400	450	600
四、期末现金等价物余额	250	400	450	600	470

3. 2018—2022 年预计利润表（见表 9-3）

表 9-3　　　　　2018—2022 年预计利润表　　　　　单位：万元

项目	2018 年	2019 年	2020 年	2021 年	2022 年
一、营业收入	220	400	550	850	1200
减：营业成本	80	100	210	420	450
管理费用	7	10	12	20	22
财务费用	3	3	3.5	4	5
二、营业利润	130	287	324.5	406	723
加：营业外收入	0	0	0	0	0
减：营业外支出	5	4	4	3	5
三、利润总额	85	283	320.5	403	718
减：所得税费用	17	56.6	64.1	80.6	143.6
四、净利润	68	26.4	256.4	322.4	574.4

注：1. 所得税按国家规定中小企业所得税率为 20%。

　　2. 营业额外支出，包括公关费用等。

4. 2018—2022 年预计资产负债表（见表 9-4）

表 9-4　　　　　　　2018—2022 年预计资产负债表　　　　　　单位：万元

资产	2018 年	2019 年	2020 年	2021 年	2022 年
流动资产					
货币资金	110	250	400	450	600
应收票据	30	50	70	75	80
应收账款	35	40	45	35	45
预付款项	5	10	30	50	45
流动资产合计	180	355	550	610	770
非流动资产					
固定资产	80	130	200	230	500
生产性资产					
无形资产	5	5	5	5	5
长期待摊费用	8	10	15	10	15
非流动资产合计	93	145	220	245	520
资产总计	273	500	760	855	1290
负债和所有者权益					
流动负债					
短期借款	0	0	0	0	50
应付票据	15	30	100	140	100
应付账款	10	30	90	90	120
应付职工薪酬	30	150	215	215	230
应付利息	0	0	0	0	0
流动负债合计	55	210	405	445	500
非流动负债					
长期借款	50	50	50	0	100
非流动负债合计	50	50	50	0	100
负债合计	105	260	455	445	600
所有者权益					
实收资本	150	150	150	150	150
资本公积	12	40	70	160	160
盈余公积	4	30	50	60	180
未分配利润	2	20	35	40	200
所有者权益合计	168	240	305	410	690
负债和所有者权益合计合计	273	500	760	855	1290

（三）财务说明

（1）2017年第四季度从银行借入50万元长期贷款用于扩增现金流。第三、第四季度加大固定资产投资，主要用于增设运营项目，向旅游业、教育业扩张。

（2）2018年投资固定资产40万元，用于摄像设备采购。

（3）2019年投资固定资产50万元，用于投放广告开拓省外市场。

（4）2021年偿还银行贷款50万元。

（5）2022年从银行贷款100万元。

八、风险预测与控制化解

由于本项目前期涉及成本投入较少所以风险系数较低；由于自身条件限制本项目启动依靠风投资金启动。

（一）投资风险

1. 环境风险

项目运营模式分为线上、线下。线上主要是依靠直播、综艺节目以及纪录片的形式进行呈现同时起到广而告之的作用，线下是项目的各类体验旅游活动。自然灾害对线上的影响弱、基本无影响。线下受影响要看项目的不同活动所在地的周围环境。

2. 市场风险

（1）消费者可能不了解我们的业务，而对我们项目提供的服务持观望态度，甚至对我们公司的业务产生误解，同时我们很难判断出各类客户能否接受项目内的服务。

（2）我们无法确定我们项目的服务在市场中扩散的速度，使我们难以制定更加长远的计划。

（3）我方推出项目时间与诱导需求的时间有一定迟滞性，这使我方投资难以迅速收回。

（4）竞争力的不确定性，一旦我方开始盈利，必然会引来相同业务的竞争者，我们作为初创企业，在资金与销售系统的竞争中处于劣势，这就使我们最终可以获得多大的市场份额产生不确定性。

3. 管理风险

（1）管理制度风险，创业企业往往没有完善的管理制度，当企业发展到一定程度以后，松散型的管理会造成政令不畅，容易导致风险事件的发生。

（2）人力资源管理风险，人员配置不科学，激励达不到预期效果，工作作风不严谨，这些人力资源管理的问题往往会导致内部消耗巨大、员工流失等问题，给企业带来损失。

（3）营销推广管理的风险，营销推广业务的制定、营销推广人员的管理以及营销推广政策的确定如果出现失误，就会造成整个项目滞销，给我方带来损失。

4. 筹资风险

创业初期资源十分短缺，能否筹集到以资金为主的资源有极大不确定性，由于我们都是大学生的缘故没有多少积蓄，而又由于我们年轻没有经验，投资人可能不会给我们投资。

5. 合同风险

作为初创者，我方经验不足，可能会导致个别合作对象欺压我方。合同风险主要包括：合同文件缺陷、错误、遗漏或不完善；合同类型选择不当；索赔管理不力；合同纠纷等。

（二）风险的防范办法

1. 环境风险的防范

每次项目活动开始之前认真做好应对各类突发事件的应急预案，包括自然灾害等，为工作人员和报名参加活动的人员购置人身意外保险，将风险控制到最低。

2. 市场风险的防范

（1）坚持以市场为导向的经营理念。创业企业不一定拥有最好的产品和技术，但一定要有正确的营销理念和最好的营销策略，除了对服务进行切实细致的市场分析和经济评估外，我们还应对服务的生命周期的各个阶段可能引发的风险，制定对策。

（2）加强营销推广管理。在公司发展的初期我们就要加强学习营销推广队伍的建设，吸纳、任用掌握营销推广能力又掌握技术知识的营销人才，建设最坚强有力的营销推广队伍。

3. 管理风险的防范

（1）在公司的成立初期，就明确利益关系以防止不必要的纷争，制定相应的管理制度及守则以约束成员的行为。创业成员最好先分配好股份，确定好分红规则，对伤害公司利益的行为及时的纠正。

（2）制定合理的薪酬政策。根据员工的实际情况合理配置员工并对员工进行适时的激励，当员工取得进步时要及时奖励，注意奖励跟贡献要相符合，既不能少奖也不能过于奖励，当员工犯错时要及时纠正，纠正时要以理服人并辅以物质上的惩罚。

4. 筹资风险的防范

择优投放项目，根据现实情况合理预测资金需求量，通过对资金成本的计算分析各种筹资方式的风险分析，选用正确的筹资方式确定合理的资金结构。

5. 合同风险的防范

要严格审查业务往来对象，调查对方的清偿能力和信用状况，精心制定合同条款。在签订合同时，要慎之又慎，防止含糊不清的条款和暗藏杀机的条款。

第二节 "兵兵帮"退伍军人就业平台

一、执行概要

（一）项目背景

在我国，退伍军人每年以 80 万左右的数量在增长，退伍军人就业难的问题日益严峻。走出军营后,复杂多变的社会环境让退伍军人无所适从,难觅立足之地。受制于军营的环境,部队生活与现实社会差异较大,由军人身份转为平民身份,会产生一定的心理不适,需要缓冲期,而社会为退伍军人准备的就业岗位太少。很多的退伍军人在退伍后找不到合适的工作,面对沉重的生活压力和有限的择业选择,不得已,从事了安保、物流、仓储搬运等劳动密集型工作。保安工作工资低,保镖等又是青春饭,众多的军人却别无选择。无数为国家奉献青春的最可爱的人,经受着巨大的心理落差带来的痛苦与烦恼,甚至是亲人的不理解。退伍军人体能素质好、作风优良,具备非常好的柔韧性、协调性、爆发力、肌耐力、吃苦耐劳等良好的身体和心理素质,他们身上所具备的种种优点,都应该获得更好的工作和待遇,除了保家卫国,更重要的是在退伍后,依然可以为国家和社会做出贡献。

网上流传一句话,"哪有什么岁月静好,不过是有人替你负重前行。"在抗击外敌入侵的斗争中,在远赴海外护航的征程中,在救灾抢险的第一线,人民军队在革命、建设、改革的各个阶段发挥着重要作用,可以说没有军人的付出就没有共和国的今天。然而,从社会层面看,军人的社会地位、价值认同客观来说有所弱化。习近平总书记强调"让军人成为全社会尊崇的职业"可谓击中了全军将士的痛点,回应了所有军人的期盼。国家对于退伍军人的就业也有一定的扶持力度,例如减免税收,技术产业方面的绿色通道以及资金上的支持与帮助,因此退伍军人的再就业,关系着他们再次为社会做出贡献的条件和机会。

(二)项目发起

目前我国已有招聘网站上千家,不同模式演绎出不同特色。分类信息招聘平台有58同城,赶集网和百姓网,主要发布蓝领人群的信息。综合招聘平台有前程无忧,智联招聘。领英,脉脉等又以社交化切入招聘。垂直招聘平台又有定位于行业垂直,人群垂直和地域垂直各种类型。

"兵兵帮"退伍军人就业平台找准定位,着重针对退伍军人,为中国各地的退伍军人提供各种就业职务。剔除现如今网络招聘的问题,真正意义上帮助退伍军人解决就业问题。

我们依托于 APP 进行运营，更加方便，帮助退伍军人对接和一对一服务找到适合他的工作。我们分为两部分进行，一部分退伍后依然年轻可以重新学习技能就业的人员，通过个人意愿及沟通，可以输送到学校进行技能的培养和学习，毕业后安排对口的工作，另一部分年龄较高的退伍军人，我们进行简短的社会实践培训，然后结合当兵时所学的专业以及负责的工作，进行一对一的与相关公司进行对接，帮助老兵找到工作，从前期安排上岗培训到安排工作再到后续的跟踪服务，直到老兵完全适应了新的工作和生活，这一套完整的流程，我们都会一对一的跟踪和服务。

二、项目简介

（一）项目总体概述

"兵兵帮"退伍军人就业平台，通过国家的扶持政策，以及和相关技能培训学校以及公司的对接与合作，向社会输送进行二次培养和学习的优质退伍老兵，解决他们退伍后与社会脱节的生存状态以及就业难题，让这些可爱而又伟大的人们除了保家卫国外，在退伍后依然实现自我价值认可。

（二）项目基本情况概述

1. 项目名称："兵兵帮"退伍军人就业平台
2. 项目基本属性：公益、社交、服务、就业
3. 所属类别：APP、网站
4. 项目阶段：创意计划阶段
5. 项目所在地：山西省

（三）项目 logo 及设计理念

1. 设计定位
（1）视觉效果：棱角分明的字体和构图象征老兵的规整与统一。
（2）设计语汇：规矩、简约、工整。
2. 设计主题：兵与兵紧紧地贴合在一起
3. 构成诠释：

logo 以列队的文字排列方式进行设计，突出了老兵们训练有素，整齐划一，同时采用军绿色为主题颜色，是与老兵们所穿着的迷彩服的颜色相呼应，前面两个"兵"字紧紧贴合在一起代表了每一名老兵都是团结统一积极向上和互帮互助的，"帮"字的右半部分巧妙的变成了数字8，寓意着每年退伍的80万人老兵的缩写，谐音是帮助，同时也代表这80万人互帮互助，即使退伍了也依然紧紧地站在一起，为社会贡献出自己的一份力量。

（四）项目在线平台 APP 草图展示

（五）平台文化

1. 团队总体理念

以公益为初衷，以身体力行的态度去帮助退伍老兵解决就业问题，同时为企业输送所需求的训练有素的人才，既实现退伍老兵的就业需求，为社会做出更多的贡献，又解决了企业的招聘问题以及人才资源短缺的情况。

2. 团队核心价值观念

（1）客户至上：客户的利益高于一切。以优质的服务满足和超越客户期望。

（2）团队协作：同甘共苦，互相尊重；鼓励开放，合作互助；海纳百川，任人唯贤。

（3）追求卓越：以行业的高标准创造业绩，以优良的业绩成为行业的典范。

3. 核心价值

商业价值：专注线上 APP 的建立推广

社会价值：解决退役军人的再就业高就业问题

（六）项目战略

1. 总体愿望

做退伍军人再就业第一平台。组建"兵兵帮"退伍军人就业平台对于更好为退役军人服务、让军人成为全社会尊崇的职业具有重要意义，要把好事办好办实。

2. 项目使命

创建 B2C 精准服务招聘模式，建立新型互联网再就业平台。

3. 核心价值

专注互联网＋新媒体理念的创新和普及，建立新型精准受众招聘平台。

4. 发展战略

项目将以互联网技术为导向，以服务品质为基石，以人才为中心，着力于退伍军人求职再就业，在本地市场扎根，影响辐射更多地区。我们将发挥出项目的优势，不断与时俱进，制定和更新符合新时代项目发展的战略目标和发展决策。

项目发展战略分为短期、中期、长期三步，在实现每一阶段战略目标的基础上，致力于把用户、平台、产品服务快速联系起来的APP电子战略体系。

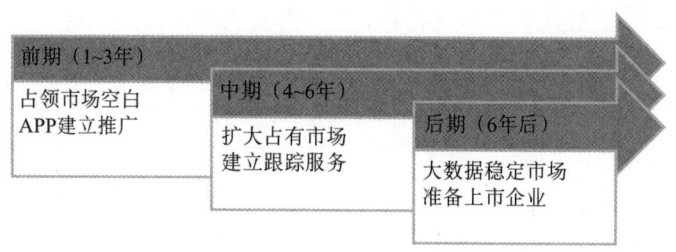

5. 资本战略

融资合作，积累资金，开放股权，发展用户，增加市值

6. 人才战略

管理层人数很少，每个核心成员是每个板块的主管，主管就是自己本板块最高负责人，本板块所有人员由主管自行挑选，主管之下则是普通员工。

阿米巴经营模式就是将公司分割成许多个阿米巴小型组织，每个组织都有一个独立的利润中心，按照小企业小商店的模式经营。

公司采取阿米巴经营模式，管理层扁平化，把职位拆分的细，所有的工作以结果为导向，对每个人能力有很高要求。通过明确企业发展方向，并把它传递给每位员工，让每位员工明确经营目的：

（1）确立与市场挂钩的部门核算制度；

（2）培养具有经营意识的人才；

（3）实现全体员工共同经营。

三、组织结构

（一）组织形式

1. 初期（1～2年）组织结构

项目发展前三年主要进行本地区的推广，组织结构力求灵活、高效，拟采用直线职能型结构。"兵兵帮"组织结构形式采用事业部制，按照企业所经营的事业，包括按平台、职能、市场等来划分部门，设立若干事业部，多公司组织划分为CEO、资源对接部、市场部、产品技术部、人力资源部、财务部六大板块。

2. 中期（3~5年）组织结构

此阶段为项目的快速成长阶段，准备向周围地区及全国市场全面推开，要求项目团队具有很强的市场推广能力、平台宣传力度及良好的反馈体系，并且要继续完善公司产品，规避解决风险问题。因此，项目新设立风险部，并将市场部划分为调研部、客服部和宣传部三个部门，将技术分类为运营部和技术维护部。

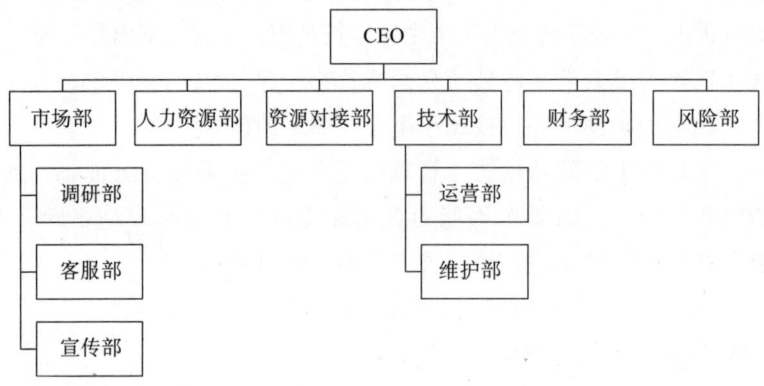

3. 后期（3~5年）组织结构

项目积极进军全国市场，规模进一步扩大，这一阶段项目将完善平台功能和建立稳定劳务金融体系作为重点。此时，需以战略为导向、及时调整组织结构。分别增设市场总监、人力资源总监、技术总监、财务总监、风险总监协助总经理进行决策和处理日常事务，并将宣传部划到市场部门，资源对接部划到技术部门，风险部门细化为劳务风险、项目风险两个部门，使得公司管理思路清晰明了。项目针对所有大部门更细化深入下，设立各个工作小部门，由各个总监自行管理。

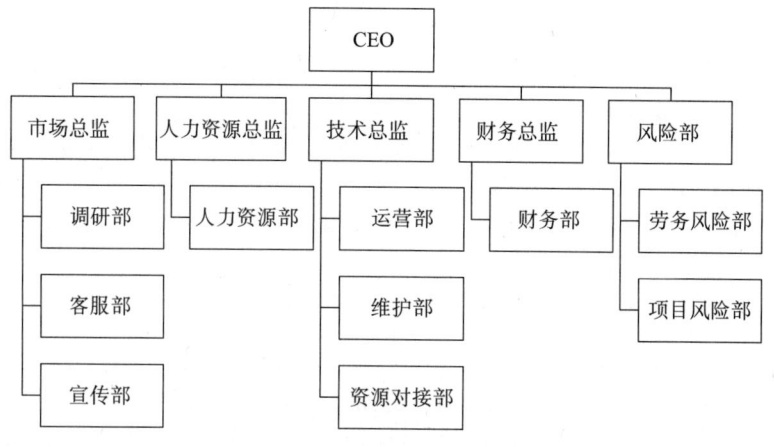

（二）各部门职权

如表 9-5 所示。

表 9-5　　　　　　　　　兵兵帮各部门职权

部门	职权
资源对接部	1. 负责各种资金渠道资源的收集，吸引投资者。 2. 负责项目平台注册创业者与院校企业的资源。 3. 负责公司的外联工作，处理好公司、创业者、企业之间的管理，同时促进第三方的信息资源流通。
市场部	1. 搜集行业信息，建立和完善营销信息收集、处理、交流及保密系统；进行市场调研为项目市场活动提供决策依据，同时参与平台建设。 2. 制定公司品牌战略、营销战略和产品企划策略；制定公司业务短、中、长期目标；提出未来市场的分析、发展方向和规划；整理分析项目各业务部门的业务资料信息。 3. 作为公司的公关机构，制定及实施市场广告、推广活动和公关活动，完善、规范业务系统对外的各类文招，同时负责公司装开室的建设及各种资料的收集整理；此外合理进行广告媒体和代理上的挑选及管理；作好项目的售前、售中、售后服务工作，最后代表公司对外发布需发布的信息。

续表

部门	职权
产品技术部	1. 负责APP研发、技术管理的制订与执行，技术改进的制订与执行，新功能板块的研究和应用。 2. 负责新功能板块的可行性分析、研发、测试、试制等以及负责新功能板块的取证、专利申报资料准备。 3. 负责项目的技术攻关与产品事故的处理，此外还有产品技术方案的制订，参与合同评审。 4. 负责本技术人员的任用、考核，培训。
人力资源部	1. 负责编制年度劳动用工计划、工资基金计划和季，月度工资基金调整计划。 2. 负责办理职工调动，以及全员劳动合同制的各项管理工作。负责各项员工合同以及手续处理，并负责员工档案管理工作；负责做好职工晋级、工资调整和新进人员转正定级工作。 3. 协助有关职能部制定内部管理及激励方面的规章制度，并对员工进行工作考勤和绩效考核以及员工薪金的编制。
财务部	1. 负责项目的财务管理工作，对项目的管理记录财政收入与支出。 2. 组织制定项目的各项财务管理制度，并负责财务的监督和核算，及编制项目的资产负债表，现金流量表及利润表等财务报表。 4. 组织编制项目的成本计划和费用预算，并负责员工的薪金发放。
宣传部	1. 负责对外宣传报道和上级新闻单位采访的管理接待工作。 2. 负责项目内部报刊编辑和出版工作，做好相关上报资料工作。 3. 做好各种文字、图片资料、声像资料的分类归档工作。
客服部	1. 执行项目的服务政策，完成或超额完成公司下达的销售计划，提高销售效益，对客户及相关市场进行极好的管理。 2. 熟悉各种产品的功能、质量标准、适用范围、使用方法及特点，采用多种宣传方式扩大影响。 3. 加强市场调研与调控，搜集客户意见，随时掌握市场动态，及时向公司汇报和总结工作。
风险部	1. 制定风险管理、信贷管理制度，办法和操作规范。 2. 负责建立和维护全行风险控制体系。 3. 制定全行风险管理工作规划，年度工作计划。

四、产品与服务

（一）产品介绍

"兵兵帮"退伍军人就业平台是一个依托第三方平台，针对退伍军人提供相关的人力资源服务，搭建技术院校资料整合平台，开展军人军貌为主旨的社交论坛的免费应用程序。互联网招聘优秀人才是顺应时代的必然产物，它们为企业公司输送有用人才，为求职者提供就业信息，高效解决我国就业问题。"兵兵帮"项目对消费者进行细分，着重针对退伍军人，以为退伍军人提供就业与职业发展为主，并关联支持政府管理，服务技校招生和企业招聘的多方交互式电子商务平台。

1. 产品目标

（1）目标与期望。做最专业，最具前瞻性的退伍军人相关的人力资源服务；充分利用网络快捷、细分市场优势占据市场份额；通过视听、资讯、沟通、服务平台为客户提供完善的网上服务；真正实现企业院校，退伍军人和职业经理人三方互动的发展平台；建立完善的服务跟踪体系，及时了解客户的意见及建议。

（2）设计原则

①品牌性原则：我们是谁——我们的模式——我们的优势——为什么选择我们。

②经济性原则：建立适合项目自身需求的网络平台，提供广泛的涵盖用户多种需求的功能，数据处理方式灵活以满足高度用户化的需求，节省建设成本，并确保其较好的拓展性和开放性；同时网站具有基于 WEB 界面的管理后台，管理员能够自主地对其中大部分内容作更新、修改操作，节省运营成本，提高信息更新、传播效率。

③扩充性原则：项目的整体规划及框架设计是具可扩充性的，首页页面的设计能保证在增加分项后不会破坏项目的整体结构。后台数据库的设计具有高度的扩充性，企业院校能够根据需要对栏目、类别的增、删、修改。同时，项目良好的扩充性能够适应企业院校内外网连接、数据同步的

需要。

④便利性原则：APP 的内容及栏目规划充分考虑到了日后维护的便捷性，并结合简单的首页内容管理平台，使管理员能够十分简单方便地对内容进行审核、管理、维护。

（3）解决方案：

①界面结构：根据项目风格、产品功能，采用最新表现技术全面设计，充分体现公司的形象。

②功能模块：APP 建设以界面的简洁化，功能模块的灵活变通性为原则，为设计制作维护人员提供一个自主更新维护的动态空间和发挥余地，达到一次投资，长期受益，降低成本的根本目的。

③内容主题：设计重心转向以客户为中心，围绕客户的需求层面有针对性地设计实用简洁的栏目及实用的功能，极大方便浏览者了解信息，资讯、沟通、服务、个性化意见提出等一系列需求在界面上逐个需求得到满足的过程；做到信息发布、服务支持、问题、反馈意见等为一体，充分帮助客户体验到全系列服务。

④人力资源：为软件开发操作简便使用高效的管理后台，管理员能够开设多个管理员账户，为每个管理员分别设置管理权限，系统根据权限自动为某个管理员配置管理后台，后台只允许该管理员管理其具有管理权限的栏目。同时开发具有等级管理功能的会员系统，能够将普通用户、会员用户、公司员工、专业管理员分类管理，分别为其设置访问、管理权限。这样使整个运行起来有条不紊，同时也做到了专人专职，责权分明。

⑤后台维护：对相关维护人员进行日常维护、更新方面的技术培训，项目开发成功后能自主完成对整个系统的维护更新。

2. 产品结构

"兵兵帮"项目是针对退伍军人提供相关的人力资源服务，搭建技术院校资料整合平台，开展军人军貌为主旨的社交论坛的免费应用程序。作为一个多功能结合于一体的服务性平台，整合资料极其庞大与烦琐，为了方便用户的访问与查找，将整个 APP 的信息分为数个板块，另外包括次导航、其他导航等补充信息，这样能够将整个信息分配的有条不紊，让用户能够很方便的查找到他所需要的信息。

（1）用户界面设计。用户界面设计不仅包括界面的平面设计，还包括整个 APP 的框架设计，花最少的时间找到自己需要的东西，同时还要兼顾、突出公司形象，注重用户的使用习惯的同时保证资料的排列有序。界面色彩整体和 Logo 相对称，根据和谐、均衡和重点突出的原则，将不同的色彩进行组合、搭配构成和谐美观的页面。

（2）产品结构设计。从结构来看，分为三级页面，一级页面是主要功能展示，二级页面为功能详情和操作，三级页面为操作对象展示。首页作为打开软件的第一界面，主要有企业资讯、学院动态、帮帮课堂、经验分享四大内容，帮助了解最新最有效信息。底部分为首页、企业、院校和我的四大主要版块内容。企业界面，以地域为基础，对行业、薪资、工作地和其他等方面进行归类，推出热门岗位、推荐职位、附近职位等针对性信息服务。我的界面，是用户所有信息的整合，主要分为求职动态、我的简历、我的话题和我的消息四大部分，依次从不同角度展开表现。比如我的简历部分，分为预览简历、刷新简历和升级简历。简历中包括个人基本信息、工作实习经历、教育背景、职业意向等自我评定和以现代心理学和行为科学为基础的职业测评，系统性地客观认识和评定。

（3）操作流程。用户注册/登入借助短信验证，需实名认证，提供其退伍相关证件。然后完善个人基本信息，创建简历，内容必填。接着工作/实习经历，职业意向，自我评价等可选择性填写，补充说明。完善个人简历后，借助企业院校和社交论坛中他人评价等信息，自由选择企业院校，投递简历，最后查看相关情况和面试安排。找到心仪的院校和工作后，我们进行跟踪服务，在提供搭建企业院校和退伍军人力资源服务平台的同时，我们也提供退伍安置待遇、家庭婚恋、老友见面等服务，多领域多方面真正做到位退伍军人服务。

3. 用户说明

（1）用户。在企业招聘中，以个人用户体验为核心，真正实现企业，退伍军人和职业经理人三方互动的职业发展平台。求职者管理自己账号和个人信息部分，创建人才简历库，发布求职意向，查阅企业信息，搜索工作岗位。在技术院校选择中，用户查询技术院校信息，结合自身情况快速精准地匹配适合用户的专业类院校。

（2）用人企业。企业用信息科技来协助整合资源，使人力资源电子化。企业发布招聘信息，根据区域、类别、薪资等方面全方位介绍，收集求职者资料。

（3）技术院校。技术类院校发布招生简章、专业课程、师资力量、就业情况、明星学员等情况，提高院校影响力、知名度、帮助招生。迅速、快捷地传递信息，瞬间更新信息。

（4）其他。聊天，圈子，话题，群聊，小视频，直播等多形式交流。退伍军人分享自己的军旅生活，军营故事，书写军人风采。互相分享生活现状，对就职状况或学习现状做出反馈。退伍军人找老友，交新友，促进交流，发扬军人军貌。

4. 功能说明

（1）系统功能说明——前台显示：

①每栏目信息能够按类别显示，方便浏览者浏览与查找；

②每栏目信息具有不同的显示模板，每个模板可以具有不同的显示框架、显示风格、色彩搭配，模板设计切合各个栏目的信息特点，在保持整个网站风格统一的前提下做到各有特色，体现整个网站的新颖性与活泼性，给用户带来不同的使用体验；

③系统可以提取最新的信息在首页或栏目首页显示，并且信息目录按照时间倒序显示，使用户看到的永远都是最新信息；

④能够定义推荐信息，被定义的信息能够始终在首页或目录的最前端显示；

⑤系统支持信息标记功能，如最新新闻可以在目录后添加"NEW"标记，热点信息在目录名称后添加"Hot"标记，带图片的信息目录名称后添加小图片标记；

⑥信息支持相关信息分类，用户在浏览某条信息时能够方便地找到相关信息，能够对信息进行全面的了解；

⑦信息支持类别、关键字等多种方式的查询，便于用户方便地找到所需的信息；

⑧系统支持权限管理，能够对某些信息设置访问权限，保证特殊信息的安全保密性。

(2) 系统功能说明——后台管理：

①系统整合信息管理平台，平台操作界面简洁方便，易于管理；

②后台具有管理权限，系统能够为不同的信息管理员设置不同的管理权限，系统管理员能够添加、管理信息管理员资料，能够为信息管理员设置不同的管理权限，保证系统的高效性与安全性；

③系统信息提交界面简便，只需要作简单的文字录入及图片上传操作就能够对软件的信息进行管理；

④系统支持信息的批量管理，如删除、状态修改操作；

⑤管理员能够按类别、关键字查询信息，方便管理；

⑥后台管理栏目与前台栏目一一对应，保证信息管理的准确与便利；

⑦明确招聘单位，招生院校以及退伍士兵发布虚假信息所承担的责任。对其所有参与者都要进行"资质证明"，企业、院校对其人才需求情况进行相应的调查核实，退伍军人提供相关证件，以减少虚假信息。

(3) 核心功能：

①推荐/搜索——根据用户创建简历推荐企业院校，用户自身搜索院校企业；

②投递简历——鼓励用户创建、完善简历后，进行简历投递；

③用户反馈——及时了解求职，求学，求人才进展，相应作出对应举措。

(4) 特色功能：

①结合自身爱好明确自己目标，具体细致的预设标签组功能，精准定位；

②以任职测评，在职测评，竞职测评以及个人测评为基本骨架的人才测评体系；

③准确显示企业院校地址，调用地图显示乘车路线，方便用户提前安排进程；

④企业院校屏蔽功能，被屏蔽企业院校将无法搜索，查看用户简历。为个人简历设置一道防火墙；

⑤通过资格审核，服务回访，信用评估等制度，及时做出调整；

⑥提供退伍安置待遇，家庭婚恋，老友见面，社交论坛等服务。

（二）服务

1. 用户服务

（1）与自身相关的预设：结合自身爱好明确自己目标，具体细致的预设标签组功能，精准定位。

（2）技术院校，企业评价：常用地推荐，基于特定条件推出专门的推荐组，讨论组。

（3）促进情感交流：退伍军人相关信息推送，帮助退伍军人间交流互助。

（4）择优专业院校：高效匹配适合的专业院校，方便，精准。

（5）发扬军人军貌：为想参军，对军人生活感兴趣的人提供认识，学习，交流平台。

（6）地图导航服务：企业，院校地址，了解周边环境。

2. 企业院校服务

（1）企业高效率，低成本地在各地区招聘优秀人才。

（2）技术院校依据专业情况招生，招生广且精。

（3）有力宣传，提高企业，院校知名度。

（4）地图导航服务：提供企业、院校地址，了解周边环境。

五、市场分析

（一）PEST 分析

1. 政治环境分析

目前，退伍军人就业已成为普遍问题。以山西省为例，通过调查退伍军人的生活和就业情况，结合中国目前为止退伍军人的就业发展状态，解决退伍军人就业难题，为我国的国防和社会安定贡献一份力量。

（1）针对退伍军人，国家明确规定，辅助退伍军人就业，就业方面要提供相应的就业岗位以及就业指导。同时，国家规定鼓励相关的用人单位、企业招录自主就业的退伍军人。目前许多大型企业都愿意招录一些退伍军人，相关用人单位也会有一定的税收减免政策，但是招录退伍军人的岗位多为非技术岗位，对于退伍军人的长远发展很被动，因此还是经过系统的培训学习再就业，是目前退伍军人理想的选择。当然学费方面也会有一定的减免政策。

（2）国家设立扶持自主就业退役金。每年都会有一大批的退伍军人，由部队一次性发给退役金，根据服役年限不同，金额也有所差异，数额统一由中央财政专项安排发放，地方政府会根据当地的消费水平以及政府实际经济状况给予经济补助。补助金可以用来自行分配，比如可以自主创业、学习等，为退役步入社会的生活打下良好的基础和生存条件。

（3）针对特殊人群农村户籍的退伍军人，有些会选择回家承包土地，在农村发展，土地征用上也会有相关的承包政策，不过目前的退伍军人的年龄普遍年轻化，回家承包土地的人毕竟很少，因此还是通过相关学习培训之后再进行就业是目前的发展趋势。

（4）如果退伍军人想就业，可以在退役现役 1 年内享受当地政府安置部门组织的免费职业教育和技能培训，这对很多退伍军人来说具有很大的帮助，而有些地方政府还专门开设岗位提供给退伍军人。

2. 经济环境分析

（1）2015 年以来，面对国内外形式深刻复杂变化特别是经济下行压力加大的挑战，我国宏观调控了稳中求进的工作总基调，积极引领经济发展新常态，着力推进改革开放，加强和创新宏观调控，有效化解各种风险和挑战，保持经济平稳较快发展和社会和谐稳定。近年来，国内产业梯度转移，宏观政策给予中西部支持，内陆省份迎来更多发展机会。国家通过产业转移和重点产业布局调整，深化区域合作，促进要素自由流动，实现了东中西部良性互动，增强了中西部地区自我发展能力。

（2）企业中员工招聘是人力资源管理与开发工作中一项重要工作。近年来企业岗位需求增量较快，导致招聘难度增大，招聘指数降低。网络招聘以强大的信息功能，方便快速的投递方式，在人才招聘领域占据了越来越重要的位置。

2016 年中国网络招聘行业雇主规模达到 428.2 万人，增长率为 29.1%。求职者规模也保持较快速度增长，网络招聘行业求职者规模达 14449.5 万人，增长率为12.1%。互联网的普及进一步推动在线求职者数量的增加。由于求职者数量体量已经非常庞大，因此增速逐步减缓，2019年预计突破1.9亿人。但从目前实际使用情况看，网络招聘存在一定的弊端。

①网络提供信息的时效性和真实性。信息真实度低，没有强制性核查质化竞争，虚假信息和不严肃行为的侵入。招聘职位成为企业品牌广告，过期信息和虚假信息仍挂在网上，极大地挫伤了求职者的积极性。

②应用范围狭窄。我国整体网络环境还不成熟，网络招聘在国企和普通百姓中并不普及。网上招聘岗位，招聘对象，都比较单一，受众面浅薄。

③信息处理难度大，成功率低。目前一些规模较大的网上招聘企业，每周要接受500到1000份新简历。浩繁的资料，网站信息分类的工作量巨大，求职成功率不高。

④技术和服务体系不完善。缺少对人力资源的深度了解，未能向企业及求职者提供对人才市场的分析，对市场供求倾向，薪资水平及相关人事制度等方面的咨询，内容导向偏低。

3. 技术环境分析

（1）据相关数据统计，80后、90后占到互联网APP消费群体的70%以上。这个年龄段的群体虽然不是互联网APP最大拥有者，却是接触互联网最多的群体，这与互联网能最快获取信息的特质吻合。调查数据显示，1000名80、90后青年人里，有823人更愿意选择互联网中介APP来找工作，查找相关信息，可见更多年轻人愿意参与其中，同时互联网APP使用方便，检索快捷一大优势，也吸引着越来越多的使用人群。

（2）互联网APP也在一定程度上扩大了网上找工作的群体范围。这一趋势不仅使得原来的传统介绍人员找工作的企业单位推出自己的服务移动端，也让各互联网APP平台都开始大幅向移动端渗透，满足用户在最短时间内检索和筛选出有用的信息，并更加注重用户的活跃度和黏性度。

（3）移动互联网APP的发展，让用户不再局限在北上广深一线城市，而是向二三四线城市下沉，从91金融用户报告中就可以看出，除一线城市外，其他城市的消费群体已经占到近40%以移动支付为切入口，伴随移动互联网 APP 使用深入化，通过手机移动端，人们足不出户便可查到最适合自己的工作单位，这是互联网金融从 PC 端向移动端转移后的一大便利。此外，互联网 APP 势必会在一定程度上，帮助这些在传统中介找工作机构无法体验的方便快捷以及安全性，并在推进资源整合中介互联网 APP 的道路上发挥积极作用，在大数据的基础上促使行业创新发展。

4. 社会文化分析

（1）近年来，国家对退伍军人再就业培训给予了较大的政策和经费扶持，有效地促进了培训工作的开展。但实际工作中由于过分强调地方作为，忽略了以法律规范来监督地方落实，导致经费及师资保障等受主观因素影响较大，地方政策性差异明显。如何科学、合理、有效地推进再就业培训工作的展开，是当前国家和各级政府迫切需要解决的重要课题。本项目立足于政府、培训机构以及就业市场需求三方不同步，再就业培训工作难落实等实际，解决这一矛盾的切实方法。

（2）从措施出台、培训模式、政府引导、就业前景四个方面进行详细的拓展。充分考虑退伍军人自身实际，区分年龄、知识结构等，分专业、分阶段展开再就业培训，提高组织再就业培训的成效；从就业市场需求层面，着眼就业市场的现实需求，立足现有条件，开设培训科目，推进再就业培训工作的有序展开；再就业培训要因材施教，科学部署，根据个人、现实、市场和国家需要，一对一进行指导和培养规划，使退伍军人更好地适应环境、融入社会。

（二）STP 分析

1. 市场细分

对于细分市场，根据"兵兵帮"项目的服务特性，主要分为以下两个细分市场：

（1）根据目标用户地理位置划分。"兵兵帮"项目初期阶段，以山西省为战略发展区，向西部偏远地区引进人力资源，促进中西部企业人才战略发展（如表 9-6 所示）。

表 9-6　　　　　　　　消费者地理位置市场细分表

细分市场	市场特征
华东地区	主要包括江苏，浙江。福建省和上海市，华东地区属于经济较为发达的地区，人才需求量大。
华北地区	主要包括山东省，北京市，天津市。首都北京市的人才需求，天津工业城的建立，急缺人才。
华南地区	以广东为中心，包括广东，广西，海南三省。广东作为改革开放的前沿，工业发达，技术工需求量大。
西南地区	以四川和重庆为中心，市场包括四川，云南，西藏和重庆市，总人口超过2亿，约占我国人口的1/6。
中原地区	以山西为中心，包括湖北，河南，湖南，安徽，江西五省，总人口3.3亿。

（2）根据用户的实用目的：分为求职，求学，求人才。

①退伍军人。作为求职目的的用户，主要是为了高效匹配到适宜的工作。把求职者依据自身特色分为技术工和普通工。技术工的需求是对相关技能工作职务的信息咨询，运用自身技能匹配到合适的工作。普通工更多的需求是对企业单位的信息咨询，薪资，福利等情况的了解。

作为求学目的的用户，主要是为了高效选择适合自己的专业性院校。这类用户更多的需求是对相关技术类院校的信息咨询，如学员风采，就业情况等。

②作为求人才的技校企业，主要是为了省时省力地找到最匹配的人才。技术院校和企业单位更多的需求是借助第三方平台宣传和招聘，对求学者和求职者信息的了解。

对于企业而言，员工招聘是人力资源管理与开发工作中一项重要的基础性工作。近年来企业岗位需求增量较快，市场供给紧张，导致招聘难度增大，招聘指数降低（招聘指数是从招聘效率，招聘成本，招聘精准度三个维度对企业招聘状况进行综合评估）。怎样及时找到合适人才，提高用人部分的满意度和减少新进员工的离职率，是任何企业在招聘工作中面临的巨大挑战。

针对技术院校，近年来，全国大多数高职院校均出现了招生困难的现象。当代形势下，传统教育理念的影响，高校规模的不断扩大，高职院校层次不等，多且杂等问题导致技术类院校受到冷遇和歧视。兵兵帮项目为其提供平台，全方位介绍院校的专业性，帮助招生。

根据不同的细分标准，定位不同的细分市场，针对不同的需求，提供相对的服务。通过运用市场细分的手段，发现用户的需求，以便"兵兵帮"能为不同顾客提供更优质的服务，从而使"兵兵帮"能抓住更好的市场机会，赢得市场主动权。

2. 目标市场

经过上面的分析，综合"兵兵帮"的战略发展和自身原因考虑，兵兵帮项目的初期目标市场分为以下三个：

（1）针对求职就业者提供企业单位的咨询服务。根据用户个人简历及页面浏览历史等大数据来分析用户的主要诉求，针对其提供相关的企业单位的信息咨询服务，并长期跟踪做出反馈，总结经验解决问题。

（2）针对求学培训者提供技术院校的咨询服务。根据用户自身个人标签评定及页面浏览历史来分析用户的意向专业院校，针对其提供相关的技术院校的信息资源服务，并专门对此类用户提供定制化服务。

（3）针对求人才者搭建平台提供服务。根据技术类院校及企业单位的不同诉求，针对性提供相关人才的信息咨询服务。

3. 市场定位

大而全的模式正在裂变为小而美的体验，这是移动互联网冲击下，各行各业都在做的改变。未来可以预见的是，不同的行业都将会进一步细分，超越同质化竞争的一个有力武器就是找到细分市场做专业化服务。针对退伍军人服务这样细分的软件将有更大的机会，能够更加贴近用户，提供本土化更专业化的服务。

为此"兵兵帮"需要做的是精细化，差异化，靠服务赢得市场。同时考虑到退伍军人群体的特殊性，结合国家政府政策的扶持，"兵兵帮"最终采用在发展初期走"公益＋高效"的市场定位，在发展后期实施"高效＋高端"的市场定位。通过对自我定位的分析，提供差异化的功能和服务。

六、竞争分析

（一）波特五力模型分析

波特教授的五力分析模型界定了企业面临的五个方面的竞争：供应方在价格方面的应对能力，需求方在价格方面的应对能力，潜在竞争对手的威胁，可能替代行业的威胁，同行竞争对手的威胁。其中潜在对手的威胁和可替代品的威胁对分析"兵兵帮"的发展趋势有重要的参照意义。

1. 潜在竞争者威胁

"兵兵帮"是致力于 B2C + O2O 模式的电商平台，目标锁定在每年近百万的退伍军人，有针对有选择的向技校、企业输送专业人才。

软件开发公司——应对措施：优势、快速发展、持续创新；

BOSS直聘、智联招聘——应对措施：缩小受众群体，针对性提供就业，持续创新就业模式；

传统人才市场——应对措施：快速发展，持续创新，注重线上规模和线下服务。

2. 现有竞争者威胁

目前国内类似的平台有兵兵乐业、兵圈、兵园等软件，相似的运营模式和版块造成巨大的竞争压力。在创新的模式下快速发展有一定的阻碍，但在其并未在激烈的市场竞争中抢夺大部分的市场版块，给"兵兵帮"提供了一个良好的发展契机和先期经验。

3. 供应商议价能力

供应商，指向平台提供岗位的企业和提供入学名额的技校。"兵兵帮"通过与政府合作的创新发展模式，利用先发优势迅速占领市场，获取一手信息和用户量，抢占政府扶植政策的相关优势信息，达到迅速完成先期人才市场原始积累的过程，以用户量和信息资源与企业进行谈判，收取少量的费用，支持平台发展。

4. 客户议价能力

"兵兵帮"以一对一针对服务为入口实现人才输送：在项目发展的前

期，对用户群体不收取任何费用以换取人才资源累计，实现社会价值。在项目发展的后期，针对有需求的用户以低廉价格提供一对一的VIP客户服务，有针对性地解决在就业阶段出现的各种问题，实现商业价值。

5. 替代者分析

"兵兵帮"的主要替代者是目前市场上大量的求职软件，市场中两个行业或者两种企业，如果他们的主要服务可以互相替代，则必然成为竞争关系。尽管在市场的针对或服务板块上有所侧重，极低的差异化使得同行业竞争更加激烈。

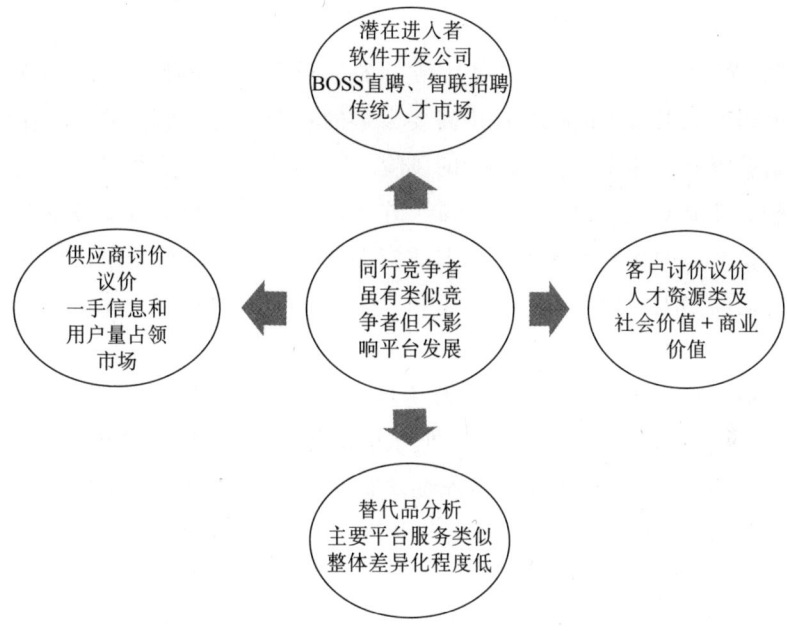

（二）SWOT分析

1. S——优势

（1）新电商平台。每年大量的退伍军人年龄大多在25~30岁左右，年轻一代更容易接受创新的电商模式，"兵兵帮"以B2C+O2O的运营模式，通过收取企业佣金抽成、技校学费抽成、投放广告费获取盈利。

（2）资本推动型企业。"兵兵帮"采取OTO模式，线上与线下联动。

线上APP的研发属于互联网产业的分支，研发资金巨大；线下的门店拓展需要大量的资金支持，但所需固有劳动力并不多，操作灵活多变。

（3）互联网+。大数据时代的来临，互联网思维的普及改变着目前社会经济形态，"兵兵帮"冲破传统的企业运作模式，打破信息壁垒，绽放更旺盛的生命力。

2. w——劣势

（1）品牌知名度低。"兵兵帮"作为一种新的思维模式缺乏社会群体的关注，品牌影响力小，如兵圈——先期经验证明了目前社会群体的主要关注力不在于此，曝光度低，群众基础差，没有过硬的品牌形象致使消费者的忠诚度较低。

（2）资金需求量大。"兵兵帮"的本质是互联网经济的一种产物，APP的研发以及线下门店的推广需要大量的资金支持，而在平台运作的初期，贷款资金来源少，存在较大的风险。

（3）资源整合繁杂。"兵兵帮"作为网络猎头公司，需要将企业、技校、退伍军人的多种资源整合，形成资源优势，但其过程繁杂，需要花费大量的时间和人力成本。

3. O——机会

政府政策的扶持。2015年7月4日，李克强总理签批《关于积极推进"互联网+"行动的指导意见》，推行互联网+运营模式；2015年政府力推"大众创业，万众创新"，国务院发布《关于发展众创空间推进大众创新创业的指导意见》，鼓励大学生自主创业。

4. T——威胁

（1）模式接受程度未知。市场的形式并不如预想中的繁荣，从2017年公布的网络大数据来看，市场的占有率仍被智联招聘、前程无忧这类资质较老的门户网站牢牢占据，难以预计推行风险。

（2）用户黏度未知。各类求职APP林立，如何培育，保持用户对于"兵兵帮"的忠诚度是一大问题，而随着市场竞争的不断加剧，获得新用户与留住原有用户的成本不断增加。因此，"兵兵帮"应加大与合作者的关系培育力度。

（3）市场竞争不断加剧。中科三方互联网研究近期发布的品牌认知度调查结果显示,半年内网络招聘行业浏览率排名前三位的仍然是智联招聘、前程无忧和中华英才三大招聘网站;其中智联招聘跃升为第一位,比例为 23.0%,前程无忧紧随其后,为 22.3%,中华英才表现稍逊,为 9.3%,除却这三个比较大的网站,各类小网站层出不穷,市场竞争激烈。

5. SWOT 战略分析

根据"兵兵帮"的 SWOT 分析,我们制定了不同的战略,如表 9-7 所示:

表 9-7　　　　　　　SWOT 战略分析表

SO 战略	与政府部门取得联系,得到政府部门的支持; 在目标地区,尽快成立"兵兵帮"求职信息平台,加大宣传力度; 加大网络媒体的宣传工作,在社会公共中形成一定的影响力。
WO 战略	增加"兵兵帮"的社会曝光度,吸引社会公众的关注; 加强管理控制,降低成本,提高资源整合能力; 积极寻找资金投资方,控制对资金的使用; 不断加大推广宣传,争取与利益相关方建设良好的关系。
ST 战略	加强平台宣传力度,树立组织良好的品牌形象; 抓住政策优势,积极寻求政策支持; 做好各方面的风险分析和应对策略。
WT 战略	寻找多渠道的筹资方式以取得足够的资金; 全力建设宣传渠道,扩大平台知名度; 加强平台业务优化,改善平台服务; 全面进行客户关系管理,提高顾客忠诚度。

七、营销策略

(一)产品策略

"兵兵帮"以手机 APP 为入口,运用 B2C + O2O 的运营模式的新平台,前期通过收取赞助费,补助费和企业佣金抽成进行盈利,后期加入广告费获得盈利。

就目前而言差异化是其发展的必然趋势和重要策略，可采取的差异化策略包括：品牌服务的差异化，个性化的增值服务，适当的广告品牌策略等。现行的趋势里，"用户为王"仍是互联网商业的规律，因此，"兵兵帮"的发展高度契合用户需求，针对用户反映的问题不断地进行改进，完善服务细节，提升信息匹配度。

（二）价格策略

在"兵兵帮"营运之初，我们主要采用不对称定价策略。

不对称定价策略：在双边市场中"兵兵帮"必须解决平台卖方（企业院校）和买方（退伍军人）的网络规模互相牵制的问题，如果卖方网络规模过小而无法进入稳定发展的大网络规模，就停留在零均衡点附近。"兵兵帮"采取不对称定价策略，完成用户信息的原始储备，通过网络外部性作用吸引更多企业和学校到用户平台，抽取一定佣金保证平台的发展。

（三）渠道策略

建立营销中心：以山西作为先前发展的地标省市，在企业的成长期，利用广阔的用户群体辐射带动周边省市，吸纳更多的企业用户，以达到向周边城市拓展的目的。

合作企业：针对性越强，需求量越大的企业越能带来更大的劳动力需求。目前，与我们合作的企业单位有：山西佳禾泰建筑有限公司，山西新佳荣房地产有限公司，山西康培同福石材城，太原鑫达好装饰有限公司，太原秦占峰环境设计工作室，提供了大量的技术岗位，高薪职位，解决了一部分退役军人就业难，生存难等问题。

与退役军人事务部合作，维护退役军人的合法权益，加强退役军人服务保障体系，负责军队专业干部、复原干部、退休干部、退役士兵组织开展退役军人教育培训，彻底贯彻习主席："让军人成为全社会尊崇的职业。"

（四）推广策略

1. 突显主题广告推广

"兵兵帮"为更好地进行推广策略，在目标消费群体中取得高效益的宣传效果。在初期，主要进行广告宣传。广告宣传主要针对潜在客户及目标市场用户，增加品牌知名度。考虑到其针对对象，覆盖面的宽窄，经济性和媒体匹配度，进行大众传播，传播媒体主要采用网络广告。对于广告的内容可以借鉴 58 同城、boss 直聘等成功的广告形式。通过广告所传递的信息，引起目标消费群体的共鸣，同时树立"兵兵帮"独特的品牌形象。

2. 网络全媒体推广

"兵兵帮"利用网络媒体进行全方位的网络宣传。比如在百度贴吧、知乎上发表相关言论，在微博上引发热门话题，在抖音、快手等热门短视频 APP 上投放短视频，提高品牌影响力。

3. 利用搜索引擎——关键字检索

根据艾瑞咨询网的数据可以得出，大多数企业都选择搜索营销的推广方式。搜索引擎推广主要是利用人们对搜索引擎的依赖和使用习惯，在人们检索信息的时候尽可能将营销信息传递给目标客户。"兵兵帮"可利用关键字搜索来进行宣传，只需要输入关键字，就可以搜索到"兵兵帮"的信息，通过关键字搜索，推广"兵兵帮"平台进行项目宣传。

（五）公共关系

1. 沟通策略提升

提升服务品质，塑造品牌，提高用户忠诚度服务品质是企业生存发展的根基，在整个市场中能够让企业保持良好的发展势头，就需要"兵兵帮"找准细分市场，打造优质品牌，全面提升招聘服务的质量和效率，才能够让客户依赖网站，提高用户的忠诚度，稳定客户资源，持久发展下去。

2. 事件营销——提高平台知名度

响应国家政策，政府社区宣传，创造舆论病毒式扩张。因此"兵兵帮"需要通过主流媒体进行报道宣传，增加"兵兵帮"的曝光度，创造热门话题的曝光度，创造热门话题的讨论，必定会引起众多的关注，以达到宣传的目的。总而言之，"兵兵帮"积极建立自身的知名度和影响力。

八、财务分析（略）

九、风险预测与控制化解

风险从严格意义上而言其实是两个不确定性：一是风险的不确定性；二是风险造成损失的不确定性。风险的不确定性是指风险只表现出遭受损失，不存在从风险中获利的情形，这是一种狭义的风险。而风险造成损失的不确定性是指风险带来的结果不确定能否获利，这是一种广义的风险。下文中的风险均为狭义风险。

（一）外部风险

1. 市场竞争风险

在市场竞争中，竞争的基本动机和目标是实现最大化收入。但是，竞争者的预期利益目标并不是总能实现的，实际上，竞争本身也会使竞争者面临不能实现其预期利益目标的危险，甚至经济利益受到损失。这种实际实现的利益与预期利益目标发生背离的可能性，造成竞争者面对的风险。风险是由不确定性因素而造成利益损失的可能性。在市场竞争中，不确定性因素很多，虽然每个竞争者都期望实现其预期利益目标，但总不能全部成功，必然会有某些竞争者在竞争中败下阵来，承受竞争的损失。

2. 法律政策的风险

互联网在线求职求学在我国还处于起步阶段，政府相关法规中对网上交易的权利和义务的规定还不是很清晰，缺乏相应的网络消费者和服务者权益保护管理规则及试行条例，没有专门的线上猎头中介的法律来规范互联网经营者和使用者的行为，因此存在法律方面的风险。

（二）内部风险

1. 理论基础险

风险是损失发生的不确定性，损失的概率应该在 0~1 之间。风险分析是指用于估计威胁发生的可能性以及由于系统易于受到攻击的脆弱性而引起的潜在损失的步骤,它的最终目的是对风险因素进行控制,以使系统的风险降到可接受的程度。

对战略风险概念的定义目前学术界尚存在着分歧,但基本上都没有脱离风险字面的基本含义。风险的基本定义是损失的不确定性,战略风险是影响整个企业发展方向、企业文化、信息和生存能力成企业效益的因素。战略风险因素也就是对企业发展战略目标、资源,竞争力或核心竞争办、企业效益产生重要影响的因素。

2. 管理风险

众所周知,一个公司能否有效进行管理,关系着整个公司运营情况的顺畅与否,最终会反映到经营业绩指标上。APP开发前期投入较多,所以在一定程度上存在管理风险。对于互联网的管理采用分割经营管理,由相关部门最高职权人进行管理,再由CEO统一管理,板块分离,分工明确,大大减少了管理上容易出现的责任不明确、越权管理、争议性管理等问题。

3. 技术风险

企业用户必须明确通过云计算投资引入的各种风险。这就能够让企业确保在云计算服务采购过程中务必执行必要的业务控制措施。此外,还应创建和/或更新合适的过程以支持由于云计算相关停用而造成的中断事件。云计算供应商必须识别风险以确定它最好能够提供哪些云计算服务。一些供应商可能会确定他们更喜欢服务某个特定的行业,因此而成为一个利益供应商,从而减少监管环境。针对上述危险,应部署一个完整有效的电商安全风险管理对策。从目前的电子商务安全风险管理对策中选择出纵深防御战略,即深层安全和多层安全进行安全风险的规避。通过部署多层安全保护,可以确保当其中一层遭到破坏时,其他层仍能提供保护电商系统资源所需的安全,共分为六个层次:

(1) 物理安全:确保计算机系统、电商服务器等各电商系统硬件实体和通信链路免受灾害和人为破坏造成的安全风险。

(2) 周边防御:安装相关设备保护每个网络节点。在技术上来说,防火墙是网络周边防御的最主要的手段,电商系统应当安装一道或多道防火墙，以确保最大限度地降低外界攻击的风险，并利用入侵检测功能来及时发现外界的非法访问和攻击。

（3）网络防御：就目前而言，网络安全防御是一种被动式的反应行为，而且，防御技术的发展速度也没有攻击技术发展得那么快。为了提高网络安全防御能力，使网络安全防护系统在攻击与防护的对抗中占据主动地位，在网络安全防护系统中，除了使用被动型安全工具（防火墙、漏洞扫描等）外，也需要采用主动型安全防护措施（如网络陷阱、入侵取证、入侵检测、自动恢复等）。

（4）主机防御：在主机及其环境中，安保对象包括用户应用环境中的服务器、客户机以及其上安装的操作系统和应用系统。其提供了包括信息访问、存储、传输、录入等在内的服务。根据信息保障技术框架，对主机及其环境的安全保护首先是为了建立防止有敌意的内部人员攻击的首道防线，其次是为了防止外部人员穿越系统保护边界并进行攻击的最后防线。

（5）应用程序防御：电商系统的开发人员有责任将安全保护融入到应用程序中，以便对体系结构中应用程序可访问到的区域提供专门的保护。应用程序存在于系统的环境中。

（6）数据防御：数据是企业的资产，落入竞争者手中将造成不可挽回的损失。因此，加强对电子商务交易及相关数据的防护，对电子商务系统的安全和电子商务项目的正常运行，具有重要意义。

4. 人力资源风险

对这类威胁水平极高的事件，我们将采取预防为主的策略。加强公司内部成员的学习，不断提高，丰富专业知识和经验，巩固公司实力，培养具有战略眼光的人才，精益求精，沉着面对各种挑战。为防止人力资源的流失与浪费，除了对公司人员进行物质激励外，还要从其进公司开始就培养其对组织的忠诚度，并实行精神激励，精神激励包括员工授权、公开公平的晋升制度、外派学习机会、弹性工作制等多种。同时加强企业人性化管理，给员工一个温馨的工作环境，让员工在公司从心底里感到温暖，从而提升忠诚度。

5. 运营风险

电子商务的飞速发展给世界带来全新的商务规划和方式，这更加要求在管理与运营上要做到规范。这个概念应该涵盖商务管理运营、技术管理运营、服务管理运营等多个方面。因此要同时在这些方面达到一个比较令人满意的规范程度，不是一时半会就可以做到的。加上新媒体概念的提出使得 APP 平台的经营多样化难度更大，平台后台的管理运营难度较大，还需要有强大的平台技术资源能力。在实际运营阶段，有可能遇到个别业务不顺畅从而影响所有业务的情况。而我们应对的措施是成立风险部门并且运用阿米巴经营模式，将业务板块划分开，使得分工明确，责任承包制度使得大家各自管理运营好自身的业务，划分区域板块，由总监直接负责，总监再向 CEO 报告具体情况。

（三）小结

风险管理没有铁定的规则，对于 APP 技术安全风险管理者而言，首先是扫描和检测电商系统的内外部环境，检查系统的脆弱性和薄弱环节，及时打上补丁和追加设备，以便当风险产生时尽可能地减少损失；其次是对电商技术风险进行充分的分析，然后制定相应的规划和措施，并在其实施的每个阶段进行监控和跟踪；最后是根据环境的变化随时调整风险管理措施，制定完备的灾难恢复计划。

十、风险资本的退出

（一）撤出方式

风险投资一般不以控股和分红为目的，而是通过资本与管理投入，在企业的成长中促进资本增值，并且在退出时实现收益变现，再寻找新的投资对象。风险投资行为是市场行为，其最终目的是盈利，为了实现这种大大超过一般投资行为所带来的高收益，需要有一个可靠的投资退出机制。

我们通过对各方面资料的查询，找寻到一组数据：根据一项关于美国 13 个风险投资基金的分析研究表明，风险投资总收益的 50% 来自 6.8% 的投资，总收益的 75% 来自 15.7% 的投资。真正能为风险投资者带来收益的投资项目还不到 1/4。所以，如何减少风险投资项目的损失，确保成功投资的收益顺利回收,是"兵兵帮"重点要考虑并解决的问题。风险资本的退出方式有许多种,如IPO［Initial public offering（首次公开募股）］、收购、公司回购、二次出售、清算、注销等。其中,以IPO形式退出所获得的收益远高于其他退出途经,并为风险投资公司与风险企业的管理层所欢迎。但国内对上市公司有着严格的规定。况且,IPO成功的前提是一个健康规范的股票市场,这不仅对上市公司意义重大,而且对风险资本投资业的长期繁荣也具有关键性的意义。而中国股市虽已实现了弱型效率,但仍存在着较大量的不规范操作和许多潜在的不稳定因素。

除了IPO之外,收购也是一种较为常用的退出方式。虽然从历史的整体平均水平来看,通过收购产生的收益比IPO要差一些,但相比之下,收购这种途径也有其优越性。我们认为,收购是一种市场机会稳定,收益可得到保证的退出方式。尤其是在中国金融市场还不完善的情况下,收购是令人较为满意的退出方式,

所以,从中国的实际情况与从公司的发展情况来说,我们将努力以收购的方式实现风险资本的退出。为此我们除了创造尽可能好的业绩之外,还将注意做好与相关的大企业之间的沟通与合作,为将来可能发生的转让奠定良好的基础。

综上所述,"兵兵帮"可选择的风险资本退出方式有:

1. 被控股并购

这种方式可能性比较大。中国入世后,外资及外国大公司将成为我们的主要竞争对手。由于技术及先进管理方面的因素,公司有可能被控股开购。为使公司风险资本安全退出,并实现股东权益的最大保障,公司将会选择此种方式进行风险资本的退出。

2. 一次出售

如果投资方出于公司管理及经营过程中的分析判断,认为现有经营管理方式存在很大的问题或因其投资方向的转移,不能进行后续的投资,投资方可以完全或部分股权转让或出售给其他投资公司或投资商；公司也会在适当的投资环境下引入新的投资,撤出原有的风险资本。

3. 破产清算

我们不否认公司有破产失败的可能性,而对于失败的公司,进行破产

清算是退出投资的唯一方法，风险资金在我们公司将作为优先股份，优先得到偿还，尽可能保障风险投资者的利益。公司会在投资风险方面及时学习先进的经验，保证企业及国家经济的持续发展战略的顺利进行。

总之，"兵兵帮"希望无论资本以何种方式退出，都不会忽视社会效益问题，同时保证风险投资完成资本增值，获得其他投资无法获得的社会效益。

（二）撤出时间

我们认为，当公司未来投资的收益现值高于公司的市场价值时，是风险投资撤出的最佳时机。基于第二部分的财务分析和融资研究，从撤资的时间和公司发展的角度考虑，第3～5年时，公司经过了导入期和成长期，已完成一部分新服务和相关服务的开发，发展趋势很好；同时，公司在国内的招聘行业领域树立了良好的形象和广大的影响，服务将有相当的知名度，此时退出可获得丰厚的回报。

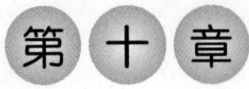

改革开放40周年中国中小学影视教育发展研究综述

2018年11月21日教育部、中共中央宣传部联合印发《关于加强中小学影视教育的指导意见》,力争3~5年实现全国中小学影视教育基本普及。本章站在改革开放40周年的历史节点,梳理中国中小学影视教育发展走过的重要历程,并对相关研究成果进行文献综述,总结特点提出问题。填补这一领域综述研究的空白,旨在为全国中小学影视教育研究者提供参考依据,以便之后做更加深刻与创新意义的研究。

第一节 中国中小学影视教育40年走过的发展阶段

一、1978—1998年 中小学影视教育在全国范围内开启,上海市成果显著

20世纪80年代初,随着改革开放不断深入,社会市场经济体制逐步建立,文化发展呈现多元化趋势,大众传播媒介也不免参差不齐、鱼龙混杂。"影视教育"在这种形势下坚持以爱国主义、集体主义、社会主义教

育为导向，以百部爱国主义影片为主要抓手，在全国中小学中开始有组织、有计划地开展起来了。全国中小学校在国家教育部、文化部、广电总局的指导下，逐步形成了各省市中学生开展影视教育活动的工作思路。

1993 年，四部委共同颁发了《关于运用优秀影视片在全国中小学开展爱国主义教育的通知》。四年后又颁布了《关于当前积极推进中小学实施素质教育的若干意见》，影视教育纳入中小学德育工作中，成为整个素质教育的有机组成部分。

全国中小学影视教育活动中，上海市成果突出。作为改革开放的"东方之珠"，上海市利用资源优势，拓展影视教育功能，紧密结合学校教育教学工作，开展了丰富多彩的影视文化活动。比如在建立健全机制与制度方面，推行三级网络建设：市——建立了上海市中小学影视教育协会，各区县——建立了影评协会，上千所小学——建立影评小组。此外，还建立了中小学电影管理站，定期组织影视辅导教师培训班。

二、1999—2009 年中小学影视教育课程设计规范化，并进入农村义务教育领域

1999 年 3 月，全国中小学生影视教育座谈会在上海召开，教育部、文化部、广电总局领导与各省市教育委员会在一起畅谈十几年来中小学影视教育的工作成果与经验，也标志着我国中小学影视教育取得了阶段性成果。同时，也指出了一些问题：如农村影视教育成为工作开展的瓶颈，也是部分地区的工作难点与重点，重要问题存在于片源问题、场地问题等；理论研究不足，学术成果稀少。在百部爱国主义教育影片的基础上，要吸收改革开放以来上映的中外优秀影片，来适应 20 世纪 90 年代的孩子们的观影兴趣。

2000 年 4 月，全国中小学影视教育经验会在河南开封召开。2001 年 6 月 1 日，全国中小学影视教育成果展及第九届中国电影"童牛奖"颁奖仪式在京举办，全国人大、全国政协和教育部、文化部、广电总局领导出席会议并参观展览。"关于中小学开设影视文化课程及学科教育体系的研究与实验"课题，被列为全国教育科学"九五"规划国家教委级重点研究课

题，2001年10月全国教育科学规划办组织专家组对该课题进行鉴定，并成功结题。课题组专家认为"这项研究不仅对我国课程改革具有突破意见，而且在当前多元化并存的条件下，在学校教育中尝试走出一条坚持以社会主义文化为主导的道路，具有重要实际价值。"① 该课题负责人苏明光在2004年全国中小学生影视教育研讨会上发言，题为《千锤百炼打造一门社会发展急需的人文课程——中小学影视文化课程研究与发展报告》，在报告中苏明光从建立课程标准、建设教材体系、构建教学理论、产生的教育效果和社会效果，这四个方面来阐述课题成果，并提出了下一阶段课程实施规划。

2002年7月13日，第七届中国国际儿童节中小学影视教育国际研讨会在山东省淄博市举行。研讨会的主要内容有：中外著名专家作影视教育的专题报告；地方和学校介绍展开影视教育的典型经验；观摩中小学影视文化课及课件演示；参观全国中小学影视教育成果展览；研讨儿童电影及影视教育等有关问题。②

2008年6月19日，《关于进一步开展中小学影视教育的通知》中指出要将影视教育纳入中小学教学计划，充分发挥优秀影片的育人功能。农村也开始进入义务教育阶段，农村中小学影视教育起步。

三、2010年至今 中小学影视教育面临新挑战进入新阶段

2010年随着"互联网+"时代的到来，影视教育进入新阶段。2012年9月，教育部和国家广电总局在西安召开了全国中小学影视教育现场观摩交流会。

2014年"六一"国际儿童节前夕，习近平总书记在北京市海淀区民族小学座谈会上，提到了过去的电影《红孩子》《小兵张嘎》《鸡毛信》《英雄小八路》《草原英雄小姐妹》等都是一些少年英雄的故事。少年儿童要

---

① 苏明光. 发挥课程优势 努力探索影视教育的新途径 [C]. 第七届中国国际儿童电影节中小学影视教育国际研讨会论文集，2002：14.
② 董念祖. 儿童电影与影视教育——第七届中国国际儿童电影节中小学影视教育国际研讨会综述 [C]. 第七届中国国际儿童电影节中小学影视教育国际研讨会论文集，2002：1.

学习英雄人物、先进人物、美好事物，要心中有榜样，在学习中养成好的思想品德追求。

2015年1月，中共中央办公厅、国务院办公厅下发《关于加快构建现代公共文化服务体系的意见》，明确提出要开展向中小学生推荐优秀影片等工作，将为中小学每学期提供两部爱国主义教育影片纳入公共文化基础服务项目。

2015年10月11日，首届全国中小学生电影周开幕式在北京一零一中学举行。"本届电影节以纪念世界反法西斯战争暨中国人民抗日战争胜利70周年为主题，推荐16部优秀影片，组织300名在校中小学生担任评委观看推荐影片，并进行评选。电影周期间，还将有中小学电影教育论坛、影片展映、中小学生影评及微电影征集评选活动。"①

2016年3月，教育部将陕西省教育厅确定为全国影视教育实验区，2017年，在陕西省教育学会成立了影视教育研究中心，聘请高校专家、中小学校优秀教师、教育行政人员、影视行业人才等，参与中小学影视教育的专业指导，多层次、全方位地构建"影视育人"指导体系。

2017年3月1日施行的《中华人民共和国电影产业促进法》第二十八条明确提出，国务院教育、电影主管部门可以共同推荐有利于未成年人健康成长的电影。2017年12月10日，由教育部和国家新闻出版广电总局举办的第二届全国中小学生电影周，在上海拉开帷幕。

近年来，先后印发《国务院办公厅关于全国加强和改进学校美育工作的意见》《鉴于不关于加强和改进普通高中学生综合素质评价的意见》《中小学德育工作指南》等政策文件，对各地各校开展好影视教育提出了明确要求。

改革开放40年来，我国中小学影视教育虽然不断发展从未中断，但随着经济的快速发展，加上各种新媒体新技术的不断升级，如何适应每个时期青少年的发展特征与认知特点，并结合国际国内的教育情势与媒介环境，使用多元的媒介手段，正确引导青少年的价值判断，在他们心中树立时代榜样与英雄人物，激发他们创新能力，仍然是影视教育面临的艰巨课

---

① 中华人民共和国教育部. 首届全国中小学电影周在京开幕 [EB/OL]. http://www.moe.gov.cn/jyb_xwfb/moe_2082/zl_2015n/2015_zl43/201510/t20151012_212607.html.

题。而且从总体上看，我国中小学影视教育工作基础还是比较薄弱，地区发展不均衡。北京、上海、广东、山东、西安等省市，由于当地政府的重视与支持，发展相对完善。一些地方存在思想认识不到位、缺乏长效体制机制建设，放映场地规模及覆盖面不能保证，活动开展的频率低，形式单一，不能适应"网生代"青少年的行为特征等问题都是新时代下影视教育的挑战。

2018年11月21日，教育部、中共中央宣传部联合印发《关于加强中小学影视教育的指导意见》，力争3~5年实现全国中小学影视教育基本普及。宣告着我国新时代下中小学影视教育进入新阶段。

第二节 40年中国中小学影视教育理论研究的脉络

我国影视教育的发展脉络不同于西方，发展次序完全相反。西方电影艺术教育首先被综合性高校与中小学教育体系接受，然后由于师资缺乏，导致师范教育与专业高等院校的发展。而我国中小学影视教育是随着改革开放的步伐，走中国特色的发展道路。

从改革开放以来，"中小学影视教育"作为关键词，进入教育与影视文化研究领域，在这40年间，中小学影视教育的研究热潮与中国教育的政策方针息息相关，与影视传媒及媒介变革形影相随。

从20世纪80年代开始，中小学影视教育主要聚焦在百部优秀影片上，片源的拷贝及影片排期与放映场地的保证，是实施影视教育的基本保障与主要手段。这一阶段的理论与应用研究并没有全面展开，基本停留在强调影视教育的重要性与价值意义方面，以期得到地方政府与学校的重视，但是系统地教学理论研究与实验并未展开。

进入20世纪90年代之后，随着市场经济影视产品的激增，传媒环境开始趋于娱乐化，在国家实施素质教育、大力推进新课程改革的背景下，中小学影视教育成为德育教育的一部分，开始进入课堂教学。在这个时期，大量关于中小学影视教育的省级、国家级课题开始立项。比如1997年山东省淄博市教学研究室提出的"关于在中小学开设影视文化课及学科教育体系的研究与实验"课题被列为全国教育科学"九五"规划教育部重点研究课题。该课题组在课程标准、教材建设、教法研究等方面进行了系统性的研究，将中学影视文化课程纳入基础教育范畴中，并将这门课程定位为地方课程，从而解决了课程空间问题，还研究出台了《课程标准》。在"十五"期间，该课题组还撰写了全国第一份影视文化课程实施的指导性文件：《全日制基础教育影视文化课程标准》，具有重要的创新价值。

进入21世纪，中小学影视教育的功能被进一步拓展，从德育教育延展到了精神文明建设中。2002年9月"关于中小学影视文化课程教材建设的研究"对中学影视文化课程目标、教学理论、教材建设与教材教法等方面展开了新一轮的研究与实验。2012年魏耕祥作为该课题组成员出版了专著《中小学影视文化课程理论与实践》。

近五年来，中小学影视教育的研究主要以教育实践案例为主，比如宁宇、汪磊撰写的《试论中小学影视素质教育的作用——以南宁市为例》、叶源哲《关于中小学戏剧影视教育师资培养模式的思考——以山西师范大学为例》、龚金平与王颖新、丁怡共同撰写的《上海市中小学影视课程的实施现状与对策》等。

第三节 40年中国中小学影视教育理论研究存在的问题

纵观改革开放40年，我国对中小学影视教育重视程度不断加强，认识不断深入，研究体系初步建立，研究思路不断创新，但是也存在一些问题，总结如下：

一、研究动力不足、研究者自觉性不够

中小学影视教育研究大多是政治性的、任务性的，都依靠国家政府的

政策方针下达，作为研究的动力与导向，研究者的自觉性与持续关注度不够，不能单纯凭借"政策刺激"进行阶段性地研究。需要相关教育领域、心理研究领域、文化领域等多领域的专家提高学科之间的合作意识，真正重视起青少年的影视媒介素养，从意识形态与认识高度上提升研究者在这一领域的重视，从而产生源源不断的动力。

二、研究成果并不丰硕、研究有断层现象

笔者发现改革开放 40 年来，针对"中小学影视教育"的论文数量都不到百部，这是难以想象的学术现状。而在这可数的研究论文中也大多是在相关课题的带动下，或者相关座谈会的会议录与汇编中。从中国知网网站中搜索"中小学影视教育"关键词，可以搜的论文仅有 40 余篇，并且发表年份中有断层现象。1999 年与 2018 年的论文数量相对较多，而 2005~2009 年没有论文发表。

三、研究没有继承性、跨领域研究缺乏

通读相关研究成果之后，笔者发现研究学者们对于国内外研究成果的积累不够，很多研究看似"另起炉灶"但也不免在研究内容与研究方法上雷同。对于既定的研究价值与研究现状老生常谈，"功课"不到位。其实我们完全可以对于重大的研究成果进行继承，并在"巨人的肩膀"上创新，不能丢弃前辈们的战果。并且在多元化、大融合的环境下，对于"中小学影视教育"跨领域研究缺乏，首先没有积极地对国外相关影视艺术教育进行研究分析，借鉴学习；其次也没有突破领域研究，一直在教育体系中探索。要想研究百花齐放，创新探索，就必须打破只有教育家才能研究教育的固有观念，让各方面领域的学者智慧一同注入，想必会打开"中小学影视教育"的全新大门。

四、地区性研究不均衡，农村与特殊教育青少年关照匮乏

北京、上海、陕西、山东这四个省市由于当地政府与教育厅的重视，

在中小学影视教育方面发展快速且成效显著,而其他省市区县只是"一阵风"似的发展,重视的程度与关注的持续性不够,导致我国中小学影视教育发展不均衡,参差不齐。而对于农村与特殊教育的中小学生关于影视教育的关照还是远远不够的,教育机会与教育程度不平等。

在改革开放40周年之际,2018年年底颁布的《关于加强中小学影视教育的指导意见》,正是一剂强心针,旨在引起教育界、学界及整个社会对于青少年成长的关注与重视;也是一盏指路灯,希望影视管理部门,影视生产机构能够恪守职责,为青少年提供更适合他们成长的影像环境;还是一颗维生素,势必营造出一个影视教育的生态系统,营养全社会,带动整个影视教育领域健康发展。

编导专业"电视写作"课程课堂教学问卷调查

亲爱的同学：

你好！这是一项关于编导专业"电视写作"课程课堂教学现状调查问卷，本问卷的调查结果将作为我们课题研究的重要依据，故此调查纯属研究所需，所有反映的情况不作为对填表人评价的依据，填写时请勿顾虑，也不用署名。对你提供的信息我们严加保密！请你根据实际情况真实客观填写，谢谢！（请注意所有的问题只针对《电视写作》这门课程）

一、选择题（请将选项填入题目后的括号内）

1. 你在每节课前，是否清楚的了解本课的学习目标？（　　）

   A. 每节课都了解　　　　B. 偶尔了解　　　　C. 不知道

2. 你认为老师提出的教学目标能够引起你主动学习的愿望吗？（　　）

   A. 适合我的学习需要，多数能引起我的学习愿望

   B. 偶尔让我感到很期待接下来的学习

   C. 不能吸引我继续学习下去

3. 你认为自己的课堂学习效率主要取决于：（　　）

   A. 自己的学习状态。　B. 老师的教学方式。C. 同学间的关系。

4. 你怎样看待老师的课堂提问？（　　）

   A. 一般都已有明确已知的答案，不能引起我的兴趣

   B. 提问有一定的难度，但确实能引发我对知识的深入探索和发现

   C. 提问基本都是在帮助我分析、复习、记忆所学知识点

5. 在课堂上你被老师提问的机会？（   ）

A. 从来没有   B. 偶尔   C. 经常

6. 在课堂教学中教师使用的视频材料与理论观点如何？（   ）

A. 前沿的视频资料与经典理论完美结合

B. 视频资料新鲜，但理论陈旧

C. 视频与理论陈旧

7. 你对学习过程中的疑问一般通过哪种方式解决？（   ）

A. 向任课的老师请教，在老师的帮助下解决问题

B. 与同学商量、讨论解决

C. 以查阅书籍、上网等方式解决

D. 其他（请注明）_____

8. 你在回答课堂提问或讨论后是否能得到老师的反馈？（   ）

A. 立即得到老师的口头反馈

B. 得到老师的课后指导

C. 很少得到反馈

D. _____

9. 课堂上的师生讨论会出现下列哪些现象？（   ）

A. 讨论场面不热烈，讨论不起来

B. 讨论无秩序，乱哄哄

C. 讨论结果达成一致

10. 你认为平时课堂教学中的师生关系主要是：（   ）

A. 老师是中心，高高在上，学生以接受和服从为主，师生关系不融洽

B. 学生为中心，老师处处为学生服务，师生关系很融洽

C. 老师为主导，学生为主体，师生关系民主、互动、融洽

附录二

关于山西省媒体深度融合转型发展研究的调查问卷

加快媒体深度融合发展状况调查

  为了更好地了解当下我省加快推进传统媒体与新兴媒体深度融合发展的现状，现组织开展专题调研。我们对您的配合表示深深的感谢，您的宝贵意见将会给我们的研究带来莫大的帮助：本次答卷仅作为调研所用，不作其他任何商业用途，我们承诺对您的信息予以严格保密，保证您的利益不会因此受到损害。

单位：_____　　职务：_____　　生日年月：_____

一、基本情况调查

1. 您的学历：（　　）

  A. 研究生　　　B. 本科　　　C. 专科及以下

2. 您的职称：（　　）

  A. 正高级　　　B. 副高级　　　C. 中级

  D. 助理级　　　E. 其他

3. 您所学的专业：（　　）

　　A. 电子技术相关类

　　B. 经济管理类

　　C. 文学与新闻传播类

　　D. 其他

4. 您的月收入：（　　）

　　A. 3000 元以下　　B. 3000~5000 元

　　C. 5000~7000 元　　D. 7000~10000 元

　　E. 10000 元以上

5. 您的从业时间：（　　）

　　A. 1 年以内　　B. 1~3 年　　C. 3~5 年　　D. 5~7 年

　　E. 7~10 年　　F. 10~20 年　　G. 20 年以上

6. 您所在的业务板块：（　　）

　　A. 内容生产　　B. 渠道拓展与维护

　　C. 广告及代理　　D. 数据

　　E. 社交网络　　F. 管理

　　G. 其他：（请注明）

二、贵单位的媒体融合发展现状及面临的问题（可根据情况多选，最多选 3 项）

7. 您认为以下媒体在融合发展大潮中的前景如何？（请在相应的方框内打钩）

	非常有发展前景	比较有发展前景	说不清	不太有发展前景	完全没有发展前景
纸质媒体					
广播					
电视					
网络门户					
在线音频					
网络视频					
社交媒体					

8. 您认为以下因素在推动媒体内容生产融合中的作用程度为？

	非常有利于推动融合发展	有利于推动融合发展	说不清	不利于融合发展	十分不利于融合发展
传媒技术的革新					
受众信息消费习惯的变化					
传媒市场的压力					
集团领导意志					
传媒政策的调整					
传媒组织形态的变化					
当下的宏观传媒体制					

9. （a）您是否赞同当下传媒体制与政策中存在阻碍媒体融合发展的因素？（   ）

A. 非常赞同（选此项请回答第9题b，否则请直接回答第10题）

B. 赞同（选此项请回答第9题b，否则请直接回答第10题）

C. 不确定   D. 不赞同   E. 非常不赞同

9. （b）如果您赞同传媒体制与政策中存在阻碍媒体融合发展的因素，您认为这些因素在以下几个方面所起的作用程度为？（   ）

	非常大	比较大	一般	比较小	非常小
公司化运营方面					
人才的引进、培养与成长					
跨地域融合布局的开展					
跨所有制媒体融合的推进					
跨形态媒体融合的尝试					
其他方面	请注明：				

10. 您认为在内容素材获取环节，以下各种方式的作用程度为？（　　　）

	非常大	比较大	一般	比较小	非常小
记者个人渠道采访					
受众主动提供的线索					
传统报刊、广电媒体获取					
网络媒体的报道					
社交媒体平台上的官方信息					
社交媒体用户发布的信息					
合作机构、单位提供					
其他方面	请注明：				

11. 你认为在内容编辑、处理阶段，以下各要素的重要程度为？（　　　）

	非常大	比较大	一般	比较小	非常小
权威性					
趣味性					
话题性					
个性化					
年轻化					
移动化					

12. 您认为当下媒体内容生产过程中，以下方式所发挥作用的程度为？（　　　）

	非常大	比较大	一般	比较小	非常小
内容自制					
加强优质内容的购买力度					
聚合用户生产内容					
行业内容交换					
跨媒介合作生产					

13. 下列关于受众在当下传媒内容生产过程中的作用及角色特征的描述当中，您认为其准确程度为？（　　）

	非常大	比较大	一般	比较小	非常小
内容接受者					
内容生产的重要依据					
需要认真对待的服务对象					
有重要评论功能的消费者					
不可忽视的传播者					
参与到内容制作中的生产者					

14. 对于下在媒体融合发展过程中各种因素"为王"的说法，您的意见是？（　　）

	非常赞同	比较赞同	一般	不太赞同	绝不赞同
传者为王					
受众为王					
内容为王					
渠道为王					
平台为王					
技术为王					
资本为王					
数据为王					

15. 各种智能终端处于迅速发展过程中，虚拟现实、人工智能等也会在媒体运营中得到越来越多的应用，面对"人端合一"的趋势，您认为以下几点创新的重要性程度为？（　　）

	非常大	比较大	一般	比较小	非常小
媒体内容采编方式创新					
传媒组织形态升级					
传播渠道的改进					
传媒产业链条重构					
基础技术平台革新					
传媒体制与政策的改革					
其他方面	请注明：				

16. 面对融合发展的要求，媒体组织形态与方式需要得到改进和优化。有观点认为必须对组织进行"粉碎化融合""颠覆式改造"，才能够适应媒体融合发展的需要，您对这一观点的态度是？（   ）

A. 非常赞同　　　　　B. 赞同　　　　　C. 不确定
D. 不赞同　　　　　　E. 非常不赞同

17. 生活服务与内容、社交一样，成为人们对互联网的基本诉求，在这种背景下，您认为传媒内容与下列各项生活服务相融合的可能性为？

	非常大	比较大	一般	比较小	非常小
电子商务					
金融、支付					
在线教育					
远程医疗					
社交应用					
搜索					
游戏					
出行旅游					
通讯					

18. 您认为通过媒体与以下生活服务相结合，实现争夺移动互联网入口、提升移动互联网覆盖面的可能性为？

	非常大	比较大	一般	比较小	非常小
电子商务					
金融、支付					
在线教育					
远程医疗					
社交应用					
搜索					
游戏					
出行旅游					
通讯					

19. 您认为现在媒体跨界运营（如电商、金融、可穿戴设备等）的时机是否成熟？（   ）

A. 很不成熟　　　　　　B. 不成熟　　　　　　C. 一般

D. 比较成熟　　　　　　E. 非常成熟

20. 您认为在媒体传播渠道拓展过程中，以下因素的作用程度为？

	非常大	比较大	一般	比较小	非常小
内容品质提升					
受众互动与维护优化					
终端扩展					
服务形态扩展					
社交机制的借鉴与应用					
物联网等技术的进步					
媒体组织结构调整					

21. 对于不同传媒企业、单位加强微博、微信等社交媒体平台的运用，您认为效果如何？（   ）

A. 非常好　　　B. 很好　　　C. 一般　　　D. 不好　　　E. 非常不好

22. 对于传统媒体推出的移动 APP，您认为其效果如何？（   ）
A. 非常好　　　B. 很好　　　C. 一般　　　D. 不好　　　E. 非常不好

23. 贵单位通过应用云计算技术，在以下方面发挥作用的程度为？

	非常大	比较大	一般	比较小	非常小
改进媒体资源储存与管理					
推动采编、生产的一体化					
打通各个传播渠道、实现多屏合一					
布局新的业务形态					
改善组织结构					
本单位没有应用云计算或不清楚					

24. 贵单位通过应用大数据技术，在以下方面发挥作用的程度为？

	非常大	比较大	一般	比较小	非常小
优化受众关系的维护					
改进媒体内容生产流程					
提升渠道传播效率					
提高广告运营水平					
布局新的业务类型					
本单位没有应用大数据或不清楚	（如选此项请忽略第 25 题）				

25. 贵单位应用大数据技术的方式为？（   ）（可多选）

A. 从战略层面推动大数据战略，全面提升数据获取、挖掘与分析的能力

B. 与其他公司深度合作，分享数据

C. 从专业公司购买相关数据

D. 基于大数据分析的内容生产

E. 基于数据分析的市场趋势、受众分析

F. 大数据技术在公司发展中发挥作用不大

G. 其他（请注明）_____

26. 您对互联网思维的理解是：（   ）

A. 应基于战略层面研究与强化互联网思维的应用

B. 应基于互联网思维改善媒体运营策略

C. 应基于互联网思维推动信息传播、营销方式的创新

D. 其他（请注明）_____

27. 您认为不同类型媒体单位、公司之间的合作对以下各方面的影响程度为？

	非常大	比较大	一般	比较小	非常小
媒体内容创新					
推动内容形态研发					
扩展新的传播渠道					
获取先进技术应用经验					
跨地域、跨媒介的市场扩展					
整合传媒产业链					
其他方面	请注明：				

28. 您认为在与其他公司开展跨媒体合作过程中，以下各个因素的作用程度为？

	非常大	比较大	一般	比较小	非常小
企业文化					
经营者素质与能力					
媒介内容生产者的素质与能力					
渠道优势					
受众基数					
资本、技术实力					
组织结构					
其他方面			请注明：		

29. 贵单位达成融合发展、扩展业务范围的资本运作方式有：（　　）

A. 上市融资　　　B. 并购　　　C. 投资控股　　　D. 孵化

E. 其他（请注明）_____

30. 贵单位在通过资本手段实现跨媒体运营的动作有：（　　）

A. 参股平台化新媒体企业

B. 收购、控股新媒体创业公司

C. 实现内容生产、版权资源的扩张

D. 跨界扩张（如布局电商、互联网金融、游戏等）

E. 其他（请注明）_____

31. 结合贵单位以及所关注的其他案例，您认为资本运营在以下各方面中的作用程度为？

	非常大	比较大	一般	比较小	非常小
技术升级					
内容购买					
渠道建设与拓展					
管理水平提升					
助推集群化运营					
跨媒体形态运营					

32. 贵单位对在扩展传媒渠道方面的探索与尝试对以下方面的影响程度为：

	非常大	比较大	一般	比较小	非常小
受众精准细分					
预算精确核定					
效果精准测量					
推动受众相互传播					
洞察受众动态情景					
匹配受众情景化需求					
优化受众信息消费体验					

33. 下面给出一些影响传统媒体广告下滑的因素，您认为它们的重要性程度为？

	非常大	比较大	一般	比较小	非常小
世界经济放缓					
内需不足 诸多行业产能过剩					
政策性影响 如"八项规定"等					
传统媒体产业化层次较低					
传统媒体内部结构性矛盾					
传统媒体广告持续高增长造成懈怠					
新兴媒体的分流					
在媒体融合发展中起步晚					
其他方面	请注明:				

34. 对于传统媒体人才流失，您认为以下不同因素的影响程度为？

	非常大	比较大	一般	比较小	非常小
新兴媒体的运作机制和工作环境，有利于人才的快速发展					
自己的想法和创意需要机会得到实施，实现自我价值					
新兴媒体具有远大的发展前景					
工作压力过大					
紧跟技术、产业发展趋势					
更高的经济收入					
其他方面	请注明:				

35. 建设新型传媒集团是媒体融合发展的重要目标，您认为在这一过程中以下因素的重要性程度为？

	非常大	比较大	一般	比较小	非常小
加快分众媒体发展					
加快传播平台的建设					
巩固主流媒体及其渠道影响力					
内容差异化发展					
加强新兴媒体形态扩展及建设					
多媒介技术整合					
创新管理运行机制					
强化多方面资源整合增强媒体竞争力					
加强集团信息知识产权保护					
其他方面	请注明：				

36. 以下为2017年度中国广电行业十大科技关键词，您认为它们分别在广电行业融合发展的过程中的作用程度为？

	非常大	比较大	一般	比较小	非常小
"智慧广电"战略					
4K超高清规范与试点					
"十九大"安全播出					
全国应急广播总体规划					
有线电视互联互通平台					
大数据应用					
人工智能（AI）					
融合媒体云平台					
网络安全					
IP化					

37. 近年来，手机社交软件新闻（如"腾讯新闻"微信公众号、"今日头条"等）发展迅速，对于他们在媒体融合过程中的角色定位，您认为以下说法的准确程度为？

	非常大	比较大	一般	比较小	非常小
新闻生产者					
新闻传播者					
新闻反馈者					
平台搭建者					
资源整合者					
大数据应用					
渠道拓展者					

38. 以下为2016年—2017年度我国与媒体融合发展相关性较大的十大行业新政

（a）您认为它们在推动媒体内容融合发展方面的作用？

	非常大	比较大	一般	比较小	非常小
《关于进一步加快广播电视媒体与新兴媒体融合发展的意见》					
《关于在全国范围全面推进三网融合工作深入开展的通知》					
《国家"十三五"时期文化发展改革规划纲要》					
《新闻出版广播影视"十三五"发展规划》					
《互联网新闻标题规范管理规定（暂行）》					
《关于促进移动互联网健康有序发展的意见》					
《关于深化中央主要新闻单位采编播岗位人事管理制度改革的试行意见》					
《关于进一步加强网络视听节目创作播出管理的通知》					
《关于规范报刊单位及其所办新媒体采编管理的通知》					
《关于把电视上星综合频道办成讲导向、有文化的传播平台的通知》					

(b) 您认为它们在推动媒体渠道融合发展方面的作用？

	非常大	比较大	一般	比较小	非常小
《关于进一步加快广播电视媒体与新兴媒体融合发展的意见》					
《关于在全国范围全面推进三网融合工作深入开展的通知》					
《国家"十三五"时期文化发展改革规划纲要》					
《新闻出版广播影视"十三五"发展规划》					
《互联网新闻标题规范管理规定（暂行）》					
《关于促进移动互联网健康有序发展的意见》					
《关于深化中央主要新闻单位采编播岗位人事管理制度改革的试行意见》					
《关于进一步加强网络视听节目创作播出管理的通知》					
《关于规范报刊单位及其所办新媒体采编管理的通知》					
《关于把电视上星综合频道办成讲导向、有文化的传播平台的通知》					

(c) 您认为它们在推动媒体产业融合发展方面的作用？

	非常大	比较大	一般	比较小	非常小
《关于进一步加快广播电视媒体与新兴媒体融合发展的意见》					
《关于在全国范围全面推进三网融合工作深入开展的通知》					
《国家"十三五"时期文化发展改革规划纲要》					
《新闻出版广播影视"十三五"发展规划》					
《互联网新闻标题规范管理规定（暂行）》					
《关于促进移动互联网健康有序发展的意见》					
《关于深化中央主要新闻单位采编播岗位人事管理制度改革的试行意见》					
《关于进一步加强网络视听节目创作播出管理的通知》					
《关于规范报刊单位及其所办新媒体采编管理的通知》					
《关于把电视上星综合频道办成讲导向、有文化的传播平台的通知》					

(d) 您认为它们在推动媒体集群化发展方面的作用？

	非常大	比较大	一般	比较小	非常小
《关于进一步加快广播电视媒体与新兴媒体融合发展的意见》					
《关于在全国范围全面推进三网融合工作深入开展的通知》					
《国家"十三五"时期文化发展改革规划纲要》					
《新闻出版广播影视"十三五"发展规划》					
《互联网新闻标题规范管理规定（暂行）》					
《关于促进移动互联网健康有序发展的意见》					
《关于深化中央主要新闻单位采编播岗位人事管理制度改革的试行意见》					
《关于进一步加强网络视听节目创作播出管理的通知》					
《关于规范报刊单位及其所办新媒体采编管理的通知》					
《关于把电视上星综合频道办成讲导向、有文化的传播平台的通知》					

39. 传媒公司在运营机制改革过程中必然会面临困难与阻力，结合您所在单位的实际情况，您认为以下因素在阻碍传媒公司运营机制改革中的作用程度为？

	非常大	比较大	一般	比较小	非常小
移动互联网的新要求					
现行传媒体制					
领导战略层次与思路偏差					
受众维护成本过高					
传统的人力资源管理方式受到挑战					
员工认同感、积极性存在问题					
其他方面	请注明：				

40. 您所在的传媒公司、单位在基于"互联网+"的机制改革中,在下列方面的作用程度为?

	非常大	比较大	一般	比较小	非常小
提升了传统业务的创新水平					
激活了员工创造力与积极性					
推动组织结构优化					
催生新的业务形态					
创新盈利模式					
改变公司在产业链的地位					
其他方面	请注明:				

41. 从您自身的工作角度出发,为了进一步推进媒体融合发展,您希望国家在以下方面出台相应促进政策的意愿程度为?

	非常大	比较大	一般	比较小	非常小
知识产权保护					
网络环境净化					
鼓励跨界扩张(金融、电商……)					
更加便利地对接资本市场					
推动技术创新与应用					
鼓励从业者创业、提供配套保障政策					
网络素养提升					
促进信息流动,加快信息透明					
管理体制与方式的改革					
其他方面	请注明:				

参考文献

1. 高鑫. 电视艺术美学[M]. 北京：文化艺术出版社，2005.
2. 胡智峰. 电视美学大纲[M]. 北京：北京广播学院出版社，2004.
3. 王志敏. 现代电影美学体系[M]. 北京：北京大学出版社，2008.
4. 耿文婷. 中国的狂欢节——春节晚会审美文化渗透[M]，北京：文化艺术出版社，2003.
5. 黑格尔著，朱光潜译. 美学[M]. 第一卷，北京：商务印书馆，1979.
6. 罗·尤列涅夫. 电影与电视是同一种艺术——世界艺术与美学、第七集[M]. 北京：文化艺术出版社，1986.
7. 宋彩萍. 高等教育与民族精神培养[M]. 北京：中央文献出版社，2005.
8. 张俊才. 现代中国文学的民族性建构[M]. 山西：山西人民出版社，2007.
9. 张凤铸等. 中国当代广播电视文艺学[M]. 北京：北京广播学院出版社，2004.
10. 郭霁红. 实战文艺晚会秘笈[M]. 北京：中国广播电视出版社，2007.
11. 吉娜. 秋晚总导演——郭霁红[M]. 北京：中国电影出版社.
12. 邱明正，朱立元. 美学小辞典[M]. 上海：上海辞书出版社，2004.
13. 黄会林. 中国影视美学民族化特质辨析[M]. 北京：北京师范大学，2002.
14. 柳海民. 现代教育原理[M]. 北京：人民教育出版社，2006：355-356.

15. 孙军业．案例教学［M］．天津：天津教育出版社，2004．

16. 胡智锋、杨乘虎等．电视受众审美研究［M］．北京：北京师范大学出版社，2010．

17. 汪文斌，胡正荣．世界电视前沿［M］．华艺出版社，2001．

18. （日）桂敬一，刘雪雁译．多媒体时代与大众传播［M］．新华出版社，2000．

19. （美）约翰·菲斯克（JohnFiske）著，杨全强译．解读大众文化［M］．南京大学出版社，2001．

20. （英）大卫·麦克奎恩（DavidMcQueen）著，苗棣等译．理解电视［M］．华夏出版社，2003．

21. （英）戴维·莫利（DavidMorley），（英）凯文·罗宾斯（KevinRobins）著，司艳译．认同的空间［M］．南京大学出版社，2001．

22. （美）弗雷德里克·詹姆逊（FredricJameson）著，胡亚敏等译．文化转向［M］．中国社会科学出版社，2000．

23. 庹震．推动媒体深度融合再上新台阶［M］．北京：人民日报出版社，2018．

24. 李平．搭建科技媒体融合"根平台"［M］．北京：科技日报出版社，2018．

25. 耿磊．五大规律把脉融合发展——2018媒体融合发展论坛开幕式致辞和主旨演讲关键词分析［M］．北京：人民日报社，2018．

26. 赵子忠，刘若歆．媒体融合：唯一不变的就是变化［M］．北京：中国传媒大学出版社，2018．

27. 宫承波．媒介融合概论［M］．北京：中国广播影视出版社，2016．

28. 腾讯传媒研究院．众媒时代［M］．北京：中信出版社，2016．

29. 人民日报社．融合平台［M］．北京：人民日报出版社，2017．

30. （丹）延森（Jensen）．媒介融合［M］．上海：复旦大学出版社，2012．

31. 王献福．媒体融合［M］．河南：河南人民出版社，2016．

32. 严克勤．城市广电媒体融合的探索与创新［M］．北京：中国广播影视出版社，2016.

33. 王建磊．媒体融合的进路［M］．北京：中国广播影视出版社，2016.

34. 项勇．媒体融合的探索与实践［M］．北京：中国广播影视出版社，2015.

35. 万小广．媒体融合新论［M］．北京：新华出版社，2015.

36. 宫承波．媒介融合概论［M］．北京：中国广播影视出版社，2016.

37. 杨乘虎．电视艺术美学：自由言说自己的美学时代——访中国传媒大学博士生导师高鑫教授［J］．现代传播，2005（3）：41-44.

38. 杨婷婷．用中国美学观念看大型电视综艺晚会灯光效果的改进［J］．现代电视技术，2009（7）：106-111.

39. 尹宁，徐慧子等．2002—2003年中国大陆电视艺术研究新著综论［J］．当代电影，2004（4）：77-82.

40. 耿文婷．电视综艺晚会的审美价值探析［J］．解放军艺术学院学报，2006（4）：51.

41. 安凡．对电视晚会本质特征的思考［J］．中国电视，2001（6）：38-41.

42. 宁肖周．论电视综艺晚会的文化渗透［J］．业者实践，2005（2）：95-96.

43. 张俊才．民族精神：文学民族性的核心与灵魂［J］．文艺理论与批评，2004（1）：34.

44. 郭五林．电视综艺晚会的基本特征与艺术追求［J］．当代电视，2007（5）：56-57.

45. 王文琦、刘璐．论电影艺术中民族元素的情感魅力［J］．艺术学苑，2009（11）：119.

46. 葛凤章．全世界华人的共同记忆——上海2004年央视"中华情"中秋晚会侧记［J］．两岸关系，2004（11）：49.

47. 胡智锋，顾亚奇．宣传艺术·全球意识·审美品格——解析央视国际频道综艺节目《中华情》［J］．中国电视，（4）：4-6.

48. 曹继东．试论电视晚会的资源——以 2005 年中央电视台中秋晚会"江城月·中华情"为例［J］．东方艺术，（2）：99－100．

49. 陈西妮．浅议"仪式性综艺晚会"的互补性格局——以央视"春节晚会"和"中秋晚会"的比较为例［J］．中国电视，2006（6）：37－39．

50. 郭霁红．树立国际品格 展示中国风采——由"丰采中国·魅力广州"新年双语晚会谈对外文艺晚会的创作理念［J］．电视研究，2005（3）：27－28．

51. 张士坤．春华秋实竞荧屏——央视春节晚会与中秋晚会的风格比较［J］．东南传播，2008（8）：95－96．

52. 陈星，姜舒扬．浅析《中华情》栏目的艺术特色与发展走向［J］．中国电视，2010（5）：50－51．

53. 吴波，夏菁．明清小说创作动机论［J］锦州师院学报（哲学社会科学版），1991．

54. 胡小成：马致远《汉宫秋》主题辨析［J］郑州大学学报（社会科学版），2003．

55. 吴波．《儒林外史》创作动机与创作主旨［J］明清小说研究，2000 年．

56. 周星．21 世纪艺术教育格局中的影视教育发展分析［J］．电影艺术，2004（5）．

57. 尹鸿．我国院校传播教育的现状、问题和发展趋势［J］．今传媒，2005（7）．

58. 贺平．项目教学法的实践探索［J］．中国职业教育，2006（22）．

59. 徐岚．高校写作教学新模式研究［J］．内蒙古师范大学学报，2006（19）．

60. 刘新业．高校广播电视编导专业现状思考［J］．辽宁教育行政学院学报，2009（5）．

61. 马莉莎．新就业形势下广播电视编导专业的教学改革［J］．吉林省教育学院学报，2009（10）．

62. 高有祥．广播电视艺术类本科教育培养模式的观察与思考［J］．

现代传播，2012（11）.

63. 杜骏飞，黄煜. 中国网络传播研究（总）第一卷第一辑［M］. 上海：复旦大学出版社，2007.

64. 张智华：中国网络电影、网络剧、网络节目初探——兼论中国网络文化建设［M］北京：中国电影出版社，2017.

65. 陆地. 网络自制视频节目发展的特点和空间［J］新闻与写作，2014（3）：53-55.

66. 曾轶. 新闻娱乐现象的受众心理分析［J］. 东南传播，2007（5）：80.

67. 李悦彤. 植入式广告研究——以受众分析为基础［J］. 现代营销（下旬刊），2015.

68. 刘波. 明星大侦探：推理类网络综艺节目的一种传播范式［J］. 电视研究，2017.

69. 薛敏芝. 植入式广告［J］中国广告，2005.

70. 叶睿琳. 网络自制综艺节目植入式广告创新研究［D］. 郑州：郑州大学，2017.

71. 赵兵辉. 植入式广告研究［D］. 福建：暨南大学，2007.

72. 高殊雅，张宇. 浅谈综艺节目中植入式广告的信息传播效果［J］现代交际.

73. 郭元媛. 论植入式广告的创新与发展［M］. 太原：太原大学学报，2007.

74. 李晓辉，石柯婷，刘海金，等. 植入式广告受众接受心理研究——基于品牌包装视角［M］. 中国包装工业，2015（12）.

75. 陈诚. 我国真人秀节目中植入式广告效果研究［D］. 重庆：重庆工商大学，2016.

76. 李佳. 真人秀节目植入式广告研究［D］. 河南：河南大学，2016.

77. 李琦. 爱奇艺网络独播综艺节目《奇葩说》植入广告特色分析［D］. 广西：广西大学，2015.

78. 张云刚. 植入式广告的现状及规范发展对策［N］. 中国工商

报，2012.

79. 丛靖. 影视剧植入式广告的受众心理分析［D］. 吉林：吉林艺术学院，2017.

80. 钱娜. 植入式广告研究探析［R］. 山东：山东省东营教育电视台，2014.

81. 郭晓云. 我国植入式广告的研究现状和理论综述［D］. 兰州：兰州大学，2015.

82. 艾瑞咨询. 2017年短视频行业发展研究报告，2018.

83. 艾瑞咨询. 2016年短视频行业发展研究报告，2017.

84. 邵培仁. 传播学. 第3版［M］. 北京：高等教育出版社，2014：112－294.

85. 李晓彤. 短视频的传播策略及效果研究［D］. 安徽大学，2017.

86. 腾云. 移动短视频发展的行业研究［D］. 大连理工大学，2016.

87. 曹嘉. 百度视频移动客户端运营策略研究［D］. 河北大学，2015.

88. 廖楚瑜. 网络综艺节目奇葩说的创意传播战略分析［D］. 华中科技大学，2017.

89. 施志君. 论网络把关人对网络媒体公信力的影响［D］. 四川大学. 2017.

90. 熊萍. 论电视新闻非语言符号的传播功能［J］. 长江期刊，2010（1）：115－119.

91. 熊小玲. 产业视角下的短视频内容营销价值研究［D］. 西北大学. 2017.

92. 李马爱思. 网红类短视频的发展现众及趋势研究［D］. 四川师范大学. 2017.

93. 王健，刘声远. 网络自制综艺节目《奇葩说》的创新之路［J］. 新兴传媒，2016（6）：10－11.

94. 赵萌. 网络综艺节目选题存在的问题——以《奇葩说》第四季为例［J］. 今传媒，2017（11）：15－17.

95. 何梦飞. 网络自制节目《奇葩说》的网络文化特征［J］. 新闻窗

2016（3）：11 – 12.

96. 马凯文. 弹幕：视频互动的新形式［D］. 南京：南京师范大学，2015.

97. 陆妍. 以 < 奇葩说 > 为例看网络自制综艺节目未来的发展模式［DB/OL］. 中国学术期刊电子杂志出版社.

98. 王婷婷. 从《奇葩说》看网络自制综艺节目的传播特点［J］. 新闻研究导论，2015（9）：21 – 24.

99. 程昊然. 我国视频网站自制节目的品牌化建设研究［D］. 天津师范大学，2015.

100. 庄若江. 网络自制剧的崛起、发展及跨媒介传播［J］. 现代传播，2013（06）：12 – 13.

101. 孔清溪，李若曦，丁俊杰. 中国电视节目品牌化策略研究现代传播［J］. 现代传播，2012（02）：25 – 26.

102. 范媛媛. 关于我国媒介经营管理的品牌战略研究［J］. 财经界. 学术版，2012（8）：25 – 26.

103. 毕啸男，赵海韵. 纯网综艺：基于互联网生态的去 TV 化运作［J］. 南方电视学刊，2015（5）：31 – 33.

104. 刘长欣，钟琳. 网络综艺：突围电视大综艺［N］. 南方日报，2015 – 6 – 19（A17）.

105. 郭艳民，刘培. 浅议电视综艺娱乐节目的模式引进与本土化改造［J］. 中国电视，2012（9）：44 – 47，1.

106. 朱金娥，刘永福. 浅谈电视新闻节目画面拍摄的技巧［J］. 电影评介. 2008（21）.

107. 崔航. 谈电视节目编排的技巧和策略［J］. 视听纵横，2007（05）.

108. 周隽. 媒介融合视域下扬州广电的转型发展［J］. 当代电视，2018（12）：93 – 94.

109. 常江. 仪式化认同：媒介融合时代的广播新闻理念革新［J］. 编辑之友，2018（11）：83 – 89.

110. 刘璐. 媒介融合环境下广电媒体员工流动倾向研究［J］. 新闻记

者, 2018 (11): 75 - 86.

111. 董兴平. 新媒体环境下报纸融合发展探析 [J]. 中国报业, 2018 (19): 58 - 59.

112. 张艳梅. 媒介融合时代下广播新闻的生存与发展 [J]. 新闻传播, 2016 (03).

113. 吴晓航. 新媒体环境下电视台的转型发展研究 [J]. 科技传播, 2018 (01): 56 - 57.

114. 米彩虹. 消费视域下脱口秀媒介文化的生产 [J]. 青年记者, 2017 (1): 45 - 46.

115. 彭兰. 智媒化: 未来媒体浪潮——新媒体发展趋势报告 (2016) [J]. 国际新闻界, 2016 (11): 11 - 12.

116. 曾静平. 试论我国电视媒体融合发展的创新思维 [J]. 中国电视, 2018 (02): 60 - 63.

117. 武瑶. 媒介融合背景下大型实景演出的电视化创作与传播研究 [J]. 中国电视, 2018 (09): 61 - 64.

118. 宁静. 新媒体融合环境下电视财经生活服务类节目的创新策略探讨 [J]. 新闻传播, 2018 (19): 78 - 79.

119. 朱涛, 朱雯. SMG: 融媒环境下新型主流媒体内容战略体系构建创新实践 [J]. 电视研究, 2018 (10): 11 - 13.

120. 寇健勇. 全媒体时代电视台总编室职能转型探讨 [J]. 当代电视, 2018 (10): 41 - 42.

121. 贾智. 媒体融合发展的贵州探索 [J]. 汪枭枭, 当代贵州, 2018 (37): 34 - 35.

122. 张显峰. 媒体融合的根本是内容供给侧改革 [J]. 新闻与写作, 2017 (12): 77.

123. 高山冰. 区域媒体融合转型中的瓶颈及创新路径 [J]. 当代传播, 2018 (5): 55 - 58.

124. 严三九. 媒体融合过程中传媒体制改革研究 [J]. 新闻记者, 2016 (12): 4 - 12.

125. 孙晓博. 我国媒介融合学术研究综述 [J]. 电视研究, 2017

(4): 50-52.

126. 张泓宁. 论传统媒体与新媒体深度融合的路径 [J]. 江西社会科学, 2017 (8): 231-235.

127. 陈彧. "融合媒介"与"融合新闻"的实践与思考 [J]. 新闻战线, 2017 (21): 113-115.

128. 曾祥敏. 导向正确　融合创新　专业引领　规则探索——第二十八届中国新闻奖媒体融合奖评析 [J]. 新闻战线, 2018 (21): 12-15.

129. 徐世平. 媒体融合的结构性矛盾及对策 [J]. 新闻与写作, 2018 (08): 80-85.

130. 丁柏铨. 媒体融合的趋势、困境与创新路径 [J]. 传媒观察, 2018 (05): 11-17.

131. 管洪. 大数据智能化引领下的媒体深度融合 [J]. 新闻战线, 2018 (15): 5-8.

132. 傅丕毅, 徐常亮, 陈毅华. "媒体大脑"提供了怎样的深度融合新模式 [J]. 新闻与写作, 2018 (04): 11-15.

133. 叶蓁蓁. 媒体深度融合需管好数据 [J] 新闻与写作, 2018 (01): 89-92.

134. 杨丰源, 罗建三. 对融媒体时代"做强传播阵地"的思考——从"庆祝改革开放40年融合传播专题报道"说起 [J]. 中国报业, 2018 (21): 18-19.

135. 陈太云. "融合"打造核心竞争力 [J]. 新闻战线, 2018 (21): 120-122.

136. 李文英. 媒体融合背景下中国教育电视台传播策略初探 [J]. 当代电视, 2018 (11): 89-92.

137. 田龙过, 解倩怡. 建设县级融媒体中心　巩固基层舆论阵地 [J]. 中国广播电视学刊, 2018 (11): 6-8.

138. 何洪英, 葛亮, 杨莉娟, 张曼夏, 王海燕. 论媒体融合趋势下科技期刊编辑的素养 [J]. 编辑学报, 2018, 30 (05): 541-544.

139. 张庆园, 宋成. 纸质回归与平台建构: 专业出版机构的新媒体融合与运营探究 [J]. 出版发行研究, 2018 (10): 57-60.

140. 江婧，王玲玲. 抚州市深度实施新型城镇化与乡村振兴战略的融合研究 [J]. 经营与管理，2018（12）：79-82.

141. 徐希之. 县级媒体融合的邳州探索 [J]. 中国广播电视学刊，2018（11）：17-19.

142. 齐怀文. 津云：新型主流媒体的融合实践 [J]. 新闻与写作，2018（10）：91-94.

143. 王坤. 媒体深度融合的路径探索——以海南广播电视总台为例 [J]. 当代电视，2018（10）：89-91.

144. 田进. 加快推进广电媒体与新兴媒体深度融合 [J]. 中国广播电视学刊，2016（10）：6-8.

145. 李明海，董小玉. 相融相生与关系重构：论媒体融合的进路与近路 [J]. 现代传播（中国传媒大学学报），2017（1）：56-57.

146. 严三九. 中国传统媒体与新兴媒体产业融合发展研究 [J]. 新闻大学，2017（4）：67-69.

147. 孙光磊. 传统媒体与新兴媒体融合指标体系构建及评价分析 [J]. 中国出版，2017（1）.